普通高等教育“十二五”规划教材

高等院校人力资源管理专业系列教材

薪酬管理

（第二版）

李中斌　冯　颖　谭志欣　主　编

陈初升　许小晶　孔德议　副主编

科学出版社

北　京

内 容 简 介

本书对我国企业人力资源管理实践和薪酬管理实践具有很强的针对性和可操作性，十分注重理论与实践的紧密结合。全书共分十二章，内容包括薪酬管理导论，战略性薪酬管理，薪酬体系，薪酬水平及其决策，薪酬结构及其差别，薪酬奖励计划，员工福利管理，薪酬支付、设计及其分类管理，薪酬诊断与评估，薪酬调控与沟通，跨国公司的薪酬制度与管理，与薪酬管理相关的法律规定。书中每章均设有学习目标、关键词和习题等栏目，帮助学生从解决问题的角度理解当前薪酬管理发展面临的困惑与技术难点。

本书可作为高校人力资源管理专业及相关经济管理专业的教学用书，也可作为人力资源管理从业人员的参考用书。

图书在版编目(CIP)数据

薪酬管理 / 李中斌，冯颖，谭志欣主编. —2版. —北京：科学出版社，2016

（普通高等教育“十二五”规划教材·高等院校人力资源管理专业系列教材）

ISBN 978-7-03-049002-5

Ⅰ. ①薪…　Ⅱ. ①李…　②冯…　③谭…　Ⅲ. ①企业管理－工资管理－高等学校－教材　Ⅳ. ①F272.92

中国版本图书馆 CIP 数据核字（2016）第 141247 号

责任编辑：王彦刚　都　岚 / 责任校对：陶丽荣
责任印制：吕春珉 / 封面设计：东方人华平面设计部

科学出版社出版
北京东黄城根北街 16 号
邮政编码：100717
http://www.sciencep.com

铭浩彩色印装有限公司印刷
科学出版社发行　各地新华书店经销
*
2012 年 1 月第 一 版　开本：787×1092　1/16
2016 年 6 月第 二 版　印张：16 3/4
2020 年 1 月第十次印刷　字数：391 000

定价：43.00 元

（如有印装质量问题，我社负责调换〈铭浩〉）
销售部电话 010-62136230　编辑部电话 010-62135397-2016

第二版前言

编者力图使本书成为目前国内最新的具有一定原创性的薪酬管理教材，故根据中国近年来人力资源管理及薪酬管理的实践，以及多年的讲课积累和给国内许多企业咨询经验编写而成。为了向读者展示薪酬管理的宽阔视野，编者从企业经营与战略的高度以及整体人力资源管理体系的角度，来阐释薪酬管理在现代企业中的地位及其作用。本书不仅涵盖了从管理学、经济学等多学科视角对薪酬以及薪酬管理的理论阐释，而且侧重薪酬管理实际操作技术的推介，尽可能地以实例的形式讲解了以职位评价、薪酬结构、薪酬设计、薪酬奖励计划、薪酬诊断与评估、薪酬调控与沟通等为核心的薪酬管理技术。

本书实用性强。每章设计了学习提要、学习目标、关键词和导入案例，章尾处还附有本章小结、复习思考题和研究与提高，以便于学生对相关章节的学习内容进行巩固和理解；对所有重要的概念在内容中都有提示，以便学生随课程的进度巩固旧知识，接受新知识。

本书是集体劳动的结晶，由李中斌、冯颖、谭志欣任主编，陈初升、许小晶、孔德议任副主编，参加编写的有吴元民、张丽琼、李芳、田兰、陈建武、潘剑英、林秀君、刘碧强、张慧、李莉、李民、谢丽斌、郝加祥、丁宇、王倩、赵雄伟、王灿雄、黎丹、林伟敏、陈德超、蔡宝清、陈媛媛、李玉榕等，最后由李中斌统稿完成。

本书在编写过程中，参考和借鉴了许多学者的著作及相关文献资料，并得到科学出版社的大力协助，在此一并表示衷心感谢。

由于编者时间及能力所限，书中难免存在疏漏及不妥之处，敬请广大读者批评指正。

编　者

2016 年 3 月

第一版前言

本书根据我国近年来人力资源管理及薪酬管理的实践，以及作者多年的讲课积累和做企业咨询的经验编写而成，是目前国内最新的具有一定原创性的薪酬管理教材。为了营造关于薪酬管理的宽阔视野，本书从企业经营与战略的高度以及整体人力资源管理体系的角度，来阐释薪酬管理在现代企业中的地位及其作用。本书不仅从管理学、经济学等多学科视角对薪酬以及薪酬管理做了理论上的阐释，而且注重薪酬管理的实际操作技术的推介，尽可能以实例的形式讲解以职位评价、薪酬结构、薪酬设计、薪酬奖励计划、薪酬诊断与评估、薪酬调控与沟通等为核心的薪酬管理技术。

本书实用性较强，各章均设置了学习提要、学习目标和导入案例等栏目，并附有本章小结、复习思考题和研究与提高，以便学生对相关章节内容的学习和把握；所有重要的概念在内容中都有阐述，以便学生随课程的进度巩固旧知识，接受新知识。

本书是集体劳动的结晶，由李中斌、谭志欣、李亚慧任主编，吴元民、许小晶、刘清泉、傅晓明任副主编，参加编写的有陈初升、郭爱英、曹哲文、王养成、王实、暴丽艳等，研究生吴文毅、耿丽君、徐东芳也做了部分章节的整理和编写工作，最后由李中斌统稿完成。本书在写作过程中，参考和借鉴了许多学者的著作及相关资料，并得到科学出版社的大力协助，在此一并表示衷心感谢。

由于时间仓促且编者水平有限，书中难免存在不足之处，恳请广大读者指正。

编　者

2011 年 4 月

目　　录

第一章　薪酬管理导论

学习提要

薪酬管理是人力资源管理的一个重要的职能模块，随着企业人力资源管理理论的蓬勃发展，对薪酬管理的研究也逐渐细致、深入和多元化。薪酬管理从早期的工资理论发展到现在最新提出的奖酬管理（rewarding compensation）理论，伴随其发展的是不断更新的经营理念和管理哲学。

学习目标

- 理解薪酬的定义及薪酬构成
- 掌握薪酬的相关概念
- 明确薪酬的功能和薪酬的宏观环境
- 掌握薪酬的基本制度
- 熟悉薪酬的相关理论
- 掌握薪酬管理的概念与原则
- 明确薪酬管理的体系与内容
- 熟悉薪酬管理的发展与挑战

关键词

薪酬	薪酬基本范畴	薪酬宏观环境	薪酬制度
薪酬理论	薪酬管理	薪酬战略	薪酬设计

导入案例

明尼苏达矿业制造公司（以下简称3M公司）是世界著名的多元化跨国企业，成立100多年来已成为道琼斯30种工业股票之一，其开发出的产品多达5万多种，涉及的领域包括工业、化工、电子、电气、通信、交通、汽车、航空、医疗、安全、建筑、文教办公、商业及家庭消费品。据调查，世界上有50%的人每天直接或间接地接触到3M公司的产品。3M公司取得如此举世瞩目的成绩，原因之一就在于其拥有一套完善的用人机制。

3M公司寻找发明家和创新家的准则是：不妨碍他们的工作！

公司的具体做法如下所述：

1）企业内各部门规模小、人员精。部门领导对下属员工的姓名、工作态度、专业特长等情况都了如指掌，以便各取所长，量才使用。

2）为每一位员工提供施展才能、发明创造的机会。鼓励员工为研制新产品进行大胆的试验，允许失败而不挫伤其热情和干劲。

3）要求研发人员、推销人员和管理人员经常接近客户，邀请这些人员帮助提出新想法开发新产品。

4）奖励改进创新者。公司内每一位员工在提出一个开发新产品的方案后，便由其组成一个行动小组来进行开发，小组成员的薪金与晋升同这种产品的进展情况挂钩。优胜者总有一天能独立领导其产品开发小组或部门。

5）对开发性研究持可选态度，慎重对待，不轻易否定和扼杀项目方案。如果一个方案在某部门不被重视，难以实施，提案者可以用其15%的时间证明这个方案的可行性。对于提出最佳方案、需要创始资本的发明者，3M公司每次授予的发明奖项多达90多个，5万美元的奖金每年多达90项。

从3M公司基于支持创新与发展的薪酬管理案例中可以看出，薪酬管理已成为人力资源管理的一个核心部分。

第一节 薪酬概述

一、薪酬的基本范畴

（一）薪酬的定义

乔治·T. 米尔科维奇（George T. Milkovich）把薪酬定义为“雇员作为雇用关系的一方所得到的各种货币收入、服务及福利之和[①]”。

从薪酬支付的主客体而言，薪酬支付的客体是雇员。在市场经济下，雇员的范围十分宽泛，除了自我雇用者和雇主之外，其余与特定组织形成雇用关系并获取劳动报酬的成员均为雇员。薪酬支付的主体是雇主。广义上的雇主除了企业之外，还包括公共部门和非营利组织，而企业又可分为不同的形式，如国有企业、外资企业和民营企业等。这些组织都要为其雇员

① 乔治·T. 米尔科维奇，杰里·M. 纽曼．2002．董克用，等译．薪酬管理．北京：中国人民大学出版社：5.

支付报酬，并承担薪酬管理的职能。严格地讲，凡是被雇用一方以劳动形式获取的收入即为薪酬，并属于薪酬管理的内容。当然，对于不同性质的组织而言，薪酬管理的特点也不同。薪酬支付的条件是发生了雇用关系，即雇员是因为被雇主雇用而获得的收入才算做薪酬。

美国薪酬管理学专家约瑟夫•J. 马尔科维奇奥（Joseph J. Martocchio）把薪酬定义为“雇员因完成工作而得到的内在和外在的奖励”。内在奖励是员工由于完成工作而形成的心理形式，外在奖励则包括货币奖励和非货币奖励。

西方学者认为薪酬除了包括直接的财务性、有形与具体的给付外，还包括了间接的、无形的、非财务性的报酬。其中罗宾斯（Robbins）对于薪酬涵盖的范围及探讨最为完整。罗宾斯将报酬分为内在报酬与外在报酬两部分。内在报酬是指工作者由工作本身而获得的成就感或满足感，包括参与决策、较大的工作自由及裁量权、较大的职权、较有趣味的工作、个人成长的机会和活动的多元化，此部分着重在心理层面，属于无形的给予。而外在报酬则又依据性质分为直接、间接、非财务型等三类：直接报酬包括本薪、津贴、奖金、红利以及股票等；而间接报酬则是指各种福利项目，如各种保险、旅游补助、医疗补助等；非财务型报酬则包括工作安全的保障、动听的头衔职业称谓、良好的工作环境等，属于较为实体性的外在报酬。

国内学者则认为薪酬是员工从事每个企业所需要的劳动，而得到的以货币形式和非货币形式所表现的补偿，是企业支付给员工的劳动报酬。

熊敏鹏教授认为广义薪酬不仅包括企业向员工提供的经济性报酬与福利，还包括由于良好的工作环境、企业自身特征和员工工作本身带来的非经济性心理影响。

李建新认为狭义薪酬有货币和非货币两种形式。以货币形式支付的部分通常称为各种形式的工资（wage）、薪水（salary）或者薪资（pay），即直接报酬，包括本薪、津贴、奖金、红利以及股票等；以非货币形式支付的部分为员工福利，即间接报酬，包括各种保险、旅游补助、医疗补助等。

我国台湾学者对薪酬的定义则比较局限于直接、财务性或有形的给付方面，如诸承明将薪酬定义为雇主支付给员工直接的、一般的、财务性的工作报酬，其包括了本薪、加班费、各种津贴、佣金、奖金和红利。张火燦指出薪酬是雇主支付给员工财务性、有形性或具体的报酬，其中包括基本薪资、奖金和福利。

根据表现形式不同，薪酬被划分为货币薪酬和非货币薪酬两种。货币薪酬又称核心薪酬（core compensation），是公司以货币形式支付的报酬，如基本工资、奖金、各种补贴、津贴等。非货币薪酬是公司以物质服务或安全保障等形式支付给员工的报酬形式，大多表现为员工福利（employee benefits）或额外薪酬（fringe compensation），包括保障计划（protection programs，如提供家庭福利、改善健康状况，并为失业、伤残或严重疾病等灾难性原因引起的收入损失作出补偿）、带薪非工作时间（pay for time not worked，如提供带薪休假）和服务（service，为其家庭提供补助，如学费补助和子女入托补助）等。

（二）薪酬的内容与支付形式

薪酬支付的内容可划分为货币的（核心薪酬）和非货币的、直接的和间接的、内在的和外在的。对薪酬内容的两种归类如表 1-1 所示。

表 1-1　薪酬内容归类

内在薪酬	外在薪酬		
	直接薪酬	间接薪酬	非财务性薪酬
参与决策 较大的工作自由及裁量权 较大的职权 较有趣味的工作 个人成长的机会 活动的多元化	本薪 津贴 奖金 红利 股票等	各种保险 旅游补助 医疗补助 免费工作餐 娱乐设施 带薪休假等	工作安全的保障 动听的头衔职业称谓 良好的工作环境 团队氛围 领导的个人品质和风格等

所有的薪酬形式自 20 世纪 80 年代以来被囊括在“整体薪酬”或“总薪酬”（total compensation）范畴内，薪酬形式归类如表 1-2 所示。

表 1-2　薪酬形式归类

内在薪酬	外在薪酬	
	直接薪酬	间接薪酬
挑战性、趣味性的工作 个人成长与发展机会 个人成就感 工作责任感和使命感 良好的工作环境 社会地位 和谐的人际关系 弹性工作时间等	基本薪酬 业绩薪酬 激励薪酬 特别绩效薪酬 津贴和补贴	社会福利 企业福利 个人福利

（三）核心薪酬的基本构成

1. 基本薪酬

基本薪酬又称基本工资，是指一个组织根据员工所承担或完成的工作本身或者是员工具备的完成工作的技能或能力向员工支付的稳定性报酬。大多数情况下，企业是根据员工所承担的工作本身的重要性、难度或者是对企业贡献的价值来确定员工的基本薪酬的，即采取职位薪资制。另外，企业还会根据员工所拥有的完成工作的技能或能力的高低来作为确定基本薪酬的基础，即所谓的技能薪资制或者能力薪资制。此外，员工的资历也会影响其基本工资的水平。在国外，基本工资有小时工资、月薪和年薪形式；在我国大多数企业中，提供给员工的基础工资往往是以月薪为主，即每月按时向员工发放固定的基础工资。

基本薪酬有以下特点。

（1）常规性

基本薪酬是劳动者在法定工作时间内和正常条件下所完成的定额劳动报酬。

（2）固定性

员工的基本薪酬数额以企业所确定的基本薪酬等级标准为依据，等级标准在一定时期内相对稳定，员工的基本薪酬数额也相对固定。

（3）基准性

所谓基准性包括两层含义：

1）基本薪酬是其他薪酬形式的计算基准，其他薪酬形式的数额、比例及其变动均以基本薪酬为基准。基本薪酬有总体薪酬的“平台”（platform）之称。

2）为保证员工的基本生活需要，政府对员工基本薪酬的下限做强制性规定，推行最低工资保障制度。对于不能保证获得其他薪酬的员工，其基本薪酬的数额不能低于法定的最低工资标准。基本薪酬通常由基础工资、工龄工资、职位工资、职能工资中的一种或几种构成。一般情况下，企业使用较多的是职位工资制、技能工资制以及薪点工资制，或者上述几种基本工资的组成部分加以组合称为复合工资制。

基本薪酬的变动很小，是企业最主要的固定成本之一。基本工资的变动主要取决于三个方面：①总体生活费用的变化或者通货膨胀的程度；②其他雇主支付给同类劳动者的基本薪酬的变化，即劳动力市场的供求关系的变化；③员工本人所拥有的知识、经验、技能的变化以及由此而导致的员工绩效的变化。

2. 可变薪酬

可变薪酬是薪酬体系中与绩效直接挂钩的部分，有时又被称为浮动薪酬或奖金。可变薪酬的目的是在薪酬和绩效之间建立起一种直接的联系，而这种业绩既可以是员工个人的业绩，也可以是企业中某一业务单位、员工群体、团队甚至整个公司的业绩。基于企业管理层假设，薪酬对于员工的效用是正向的，即薪酬的增长对于员工具有巨大的吸引力，员工对其具有期望，而可变薪酬在薪酬和绩效之间建立起了这种直接的联系，因此，可变薪酬对于员工具有很强的激励性，对于企业绩效目标的实现起着非常积极的作用。它有助于企业强化员工个人、员工群体乃至公司全体员工的优秀绩效，从而达到节约成本、提高产量、改善质量以及增加收益等多种目的。

通常情况下，可变薪酬可分为短期和长期两种。短期可变薪酬或短期奖金一般都是建立在非常具体的绩效目标基础之上的，而长期可变薪酬或长期奖金的目的则在于鼓励员工努力实现跨年度的绩效目标。许多企业的高层管理人员和一些核心的专业技术人员所获得的企业股权以及与企业长期目标（如投资收益、市场份额、净资产收益等）实现挂钩的红利等，都属于长期可变薪酬的范畴。与短期奖励相比，长期奖励能够将员工的薪酬与企业的长期目标实现联系在一起，并且能够对一个企业的组织文化起到一种更为强大的支持作用。

3. 间接薪酬

间接薪酬主要指福利，国内外的薪酬管理专家对福利的定义多种多样，但对其特征和内容类型的认识基本是一致的。福利是有别于根据员工的工作时间计算的薪酬形式，与基本薪酬和可变薪酬相比，福利往往具有两大特征：①支付方式的不同，福利往往采取实物或者延期支付的形式；②福利因为与劳动能力、绩效和工作时间的变动没有直接关系，所以有固定成本的特征。福利分为法定福利、企业/集体福利和个人福利。法定福利是根据国家政策而支付的福利，这种福利具有强制性和保障性的特点，如基本养老保险、失业保险、基本医疗保险等。而企业福利是企业根据企业自身情况而支付的福利项目，又称非法定福利，这种福利具有个性化和激励性特点。个人福利主要指对特殊岗位和特殊身份的员工所提供的某些福利，不具有全员性。

间接薪酬具有多种作用：

1）货币工资的替代形式。具有劳动报酬性质和功能，又以多种灵活的形式支付，所以有“柔性薪酬”之称。

2）可降低企业人工成本，享受国家税收方面的优惠等。

3）可以满足员工多种工作和生活需要，具有货币薪酬所不能比拟的提供服务、增强企业凝聚力等功能。

（四）薪酬的相关概念

1. 工资

工资有时指基本薪酬，有时又泛指报酬的所有形式。国际劳工组织《保护工资公约》中对工资的界定：“工资”一词系指不论名称或计算方式如何，由一位雇主对一位受雇用者，为其已经完成或者将要完成的工作，已经提供或将要提供的服务，可以货币结算，并有共同协议或国家法律、条例予以确定，凭借书面或者口头雇用合同支付的报酬或收入。原国家劳动部（现中华人民共和国人力资源和社会保障部）《关于贯彻执行〈中华人民共和国劳动法〉若干问题的意见》第 53 条，劳动法中的“工资”是指用人单位根据国家有关规定或者劳动合同的约定，以货币形式直接支付给本单位劳动者的劳动报酬，一般包括计时工资、计件工资、奖金、津贴和补贴、延长工作时间的工资报酬以及特殊情况下支付的工资等。劳动者的以下收入不属于工资范围：①单位支付给劳动者个人的社会保险福利费用，如生活困难补助费、计划生育补贴、丧葬抚恤救济费等；②劳动保护方面的费用，如用人单位支付给劳动者的工作服、解毒剂、清凉饮料费用等；③按规定未列入工资总额的各种劳动报酬及其他劳动收入，如根据国家规定发放的一些创造、发明和技术改进奖，以及稿费、讲课费、翻译费等。

2. 薪金

薪金就是雇主支付给雇员的直接外在薪酬，通常指白领雇员所获得的工资。一般而言，豁免员工不享受加班费；而非豁免员工的加班工资则受到劳动法保护。

3. 薪资

薪资是一个经常与工资互换的概念，两者都指直接外在薪酬或直接外在薪酬的一部分。但是工资通常理解为按照工作时间计算的，而薪资是定期发放的，两者有管理属性上的区别。

4. 福利

福利可分为社会福利、企业福利和个人福利。

5. 奖酬

奖酬（rewards）是一个比薪酬更新的概念，其内涵与总薪酬基本一致，即包括了表 1-2 中的三种薪酬类型。很多外资企业将薪酬管理理念由 C&B（compensation & benefits）变成 R&B（reward & benefits），主要体现了内在薪酬对员工的激励作用。

6. 总薪酬

总薪酬又称整体薪酬、总体薪酬以及 360° 薪酬等，指雇员从工作和劳动中获得的所有报酬形式。总薪酬与奖酬在覆盖内容上趋向一致，但在管理理念和经营目标上有所区别。例如，奖酬是基于新的报酬管理的理念，建立在劳动或贡献汇报基础之上的范畴。奖酬将员工的各种收益都看成是企业对员工的回报；衡量员工之间的报酬差距主要依据工作的价值或对组织的贡献大小，以及体现薪酬的内部公平性。总薪酬是基于人力资源管理的理念，建立在人力资源供求关系基础之上的范畴。总薪酬的内在含义：企业为了获取和留住所需要的人力资源，可以按照与其价值或市场价相符的标准来支付报酬，衡量员工之间的报酬差距，综合考虑薪酬的内部公平性、外部竞争力，以及企业满足人力资源需求等多种因素。在员工薪酬体系的设计上，总薪酬管理强调将各种原本孤立的薪酬要素有机结合在一起，以体现要素之间的功能互补。例如，目前流行于高新技术企业的宽带薪酬的设计，就是总薪酬理念的一种应用。

（五）薪酬的功能

薪酬是一个涉及很多利益关系的管理范畴，不同的主体对薪酬职能的认知不同，从而构成了薪酬管理目标的多元化。在薪酬管理中，针对不同的利益主体，如政府、企业和个人，薪酬具有不同的功能，并由此决定了薪酬管理的目标和定位。

1. 政府视角下薪酬的功能

薪酬是劳动力市场的价格信号；薪酬是宏观环境运行的参考因素；薪酬是衡量社会公平的标准；薪酬是财政支出的重要组成部分。

2. 企业视角下薪酬的功能

薪酬是对人力资本的投资；薪酬是绩效激励的杠杆；薪酬是企业战略的导向器；薪酬是企业的成本要素。

3. 雇员视角下薪酬的功能

薪酬是员工及其家庭的基本生活保障；薪酬是劳动力价值的价格体现；薪酬是员工人力资本投资的收益形式；薪酬体现了员工的需求满足层次。

二、薪酬的宏观环境

（一）经济社会发展与薪酬

1. 经济社会发展对薪酬的决定作用

从宏观经济的角度看，薪酬是以个人收入的形式在社会经济中包含了薪酬收入在内的社会成员的个人各类收入的总和。个人收入在国民经济核算体系中占据重要地位，在宏观经济运行中也具有重要作用。从一般原理上看，一个社会的薪酬水平在根本上取决于一个社会经济发展的总体水平。这是因为，薪酬作为对社会劳动成果的分配，当一个社会越富裕时用于劳动报酬的数量就越大；薪酬作为一种生产成本，当一个社会经济越富裕、文明程度越高时，这种要素的价格也就越高。一个国家的经济进步程度，同时也就是社会薪酬水平提高的过程。

2. 薪酬对宏观经济的影响

（1）薪酬对消费的影响

1）薪酬是完成消费的主要因素。从社会经济的“生产—分配—交换—消费”的运行链条看，消费是最终环节，是使总体运行最终得以完成的重要环节。舍弃掉中间的环节，从“生产—消费”的关系看，消费既是生产的目的，又是社会经济得以循环进行的下一次生产的起点。因此，消费在经济社会中极为关键。薪酬作为社会消费的最主要经济来源，其总体水平、在社会总产品中的比例、与社会消费品的数量关系乃至自身的分配状况，都对社会消费有着重大影响。

2）薪酬水平过低、消费萎缩对经济社会会产生不利影响。薪酬水平低，导致“低薪酬—低消费—低生产”成为一种必然的结果，使得社会消费受到一定压抑。在这种情况下，较低收入阶层的消费水平很低，虽有消费愿望但无消费能力；较高收入阶层的薪酬收入数额、比例很大，有很强的消费能力，但实际消费需求大大不足，转化为储蓄、奢侈性消费等。就社会总体而言，消费能力被浪费，不利于形成良性经济循环。

3）薪酬水平较高、社会消费不足对社会经济会产生不利影响。当社会薪酬水平增长较快超过社会生产增长的速度时，社会消费购买力增加，消费品可能出现相对不足，就会促使物价上涨，导致通货膨胀。

（2）薪酬对投资的影响

1）薪酬水平自身的影响。薪酬主要用于消费，但随着经济社会发展水平的提高，人们的薪酬收入在满足日常消费需求后，通常还会有一定的结余。该结余部分，可以转化为投资。一般而言，一个国家或地区的薪酬水平越高，劳动者越富裕，薪酬中用于消费的部分就可以较小，用于投资的部分就大。因此，如何调动居民的投资欲望，疏通和开辟居民投资渠道，使社会劳动者消费之外的财力转化为生产资本，为宏观经济运行服务，提高长期经济效益是宏观经济中的一个重要任务。

2）社会经济状况的影响。在社会薪酬总水平一定的情况下，人们用于消费与积累的份额还会受社会经济状况的影响。当社会经济形势不好时，物价上涨，企业不景气以至于破产，投资回报率下降，人们就增加消费、减少储蓄与投资；当社会经济顺利发展时，物价稳定，企业有较高的成长性，投资回报率上升，人们就愿意扩大储蓄与投资，适当降低消费。当人们对经济中长期预期不好时，人们不仅不投资，还会因为未来收入下降的担忧而减少消费，或只是进行消极性的储蓄。

（3）薪酬收入分配的比例对宏观环境的影响

在现实经济生活中，薪酬是企业总收入和整个国民收入的一个组成部分。现实的收入分配活动，必然导致薪酬水平的变动和薪酬在收入总量中比例的变动。薪酬在收入总量中的比例变动，对于宏观经济有着重大影响。在经济单位的现实分配中，薪酬的发放数量对于生产单位的留利和扩大再生产有着一定的影响。在产值总额一定的情况下，薪酬发放得越多，所剩余的利润就越少，扩大再生产的资金就越少；薪酬发放得越少，所剩余的利润就越多，扩大再生产的资金就越多。

总之，在社会经济发展与薪酬的关系上，应该注意以下方面：

1）薪酬总额的增长必须与经济增长相适应。这要求合理安排好累计与消费的比例关系，使薪酬总额的增长建立在发展生产的基础上，从而使薪酬的增长有可靠的物质基础。

2）名义薪酬的增长应超过物价上涨的幅度。薪酬与物价的关系直接关系到职工生活水平的高低，因此，在物价大幅度上涨的情况下，只有使名义薪酬的增长幅度超过物价上涨幅度，才能切实保证职工的实际生活水平不降低。

3）实际薪酬的增长必须低于劳动生产率的增长。总之，要使薪酬改革与物价改革既有利于促进国民经济稳定、持续、健康发展，又有利于居民生活的不断改善。

（二）政府的薪酬政策与制度

1. 体制转型期政府的薪酬调控政策

（1）工效挂钩模式

工效挂钩即工资总额同经济效益挂钩，主要是确定“两个基于，一个比例”。“两个基于”即工资总额基数，经济效益基数；“一个比例”即工资总额同经济效益挂钩浮动的比例。

（2）“两低于”原则自定工资总额的办法

所谓“两低于”原则自定工资总额是指企业在工资总额增长幅度低于本企业经济效益增长幅度，职工实际工资增长幅度低于本企业劳动生产增长的前提下自主确定的工资总额。

2. 最低工资制度

最低工资构成主要有三个部分：劳动者个人劳动基本生活消费品费用；劳动者接受社会生产必需的最低水平的教育培训费用；劳动者平均赡养人口的基本生活消费品费用。

从理论上来看，按“正常劳动”的解释，最低工资只应包括制度工作时间内完成定额劳动所得的基本报酬，而不应包括作为超额劳动报酬的奖金、延长工作时间赢得的加班加点工资、特殊条件下劳动所得的津贴以及国家规定的保险福利待遇。但是，由于我国现行工资构成不合理，基本工资的比例过小，奖金绝大部分已成为某种程度上对全体职工发放的附加工资，因此《最低工资规定》中没有把奖金排除在最低工资的组成部分之外。这意味着，只要企业付给职工的基本工资加奖金不低于最低工资，企业就没有违反《最低工资规定》。

《最低工资规定》和《关于实施最低工资保障制度的通知》中将下列收入排除在最低工资组成之外：加班工资；中班、夜班、高温、低温、井下、有毒有害等特种作业环境条件下的津贴；国家法律法规和政策规定的劳动者保险、福利等待遇；用人单位通过补贴伙食、住房等支付给劳动者的非货币性收入等。除此之外，非经常性奖金（如劳动竞赛、因做出使本企业获益的发明创造而获得的奖励等）也不应作为最低工资的组成部分。

3. 工资指导线制度

工资指导线制度是我国社会主义市场经济体制下国家对企业工资分配进行宏观调控的一种手段，是企业工资分配宏观调控体系的重要组成部分。原国家劳动部在1993年年底制定颁布的《关于建立社会主义市场经济体制时期劳动体制改革总体设想》提出：“政府通过参与集体谈判，制定工资指导线，把工资总量的增长控制在与国民生产总值增长、职工实际平均工资增长与劳动生产率增长相适应的幅度之内。”工资指导线从 1994 年在深圳、成都和厦门等城市进行改革试点，到目前已全面展开并逐步形成了一项制度。制定和发布工资指导线是我国在社会主义市场经济体制下加强工资宏观调控的一项实际工资举措。

所谓工资指导线，又称工资增长指导线，是在市场经济体制下，政府为保证宏观经济目标的实现，通过提供信息、建议等措施引导企业合理增长工资的一种宏观调控措施。其形式可以是具体的工资增长幅度，也可以只是原则意见。工资指导线一般根据当前预算的经济增长、物价指数、就业状况等因素，以年为单位制定和发布，从范围方面可分为全国的工资指导线、地区的工资指导线和行业的工资指导线。

4. 个人收入所得税制度

个人收入所得税制度是收入政策的重要内容之一。收入政策有两种含义：狭义的收入政策是指作为宏观经济调控手段，与财政政策、货币政策并列的三大政策之一；广义的收入政策不仅包括上述宏观调控，而且包括在一定社会总收入、一定工资总量的条件下，对以工资劳动者为主体的居民个人分配关系的调整政策，即人们常说的社会收入分配政策。在收入政策中，收入平等化政策越来越受到经济政策制定者和经济学家的重视。个人所得税是政府调节个人收入分配的重要手段。

三、薪酬的基本制度

（一）基本薪酬制度的含义和特点

基本薪酬是员工薪酬收入的主要部分，由基础薪酬、工龄薪酬、职务薪酬、技能薪酬、岗位薪酬、学历薪酬等构成。基本薪酬制度是组织对基本薪酬实施分配的制度形式，与其他薪酬分配形式相比较，其具有主体性、稳定性和基础性的特点，在整个薪酬收入分配体系中占据主导地位。

（二）基本薪酬制度研究的主要内容

基本薪酬制度研究的主要内容，包括基本薪酬制度具体形式的选择，组织内部薪酬结构、薪酬水平和标准的确定，基本薪酬构成部分比例的安排，基本薪酬制度的运行和日常管理等内容，基本薪酬制度也被称为薪酬系统。

（三）基本薪酬制度的分类

1. 基于职位/岗位的薪酬制度

以职位/岗位为基础的薪酬制度主要依据员工从事劳动（工作）的职位等级或岗位等级，来确定相应的薪酬等级。它关注工作的任务、责任和对从事该职位/岗位工作人员技能的要求，以实际劳动（工作）内容为基础，由职位/岗位这一不含任何个人特质的因素决定薪酬，使基本薪酬与职位/岗位直接挂钩，以职定薪，是各国广泛采用的薪酬制度。

2. 基于任职者（个人能力）的薪酬制度

以任职者为基础的薪酬制度主要以员工考核通过的技术或业务等级为依据，来确定其薪酬等级，它关注人的技术、能力，把员工的薪酬与员工拥有的与工作有关的知识技术和能力相联系，员工个人的能力成为决定其基本薪酬的主要因素。

3. 基于员工业绩的薪酬制度

以业绩为基础的薪酬制度，是在对员工业绩科学评价的前提下，主要依据员工的实际业绩决定其薪酬水平，将薪酬与员工绩效直接挂钩进行分配，它关注员工对组织的实际贡献，鼓励员工提高绩效，是一种激励导向薪酬制度。

4. 综合各种薪酬决定因素的组合薪酬制度

组合型的薪酬制度即结构工资制，是把影响和决定员工薪酬的各种因素（员工从事的工作及其能力、业绩等）分解成几个部分，根据各因素质和量的规定性，分别设置薪酬标准后组合而成的薪酬制度。

（四）基本薪酬制度的几个概念

1. 薪酬水平

薪酬水平（compensation level）是指企业支付不同职位的平均薪酬，体现了薪酬的外部公平。外部公平的实现依赖于市场定位、薪酬调查、政策基准以及协调与内部薪酬结构之间的关系等。薪酬水平关注的目标有两个，一是控制劳动力成本，二是吸纳与维系员工。

2. 薪酬结构

薪酬结构（compensation structure）一般指与职位或能力等薪酬要素相匹配的薪酬等级结构。传统的薪酬等级结构主要依据岗位价值确定；现在薪酬等级结构的构建还要考虑员工的能力和特质等。因此，薪酬等级结构既反映了员工在组织架构中的地位，也反映了组织对员工贡献程度的价值认可或预期。

3. 薪酬组合

薪酬组合（compensation mix）是指雇员各种薪酬支付要素的组成形式。薪酬形式在总薪酬中所占的比例不同，从而形成各种薪酬结构类型。例如，以保障为主的薪酬结构（基本薪酬比例相对较大）、以短期奖励为主的薪酬结构、以长期激励为主的薪酬结构等。

4. 薪酬制度

薪酬制度（compensation system）是以规则和规章的形式表现的组织的薪酬决策、薪酬分配标准和管理方式等。例如，岗位工资制是对基本工资标准的制度确认；员工参与薪酬决策和建立民主反馈机制等是对薪酬管理方式的制度确认；保密工资制是对薪酬信息公开的制度确认等。

（五）基本薪酬制度的具体形式

等级薪酬制度是最重要的基本薪酬制度，包括岗位等级工资制、职务等级工资制、技术等级工资制、职能等级工资制等多种具体形式。此外，岗位技能工资制、年功序列工资制、协议工资制、绩效工资制、结构工资制、年薪制等也是组织常用的基本薪酬制度形式。薪酬制度的划分及其形式如图 1-1 所示。

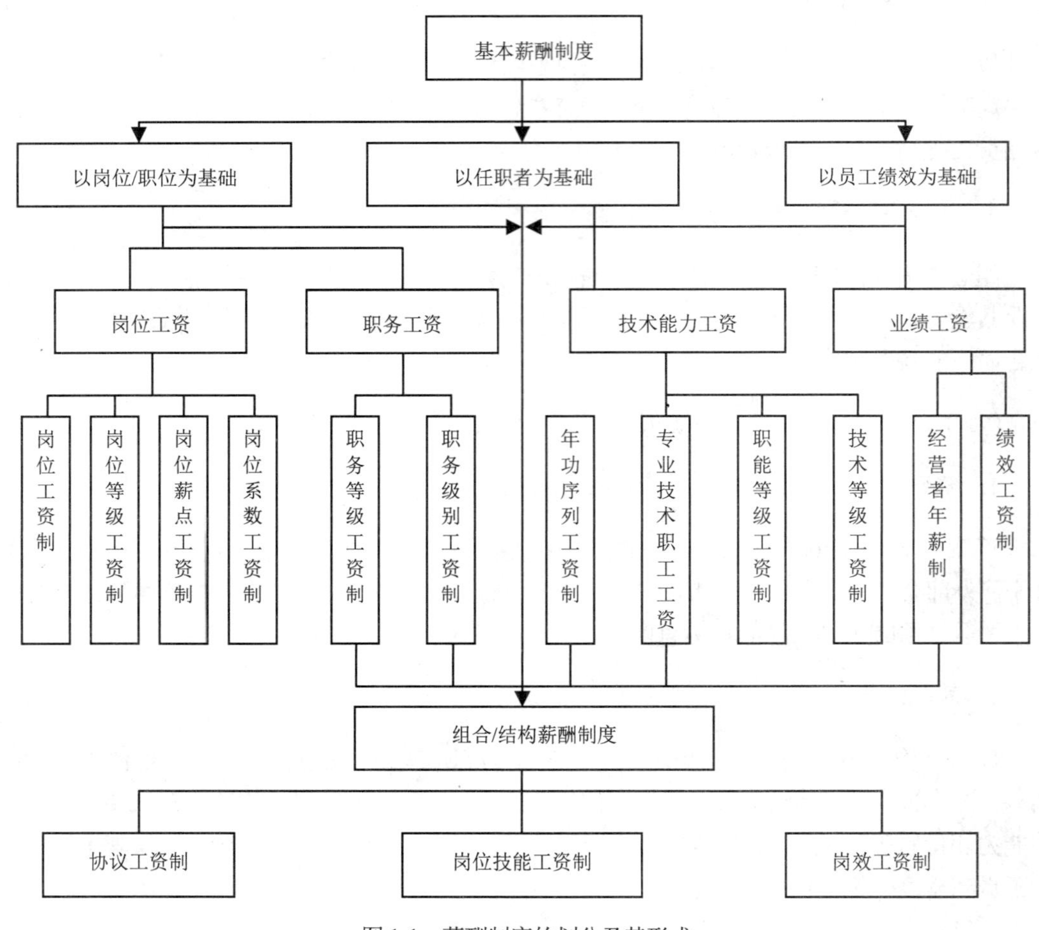

图 1-1　薪酬制度的划分及其形式

知识拓展

自 2004 年 3 月 1 日起施行的《最低工资规定》与 1993 年 11 月 24 日原国家劳动部颁布的《企业最低工资规定》相比，主要有四个方面的变化。

1）适用范围有所扩大。原规定适用于我国境内的所有企业，包括国有企业、集体企业、外商投资企业和私营企业等。新规定扩大了适用范围，除企业外，民办非企业单位、有雇工的个体工商户也适用该规定。国家机关、事业单位、社会团体和与之建立劳动合同关系的劳动者，也依照规定执行。

2）确定和调整最低工资标准的因素有所增加。新规定指出，最低工资的确定除了考虑本地区低收入职工收支状况、物价水平等因素外，还应当参考职工个人缴纳的社会保险费和住房公积金等因素。这样一来，职工个人缴纳的养老保险费、医疗保险费和失业保险费等，都成为确定最低工资需要考虑的因素。

3）考虑到经济发展和物价不断上涨等因素，新规定确定最低工资标准至少每两年调整一次。

4）新规定指出，劳动者由于本人原因造成在法定工作时间内或依法签订的劳动合同约定的工作时间内未提供正常劳动的，不适用于该规定。

第二节　薪酬理论

一、早期的工资理论

（一）工资决定理论

工资决定理论又称生存费用工资理论，是亚当·斯密（Adam Smith）和大卫·李嘉图（David Richard）等古典经济学派提出的最早的工资理论。该理论的主要观点：工资由劳动者及其家庭所必需的最低生活费用决定；由于 T. R. 马尔萨斯（T. R. Malthus）人口规律的存在，工资水平的上升或下降会导致劳动力供给量的变化，从而使工资最终收敛于维持劳动者生存的水平上。

工资决定理论对劳动力供给与工资水平变动之间关系的解释为，如果工资水平超过劳动者的基本生活费用，那么劳动者就可以多生子女，其结果就会造成劳动者增加和劳动力供给超过需求，劳动力市场价格下降，工资会降低到维持生活的水平上；相反，如果工资水平低于劳动者的基本生活费用，那么，由于饥饿疾病、死亡率的上升以及婚期的拖延等原因，导致劳动力供给的减少和工资水平的上升，工资最终提高到维持劳动者及其家属生存的水平上。

工资决定理论在一定程度上反映了资本主义发展初期的状况，并且为最低工资标准的确定提供了理论基础，也有学者认为这一理论仍适用于今天那些发展程度很低的前工业化国家。但该理论存在不少缺陷，主要是随着马尔萨斯人口规律作用条件的变化，工资与劳动力价格变动的现实关系难以得到解释，所以该理论到 19 世纪中期被多数经济学家所抛弃。

（二）最低工资理论

威廉·配第（William Petty）和重农学派的创始人 F. 魁奈（F. Quesnay）等都曾提出过最低工资的思想。其基本观点：工资和其他商品一样，有一个自然的价值水平，即最低生活资料的价值；工资水平就是维持工人生活所必需的生活水平。如果低于该水平，工人的最低生活将无法维持，资本家也就失去了继续生产财富的基础。

最低工资理论指出，工人的最低工资不是企业或雇主主观意愿的结果，而是市场竞争的结果。工人和资本家作为劳动力市场上利益对立的双方，在劳动力供大于求的情况下，受追求剩余价值最大动机的驱使，资本家必然千方百计压低工资，但不能无限制压低，因为客观上存在一个最低工资限度，这就是维持工人及其家属的最低生活水平。如果工资水平下降到维持其生存的水平之下，必然将导致劳动力再生产下降，从而导致劳动力的供给减少。所以，最低工资理论成为政府工资调节的主要理论依据之一。据此，许多国家相继制定了最低工资保障法律，以协调资本家与雇佣工人之间的利益冲突。

（三）工资基金理论

该理论的主要倡导者是约翰·穆勒，其主要观点如下：

1）资本是工资的决定性因素。理由是工资是资本的一个组成部分，其与机器、设备、原材料等投入一起组成资本总额。而且在一定的时期内，对一个国家而言，工资支出是一个相对固定的量。这一相对固定量即为工资基金总额的大小。

2）在工资基金一定的情况下，工人的工资水平取决于工人人数的多少。工人人数多，工资就低；工人人数少，工资就高。

因此，根据工资基金理论，在国家总工资规模和水平确定的情况下，工人和企业组织之间工资的变动是此消彼长的关系，即一部分工人或企业工资增加是以另一部分工人或企业工资减少为代价的。同样，如果用于劳动报酬的部分多了，工资的增长就会影响资本的增长，进而影响生产的发展，使下一个生产周期的资本和工资减少，所以工资增长不能影响资本增长。因此，若雇佣劳动者的就业总基金没有增加，或者劳动力市场的供给量不减少，工资总和不可能增加；用作支付劳动力的资金不减少，或者领取工资的劳动力人数不增加，工人的工资水平也不会下降。

工资基金理论相对于最低工资理论而言，具有较多的合理成分，能够解释随着经济社会的发展及资本的增长，薪酬具有增长趋势。

（四）工资差别理论

从理论上讲，在完全竞争的条件下，企业间和企业内部的工资水平应该趋于相等，因为劳动者能够自由选择报酬不低于他人的职业，工资水平也会随着工人职业和劳动岗位的转换和竞争达到一种均衡状态。但是现实中，企业内部和外部的工资差别是客观存在的，这种经济现象很早就引起一些经济学家的注意。

亚当·斯密是工资差别理论的创始人之一。他认为造成不同职业和工人之间工资差别的原因主要有两大类，一类是由不同的“职业性质”造成的；另一类是由工资政策造成的。各种不同性质的职业从五个方面造成工资的差别，具体包括：

1）劳动者心理感受不同，有的职业可以使人愉快，而有的则使人感到厌烦。

2）掌握难易程度不同，有的职业很容易学习和掌握，有的则难以掌握。

3）安全程度不同，有的职业风险大，不安全系数高，有的则没有什么风险，比较安全。

4）担负的责任不同，有的职业负担的责任重大，有的则没有什么责任。

5）成功可能性不同，有的职业容易成功，而有的职业则容易失败。对于那些使劳动者不愉快、学习成本高、不安全有风险、责任重大和失败率高的职业，应支付高工资；反之，则支付低工资。

亚当·斯密所指出的职业性质与工资收入差别之间的关系，实际上是现代岗位和职务工资制的基础。不同的工作岗位、不同的职业，要求劳动者的素质和劳动量的付出不同，付

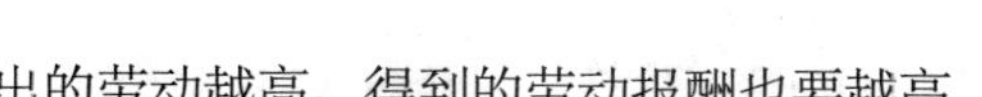

出的劳动越高，得到的劳动报酬也要越高。

亚当·斯密根据对工资政策与工资差别之间关系的揭示，指出政府不适当的工资政策会扭曲劳动力市场上的供求关系。例如，限制了职业间的竞争、阻碍了劳动力的自由流动等。在这种情况下，工资作为劳动力价格的表现形式，自然会通过不合理的工资差别反映出来。这一观点对政府的宏观工资调控具有非常重要的理论和实践指导意义。

二、薪酬决定理论

（一）边际生产力理论

边际生产力理论被认为是现代工资理论的基础，可以用这一理论来解释工资的长期变动趋势和短期内的波动。主要代表人物是英国经济学家阿尔弗雷德·马歇尔（Alfred Marshall）和美国经济学家约翰·贝茨·克拉克（John Bates Clark）等。

该理论以雇主追求利润最大化即亚当·斯密提出的所谓“经济人”假说为前提。基本思想是，在一个完全自由竞争的市场上，企业主总是力求其每一种生产要素都获得最大利润，以至于每一种生产要素在生产中都能得到最佳配置。工资取决于劳动的边际生产力，雇主雇用的边际工人的产量等于付给边际工人的工资，也就是劳动力的边际收入等于劳动力的边际成本。劳动力的边际收入是指新增工人使企业总收入增加的部分；劳动力的边际成本是指新增工人使企业总成本增加的部分，到达两者相等的点，就是劳动力的最佳雇用点。如果边际收入小于边际成本，雇主就会不雇用或解雇工人；如果边际收入大于边际成本，雇主就会增雇工人；只有在两者相等时，雇主才会不增人和不减人。边际生产力理论的核心是证明工资水平取决于劳动的边际生产力。

（二）供求平衡工资理论

英国著名经济学家阿尔弗雷德·马歇尔在吸收了边际效用价值论和边际生产力薪酬论等成果的基础上，提出了供求均衡薪酬理论。马歇尔认为，边际生产力理论只从劳动力需求方面研究了薪酬的形成，没有反映劳动力供给方面对薪酬作用的影响，因此，这个理论并不全面。薪酬是由劳动力的供给价格和需求价格相均衡时的价格决定的。劳动力的供给价格取决于劳动者的生活费用，即维持劳动者自身及其家庭生活所需的最低费用；劳动力的需求价格取决于劳动的边际生产力，即取决于边际劳动者生产的产品。马歇尔认为，无论劳动力的需求曲线还是劳动力的供给曲线都不能单独决定薪酬水平，薪酬水平取决于两者的均衡，也就是说，是由这两条曲线的交点即供求均衡点决定的。

（三）集体谈判薪酬理论

集体谈判又称集体交涉，是指以工会为代表的工人集团为一方，与以雇主或雇主集团为另一方进行的劳资谈判。整个古典经济学关于薪酬决定的分析都认为薪酬水平是由劳动力市场供求决定的。19 世纪中叶以后，边际主义学派和新古典主义学派与古典经济学一样，研究的重点仍然停留在自由竞争决定薪酬水平的分析思路上。但是，随着工会组织的成长和壮大，工会作为一个重要的市场主体参与薪酬的决定，使得作为分析工具的竞争模型所起的作用越来越小，这一事实引发了一批学者进行开创性的研究。集体谈判薪酬理论的产生与发展是工会发展的产物。在工业化发展的初期，薪酬谈判是在企业主和劳动者个人之间个别进行的。随着工业社会的发展，由于工人无法遏制工人个人之间的竞争，也无法抵抗薪酬下降的趋势，因此，工人只能组织起来，通过工会代表自己的更高利益与雇主或雇主集团作斗争，于是，工会组织在许多行业中出现；与此同时，雇主方面通过资本积聚和集中，不断形成大型企业和企业集团，从而遏制了雇主之间的竞争，于是，自由竞争的劳动力市场让位于有组织的劳动力市场。

集体谈判的主要特点是工会通过有效地遏制工人之间的竞争使自己成为市场劳动力供给的垄断者，并力图使劳动力市场成为卖方垄断的市场。工会提高薪酬的途径通常包括限制劳动力供给、提高标准薪酬率、改善劳动力需求和消除买方垄断。

（四）效率薪酬理论

效率薪酬理论是20世纪70年代后期产生的一种薪酬理论。这种研究不是将薪酬视为生产率的结果，而是倾向于将薪酬视为促进生产率提高的手段。

效率薪酬理论认为，薪酬与生产率之间是互相依赖的。传统的薪酬决定模型是建立在劳动同质并隐含薪酬水平不改变劳动的边际产出和劳动力需求曲线位置基础上的，因此，任何薪酬水平的变化只会导致劳动力需求量的变化，而不会导致需求曲线本身位置的移动。然而在劳动是异质的、薪酬与生产率之间相互依赖的情况下，厂商降低薪酬，不一定会增加利润，提高薪酬也不一定会减少利润。进一步讲，厂商可以通过支付较高的薪酬水平来降低每单位有效劳动的费用，薪酬可作为增加利润的有效手段。

三、薪酬分配理论

（一）按劳分配理论

按劳分配是马克思在批判地继承前人优秀文化的基础上创立科学社会主义理论体系的过程中所确立的社会主义社会个人消费品的分配原则。马克思确立的按劳分配原则，是以下述条件为前提的：①全部生产力归社会共同占有；②商品经济已经消亡，整个社会生产都直接按计划有组织地进行，每个人的劳动都直接构成社会总劳动的一部分；③旧的社会分工和劳动的本质差别仍然存在，劳动还仅仅是个人的谋生手段。

其精华之处在于：

1）从社会生产条件的分配出发探索产品分配方式，从根本上否定了不劳而获的剥离分配制度。

2）从劳动者成为生产过程的主体出发，确立了以劳动为依据的分配关系。

3）按劳分配过程中既要反对剥削，也要反对平均主义。

4）按劳分配的对象是社会总产品中的剩余产品。

其不完善之处在于：

1）按劳分配以产品经济为经济载体，国家成为整个社会生产的调节中枢，不仅直接组织和管理生产，而且直接决定劳动者的个人消费品分配，成为分配主体。

2）按劳分配的劳动量，是通过其自然尺度——劳动时间来计算的，忽略了价值范畴在按劳分配实现过程中的作用。

3）劳动证书作为社会签发的劳动量凭证或个人劳动时间的记录卡，取代货币成为分配手段，从而无法识别不同的具体劳动的强度和复杂度的差异。

4）收入量与消费品实物量直接相对应、个人财产积累以某种消费品的实物形态被固定下来，个人财产不能转化为生产资料，只能刺激消费。

5）配给式消费是消费提前纳入生产过程，消费不能独立地构成一个由消费者来完成的行为过程，消费对生产的信息，是生产信息的同一重复。

（二）分享经济理论

所谓分享经济，是一种劳动的单位成本随着就业的增加而下降的经济，也是一种劳动的边际成本小于劳动的平均成本的经济。把工资制度改为分享制度、把工资经济改为分享经济的具体过程并不复杂，其要点是把固定的工资改为与某种反映厂商经营状况的指数相联系。这样，工人和雇主在劳动市场上达成的就不再是规定每小时多少工资的合同，而是工人与雇主在企业收入中各占多少分享比例的协议。分享经济理论被认为可以解决滞胀问题。其优点在于：

1）分享制度与工资制度有根本不同的动态特点，它是一种劳动短缺型经济制度。在工资制度中，增加或解雇一个工人，并不会直接影响其他工人的收入变化。而在分享制度中，如果少雇用工人，工人的报酬就会自动增长；多雇用工人，工人的工资由于分享的人数多了就会自动下降。

2）分享制度比工资制度具有小得多的通货膨胀倾向。

3）分享经济在偏离均衡时，比工资经济具有更强地返回均衡的倾向。

4）分享制度还有改善人际关系的积极效应。

（三）整体薪酬理论

整体薪酬方案又称自助式薪酬方案，由密歇根大学商学院教授约翰·E. 特鲁普曼（John E. Tropman）提出。这一理论是对薪酬体制和投资体系的重新构思，将 10 种反映当今员工所期望的不同类型的薪酬意向综合起来，使员工在其中扮演重要的角色，突出薪酬的定制性和可选择性。这种薪酬方案有四个基本观点：

1）沿用至今的旧薪酬体制也不能起到吸引、留住和激励现代员工的作用。

2）整体薪酬方案包括始终不同类型的薪酬组成部分，分别是基本工资、附加工资、间接工资、工作用品补贴、额外津贴、晋升机会、发展机会、心理收入、生活质量和私人因素。

3）10 种不同类型的薪酬项目必须组合成一个整体的薪酬方案，有一个单独的机构——整体薪酬为每个员工特别设计。

4）整体薪酬方案必须允许员工参与，使之成为自助式方案[①]。

① 王长城. 2005. 薪酬制度与管理. 北京：高等教育出版社：22.

四、薪酬运用理论

薪酬运用理论分为四大部分：薪酬公平理论、薪酬激励理论、委托-代理理论，以及战略薪酬理论。在此部分中主要介绍前三大理论部分，第四个理论在第二章中重点讨论，这里只做大概介绍。

（一）薪酬公平理论

薪酬公平理论由J. 斯达西 • 亚当斯（J. Stacey Adams）提出，这一理论认为，决定员工对薪酬认可的往往不是绝对薪酬，而是相对薪酬以及本人对薪酬的认识。如果员工感到不公平，则会影响其工作的努力程度。

1. 外部公平

外部公平是指本组织的薪酬水平同其他组织的薪酬水平相比较时具有的竞争力。在考虑组织中薪酬的外部竞争力时，使自己的报酬水平高于竞争对手是吸引和保持最优秀员工为本组织服务的对策之一；低于竞争对手，则可能引发员工流失；等于竞争对手不能引起员工在本组织与竞争对手之间的流动。这就对应了三种人力资源薪酬水平策略：市场领先策略，市场落后策略，市场跟进策略。

2. 内部公平

内部公平是指薪酬水平的内部一致性，即在一个组织内部不同的工作之间、不同的技能水平之间的报酬水平应该互相协调。这意味着组织内部报酬水平的相对高低应该以工作的内容为基础，或者以工作所需要的技能的复杂程度为基础，当然也可以是工作内容或技能要求的某种组合，重点是根据各种工作对组织整体实现的相对贡献大小来支付报酬。

3. 员工个人公平

员工个人公平是指在对同一个组织中从事相同工作的员工的薪酬进行相互比较时，每个员工得到的薪酬与其各自对组织的贡献相互匹配。组织中员工个人的报酬水平因以下两种因素所产生的相对差异大小应该是合理的：一是员工个人的绩效差异，二是承担相同工作或者掌握相同技能的员工的资历差异。

（二）薪酬激励理论

激励是现代管理学理论中的一个重要概念。所谓激励，是指“人们朝着某一特定目标行动的倾向，雇员们在特定地点和岗位上怀有的特定动机，对企业生产率的影响”。换句话说，激励实质上是促使员工发生某些有利于企业目标的行为。行为科学对薪酬的激励效应进行了大量的研究，揭示了员工绩效、能力和激励三者之间的关系。公式表示为

$$\text{绩效}=f\text{（能力，激励）} \tag{1-1}$$

激励理论主要有两种模式：

1）内容型激励理论。内容型激励理论主要研究人们行为的动因，说明什么因子能激励

人们采取行动，其中一个关键问题是金钱是否能引导员工付出更多努力。内容型激励理论的主要流派有马斯洛的需求层次理论、麦克利兰的成就激励理论、赫茨伯格的双因素理论。

2）过程型激励理论。过程型激励理论主要研究影响人们行为的因素之间的关联以及互相作用的过程，主要强调员工是如何被激励去努力工作的。这一理论的主要流派有期望理论、X-Y 理论、强化理论，甚至包括公平理论。

（三）委托-代理理论

委托-代理问题的现代意义最早是由罗斯（Ross）提出的，后来詹姆斯·米里利斯（James Mirrielees）和斯蒂利茨（Stiglitz）进一步发展了委托-代理理论。该理论认为，在任何委托-代理关系当中都存在代理风险。产生代理风险的主要原因是信息不对称和委托人在控制代理人的行为需要花费大量的成本。委托人关心的是如何根据所观测到的变量来奖惩代理人，以激励其采取有利于委托人的行动。这样，委托人既能够保证自身的利益，同时还能够节省大量的监督控制成本。

（四）战略薪酬理论

薪酬与组织目标结合的结果是建立规范化的战略薪酬政策。

第三节　薪酬管理概述

一、薪酬管理的概念与原则

（一）薪酬管理概念

薪酬对于员工和企业的重要性决定了薪酬管理的重要性。而所谓薪酬管理，是指一个组织针对所有员工所提供的服务来确定其应当得到的报酬总额以及报酬结构和报酬形式的过程。在这一过程中，企业必须就薪酬水平、薪酬体系、薪酬结构、薪酬形式以及特殊员工群体的薪酬做出决策。同时，作为一种持续的组织过程而言，企业还要持续不断地制订薪酬计划、拟定薪酬预算、就薪酬关系问题与员工进行沟通，同时对薪酬系统本身的有效性作出评价而后不断予以完善。

薪酬管理几乎对于任何一个组织来说都是一个比较棘手的问题，这主要是因为企业的薪酬管理体系一般要同时达到公平性、有效性和合法性三大目标。

1. 公平性

所谓公平性，是指员工对于企业薪酬管理体系以及管理过程的公平性、公正性的看法或感知，这种公平性涉及员工对于本人薪酬与企业外部劳动力市场薪酬状况、与企业内部不同职位上的人员以及类似职位上的人员薪酬水平之间的对比结果。

2. 有效性

所谓有效性，是指薪酬管理系统能够在多大程度上帮助组织实现预定的经营目标。这种经营目标并不仅仅包括利润率、销售额、股票价格上涨等方面的财务指标，还包括客户服务水平、产品或服务质量、团队建设以及组织和员工的创新和学习能力等方面的一些定性指标的达成情况。

3. 合法性

所谓合法性，是指企业的薪酬管理体系和管理过程是否符合国家的相关法律规定，从国际通行情况来看，与薪酬管理有关的法律主要包括最低工资立法、同工同酬立法或反歧视立法等。

（二）薪酬管理原则

1. 同步组织战略原则

权变理论认为，不同的人力资源管理战略，包括薪酬战略，都要适应不同的企业战略。该理论有一个前提条件，即企业战略和薪酬战略之间联系得越紧密或彼此越适应，企业的效率就会越高。设计成功的薪酬体系可支持企业的经营战略，其最终目的可使企业赢得并保持竞争优势。因此，薪酬体系应随着企业战略的改变而改变，不同的经营战略也就应当有不同的薪酬方案与之相匹配。

2. 公平效率统一原则

追求效率和追求公平是薪酬管理活动中互相矛盾又互相依存的两个方面。只讲效率不讲公平，意味着把客观因素造成的竞争对象之间不平等条件认同为同等条件，并认同在此基础上形成的物质利益的巨大差别，这显然会带来分配的不合理。只讲公平不讲效率，又会否定了各竞争对手之间由于主观努力程度不同而在物质利益上形成的应有差别，必然会导致平均化倾向，挫伤员工提高效率的积极性。因此，薪酬管理中必须坚持公平效率统一的原则。

3. 体现薪酬功能原则

薪酬管理必须能够有效地体现薪酬的功能。薪酬应保障员工收入能够补偿劳动力再生产费用，不但包括必需的衣、食、住、行的费用，而且还应包括员工获取知识、技能以及谋求自身发展的费用。有效的薪酬管理应能够刺激员工努力工作，多做贡献，有助于企业吸引、保留和激励优秀的员工。

4. 先进适用原则

环境影响着薪酬战略的选择，这里所说的先进适用是指薪酬与环境的关系。环境是广义的，包括产品和劳动力市场的压力、法律和法规的约束、组织的经营战略、变化着的劳动力特征、组织文化、价值观和期望等。

5. 合法合理原则

薪酬制度必须符合法律法规和政府的有关政策，包括国家劳动法、地方劳动法规、劳动行政部门颁布的管理规定等，如关于最低工资标准的规定、反薪酬歧视的法规等。这是薪酬管理应优先考虑的问题。薪酬制度必须能够承受周围环境中来自社会、竞争以及法律法规等各方面的压力，这样才能支持企业的经营战略，并使企业赢得并保持竞争优势。

6. 清晰易用原则

薪酬方案必须是清晰的，能让员工清楚地了解自己从中得到的全部利益，了解所得利益与其能力、绩效以及贡献的关系，进而充分发挥薪酬的激励作用。清晰的薪酬方案还能够增强员工的公平感，增加员工的满意度。薪酬方案必须是易于操作的，如果过于复杂，不但使员工难以理解，而且会增加管理人员执行的难度和人工成本费用，甚至产生不必要的矛盾。

7. 经济及时原则

薪酬构成了产品成本的重要组成部分，薪酬标准设计过高，虽然具有竞争性和激励性，但是会不可避免地带来人工成本的上升。因此，在薪酬管理中必须遵循经济性原则。在设计薪酬方案时，应该进行薪酬成本核算，在企业支付能力范围之内，保证薪酬方案的最优化。鉴于薪酬在员工生活保障以及激励方面的重要作用，薪酬发放必须及时，增强员工的安全感以及对组织的信任感，进而激发出更大的工作热情。

8. 分享利益原则

随着组织的发展和经济效益的提高，员工应当分享企业发展的部分利益，这体现为奖金发放、年底分红、工资升级等方面。优异地完成了经营目标任务、对组织作出杰出贡献的高级经营管理人员，更应当获得一定的利润分享。应当认识到，这种“分享”的支出，会换取员工最大的工作动力，因而可能带来相当高的经济回报。利益分享的形式与水平，要经过董事会审核、批准。

二、薪酬管理的体系与内容

薪酬管理体系是人力资源管理体系中的一个子系统，由薪酬战略及其决策的指导思想、薪酬制度、薪酬运行管理和控制、薪酬目标、薪酬策略、薪酬设计技术和管理艺术等环节组成，其相互联系和主要内容可在薪酬管理模型中得到反映，如图 1-2 所示。

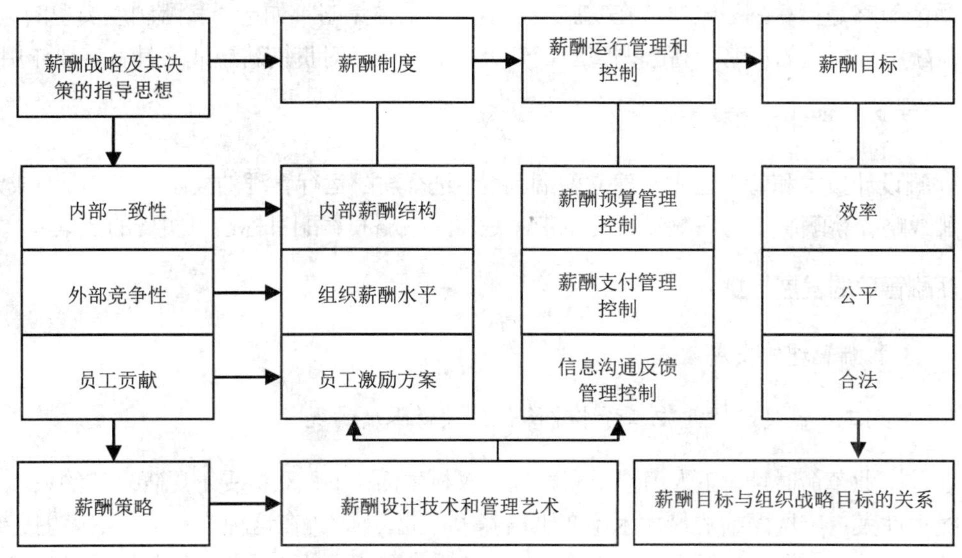

图 1-2　薪酬管理模型

（一）薪酬战略及其决策的指导思想

薪酬管理模型列出了薪酬设计中的三大战略决策指导思想：内部一致性，外部竞争性，员工贡献。这些战略指导思想基本上确定了构筑一个薪酬制度所必须考虑和解决的基本问题，是建立薪酬制度的基石，也是指导薪酬管理达到既定目标的行动纲领。

（二）薪酬制度

薪酬制度是为规范薪酬分配和管理所制定的系统性准则和规章、分配形式和标准、实施措施和方法的总称，是薪酬管理体系的中心内容。微观层面（组织）的薪酬制度，主要由薪酬结构、薪酬水平、薪酬形式和薪酬方案所构成。

（三）薪酬运行管理和控制

组织制定了正确的薪酬战略，设计出了科学合理的薪酬制度，但是在组织实施和运行的过程中，若管理不善、控制不力、信息沟通不畅，同样不能实现预期的目标，再完美的薪酬制度也会失去意义。因此，有效的薪酬运行管理和控制，是薪酬功能得以正常发挥的重要保证。

（四）薪酬目标

设计和管理薪酬制度是为了达到某种薪酬目标，薪酬战略的决策和策略都是围绕实现组织的薪酬目标（该目标又是服从和服务于组织的根本战略目标）而展开，并通过薪酬制度和一系列的薪酬技巧去贯彻薪酬战略，最终实现组织的薪酬目标。尽管不同组织的具体薪酬目标可能有所侧重、有所不同，但效率、公平、合法是所有薪酬制度都必须追求的共同目标。

（五）薪酬策略

薪酬策略是指薪酬战略决策在实施中所运用的具体策略，如选择薪酬制度类型的策略、决定薪酬组合模式的策略、薪酬调整的策略等。薪酬策略对贯彻薪酬战略具有重要作用。

（六）薪酬设计技术和管理艺术

薪酬设计技术和管理艺术是建立薪酬制度、进行薪酬运行管理的技术手段，因而成为联系薪酬战略、薪酬制度与薪酬目标的纽带，是薪酬战略和薪酬目标借以实现的工具。

三、薪酬管理的发展与挑战

（一）薪酬管理的发展

1. 早期工厂制度阶段：把工资水平降低到最低限度的观点

在前工业革命时期，工人习惯于家庭或者农村生活，不喜欢接受工厂管理的约束，工作时间随意性大，工厂面临的最大困难在于培养“工业习惯”。在这种背景下，重商主义经济学派的研究认为，收入与所提供的劳动之间的关系是负相关的。因此在很长一段时间里，雇主们认为，“最饥饿的工人就是最好的工人”。他们尽可能降低工人的工资，让工人工资稳定在最低水平，当时工厂主同时也面临吸引熟练技术工人的挑战，因此必须提高工资。于是雇主在这两者之间实现平衡，就采用了各种不同的物质激励方法。

在这个阶段，工厂薪酬的支付沿用了家族简单的计件付酬办法。在那些劳动密集型的工厂里，工资激励使用得相当广泛，那里的劳动力成本在总成本中占有很大比例，劳动报酬与个人表现紧密相关。当时，也有部分企业采用团队计件计划。例如，大多数煤矿实行小组工作。由于当时衡量工人表现的标准是以历史形成的平均工时为基础，而不是以工作本身以及完成任务应当花费的时间研究为基础，因此“小组的计件计划虽然是在实践中形成的，但却大都没有效率”。为了充分发挥工资的激励作用，少数管理学者提出了利润分享计划作为固定工资的补充。

2. 科学管理阶段：围绕工作标准和成本节约展开的薪酬政策

在科学管理时代，“以高工资提高生产力，降低产品单位成本”的思想得到了发展。当时的观点认为，最好的办法就是把劳动报酬与劳动表现联系起来。利润分红能够鼓励工人以更低的成本生产更多的产品，因为工人能分享盈利。

弗雷德里克·温斯洛·泰勒（Frederick Winslow Taylor）并不赞同当时正在风行的利润分享计划。他认为，因为所有的人都参与分享利润，所以该计划并不能够促进个人抱负的实现。1895 年，他针对工人的“偷懒”行为而提出了差别计件工资制度，作为“部分解决劳动力问题的进一步措施”。

在此基础上，甘特发明了“完成任务发给奖金”的制度，来实现泰勒制所无法达到的鼓励工人互相合作的目的。与此同时，利润分享计划也在得到修整和改善。1938 年，约瑟夫·F. 斯坎伦（Joseph F. Scanlon）针对团队激励提出薪酬计划。斯坎伦计划的核心是建议以计划和生产委员会为主体寻求节省劳动成本的方法和手段，并对提出建议的个人付给报酬。整个计划的首要原则是以团队为目标，强调的是协作与合作而不是竞争，任何一个人的建议都能使大家得到好处。可以看出，这个时期完成了从“低薪”到“高薪”刺激理念的根本转变。“最饥饿的工人就是最好的工人”的观点逐渐变为“最廉价的劳动力是得到最好报酬的劳动力”。

3. 行为科学阶段：适应员工心理需求的薪酬制度

人际关系学派赫特里斯·贝格尔（Hiotellis Berger）认为：“工作中的人同生活中其他方面的人没有多大差别。他们并不是彻底的理性生物。他们有感情。他们喜欢感到自己重要并使自己的工作被人认为重要。当然，他们对自己工资颇感兴趣，但这不是他们关心的主要问题。有时候，他们更关心的是他们的工资能确切地反映他们所做的不同工作的相对重要性。”因此，一些企业为满足个体心理需求而进行不同的尝试。

从整个过程来看，在传统的薪酬管理思想中，薪酬政策考虑的因素往往是多维度的，赫特里斯·贝格尔和迪克森（Dikson）在 1939 年表示：“证据表明，工资刺激的效力是如此依赖于它与其他因素的关系，以至于不能将它分离出来作为一个独立的因素来衡量效果。”

（二）我国薪酬管理的挑战

1. 我国政府部门及事业单位的二元工资体系

在我国进入从计划经济向市场经济转轨的历史阶段后，各类组织的薪酬水平都要逐渐向市场工资看齐。但是由于长期以来我国政府部门及事业单位一直实行“二元工资体系”的工资制度，使得这些单位的工资市场化过程带有了更多的“中国特色”。政府部门及事业单位实行二元工资体系是指以政府为雇主的人（含公务员），每个人的工资袋里装着两部分工资：一部分由国家财政支付，是正常工资，这部分工资水平并不高；另一个部分由单位支付，通常能占到工资总量的 2/3 或者 3/5。为此单位承担很大压力以支付第二工资体系。存在这样的二元工资体系的原因：①历史原因。由于 20 世纪 50 年代新中国刚刚成立，作为工资分配的主要特征，政府雇员的工资水平一直比较低。当想提高公务员的工资时，又往往因为国家财政压力较大而使提高工资变得困难重重。例如，过去几年内的公务员加薪，其推行异常困难的原因之一就是很多地方政府支付不起更高的工资。②价值补偿的需要。在这一历史背景下，政府机关和事业单位的员工必须寻求另外一条合法的获得工资的途径。于是，第二工资体系应运而生。

2. 中国企业可能存在的六大薪酬挑战

（1）落后的薪酬理念面对竞争环境的挑战

我国企业在薪酬管理方面一个突出的问题就是薪酬管理的理念落后。理念方面的误区至少表现为以下六个方面：①认为薪酬与战略没有关系；②认为基于职位的薪酬对所有职位和行业都适合；③认为奖金是万能的，且一定能够成功；④很多人认为福利的功能只是为了执行国家法律；⑤企业的人力资源经理认为，对员工越小气越有利于企业节省成本；⑥多数企业认为，对员工越严，员工管理越有效。

（2）企业薪酬管理需要从功能事务性的管理转型到战略性管理的挑战

功能事务性的管理与战略性管理存在着许多差别。例如，事务性管理强调技术，而战略性管理则强调概念；前者注重工具，后者侧重分析和制定工具；前者注重用一种方法做事，而后者则尝试用新的方法做事；前者习惯在文化框架内做事，后者尝试改变文化，营造新的氛围。

如何给予战略管理薪酬，是薪酬管理的一大难题，但也是提升人力资源部门地位的绝好机会。要想使企业的薪酬管理从功能事务性的管理上升到战略性的管理，需要做到以下五点：①人力资源经理和薪酬专业经理必须首先能够理解企业战略；②企业的人力资源部门要转变角色和定位，应当成为业务部门的战略伙伴；③要主动思考企业面临的主要问题，并在人力资源方面寻求解决方案；④基于战略作出企业人力资源战略的决定和调整；⑤要不断提高人力资源部人员的综合素质。

（3）如何提高企业薪酬的竞争力以应对开放体系下人才竞争的挑战

目前市场中的绝大多数行业都面临着竞争。在开放的竞争体系下，人才是企业竞争力的保证，而薪酬是吸引和留住人才的重要条件。没有薪酬的竞争力，就没有人才的竞争力，没有人才的竞争力，企业的竞争力也就无从谈起。

（4）很多企业面临如何从旧薪酬制度转到新体系的挑战

目前，我国很大一部分国有企业及部分民营企业正处于体制改革过程中，这些企业的基本特征是新观念和旧观念、新做法和老做法、新管理者和老管理者、新员工和老员工并存。这种现象使得薪酬体系改革存在向前发展的障碍，而且会时常发生冲突，导致薪酬体系的效率大打折扣。

（5）如何通过支付薪酬来应对核心员工对企业忠诚度不高的挑战

这是很多企业都面临的困惑之一。很多企业往往投入很多资金，但核心员工的忠诚度却下降了。针对这种现象，企业必须认识清楚两个问题：

1）企业需要哪些员工的忠诚。可以肯定的是企业的薪酬体系是要保持核心员工的忠诚而非所有员工的忠诚。企业并非需要所有员工的忠诚，因为忠诚是要付出代价的，当所有的员工忠诚时，解雇会成为一个大问题。

2）要认识清楚谁是企业的核心员工，为什么需要这些员工的忠诚。对核心员工最简单的理解是重要和关键员工，是核心知识的载体。

（6）薪酬管理人员的专业化素质必须适应现代企业管理要求的挑战

薪酬管理人员需要符合一般人力资源人员的基本素质之外，要想做好薪酬管理工作，还必须具备专门的薪酬知识和专门的薪酬管理经验。

3. 农民工工资水平过低

在我国的国民经济飞速增长的同时，农民工的工资却没有随之一起增长。一方面是由于越来越多的农民涌向了城市，廉价劳动力市场供大于求所造成的；另一方面也是由于农民工的价值被严重低估。

（三）互联网和大数据时代薪酬管理的新特点和新趋势

1. 互联网和大数据时代薪酬管理的新特点

近些年，互联网、大数据等词汇已逐渐被人们所熟知，并且很快登上年度热门词汇的榜首。各种管理类文章、论坛演讲中，互联网、大数据屡被提及，可以说互联网和大数据成为近年来管理领域的大风暴。就目前形式来看，互联网和大数据不仅对中国的经济市场产生了极大影响，同时也为身处经济市场中的企业薪酬管理部门带来了巨大的冲击，促使其在挑战中向大数据应用、社交网络渠道、福利多元化发展。

众所周知，互联网的出现使人们的生活发生了翻天覆地的变化。纵观人类历史，每次沟通方式的改变都会掀起一次巨大的商业变革，而每一次商业变革的背后都会涉及商业组织的组织方式变革，催生适应于组织方式的薪酬激励制度。互联网作为一种改变人类沟通方式的工具，也必将推动薪酬管理的新变革。目前被广大企业采用的基于泰勒管理理论的社会化大生产方式的薪酬激励制度，在互联网思维带来的企业组织形式重构中，应该及时调整，适当更新，才能适应从集权化、层级式、追求确定性的管理方式到去中心化，不确定性成为常态的管理方式的改变。

在互联网思维和大数据的对新型组织的冲击下，薪酬管理的新特点表现在：

（1）传统的以薪等薪级为坐标的薪酬体系需要变革

传统薪酬理论认为，薪酬结构应该根据岗位评价分数，将薪酬分成若干薪等，不同的薪等间再划分若干薪级，员工被赋予相应的薪等薪级，在职业生涯中员工通过晋升获得薪等薪级的调整。然而，在互联网思维以及大数据引领下的新型组织中，组织形式必然是去中心化的，传统集权层级组织中，整个组织的智力水平来自组织高层，各种信息在层层传递中严重失真。在去中心化的组织中，是一种分布式结构，组织智力决策分布于组织成员中，决策快，迭代快，组织成员甚至是组织外部成员的互联互通实现组织目标。

在这种新型的组织中，传统的等级观念将被打破，组织成员在普通员工与管理层中转换非常快，因此很难再通过垂直的薪等薪级模式为组织成员确定基本薪酬。而传统的薪等薪级方式也比较僵化死板，调整周期慢，难以适应破除等级观念，去中心化，充满不确定性的新组织方式。由此可见，传统的以薪等薪级为坐标的薪酬体系需要变革。

（2）合伙人制度呼之欲出

在互联网思维和大数据的冲击下，各组织都在进行薪酬激励方式的试验，合伙人制度成为一种新的尝试。

阿里巴巴因为合伙人制度而被港交所拒之门外，最终选择在美国上市。万科也正在试行事业合伙人制度，项目管理层跟投制是其重要组成部分。通过合伙人制度，实现背靠背信任，实现组织利益的捆绑，风险共担。合伙人制度帮助大组织解构成若干业务单元，不同的业务单元可以灵活作战，贴近产品，贴近用户，深度把握产品痛点。在合伙人制度下，如何设计其薪酬结构、合伙人利益分成的时间维度及比例确定、如何衡量市场价值等问题成为薪酬管理中的新问题。

（3）大数据将为薪酬设计及决策提供更多的可能

在互联网时代，任何企业组织都可以随时收集到员工工作情景中、员工个人生活中、员工与员工间、员工同组织间的互联互通数据。这些数据将有助于组织建立对员工的全息描摹，通过大数据组织可以对员工的情感及价值诉求有更清晰的掌握。根据不同员工的驱动特点，设计有针对性的薪酬结构。由此可见，基于大数据的薪酬设计及决策将成为可能。传统薪酬调研公司的薪酬报告往往具有滞后性，目前某些基于大数据的数据挖掘产品可以基于各公共平台的招聘信息，准确判断行业岗位需求状况、行业平均薪酬等数据，为薪酬决策提供准确及时的数据支撑。

（4）货币化并不是薪酬激励的唯一方式，其他软性方式也会起到重要作用

货币化激励是薪酬激励的重要手段，但并不是唯一方式。组织的行业地位、组织文化、培训成长机会、组织氛围这些软性方面，也是激励员工的重要方面。互联网思维以及大数据冲击下的新商业模式，是一种民主的商业模式。自上而下的指令性执行方式，必将被取代，员工自我驱动、平等沟通、在组织内部及外部寻求资源成为一种常态，在发挥货币激励作用的同时，注意其他软性激励方式，必将能弥补货币激励的不足，增加组织绩效，提高组织效能。

互联网思维以及大数据会对经济市场产生非常大的影响，这一点已经毋庸置疑了，然而它们不仅对经济市场产生影响，也对人力资源的管理带来了巨大的冲击。为此，人力资源管理需要将互联网思维以及大数据渗透到薪酬管理的整个链条当中以应对这些巨大的变化。无

论是职能角色的定位，还是工作开展的思路，抑或采取的政策和机制，都需要及时做出反应和变革。

2. 互联网和大数据时代薪酬管理的新趋势

互联网和大数据时代薪酬管理的新趋势具体表现在：

（1）大数据的应用已经渗透到了人力资源管理

传统的人力资源部门办公基本上都是纸质办公，这严重影响了人们对数据的收集，更不用说利用数据做出更多的决策、分析现象的本质。然而，在互联网时代，人力资源的管理真正进入了“量化”，许多企业开始通过出勤率、离职率、薪酬、绩效等大数据来对未来进行预测和管理决策。因此，人力资源部提高话语权的方式之一就是利用数据说话，其日常工作就接触大量数据。

以谷歌为例，其人力资源部门有一项核心的任务即员工数据追踪计划，其目的便是通过数据分析更好地改善企业的人力资源管理。此外，谷歌还聘用专门的社会学家与其人力资源团队共同组成了人力和创新实验室团队，通过员工数据分析，精简了谷歌的招聘流程，还利用大数据技术找出员工能力、知识和技能的差距，收集员工的培训需求及其喜欢的培训方式。

（2）利用社交化效应提升雇主品牌

一直以来，传统招聘网站都以提供信息发布平台的方式解决招聘和求职信息不对称的问题。一方面，求职是一个低频的需求，也就是说，一个普通的用户是不会因为无聊而去看求职网站的。另一方面，传统求职网站也由于互动体验差而饱受诟病。

然而在互联网以及大数据时代，社交网络逐渐成为建立雇主品牌最有效的渠道，以微信、微博等为代表的娱乐类社交平台得到了招聘方和求职方的青睐，越来越多的人力资源管理者意识到，打造雇主品牌是企业吸引人才的新突破口，并能有效弥补招聘预算缺口。

另外，在互联网、大数据时代，一个显著的现象就是个体“社交化”的呈现，每个人都是一个自媒体，都是一个移动的宣传平台。而在这些平台最显而易见的应用就是雇主品牌的传播。如今，朋友圈中的招聘信息，不仅有市场宣传的呼应、有个性化福利的展示，还有员工文体活动的呈现，这些都在无形之中宣传着企业的雇主文化。出色的雇主可以使用多种社交媒体渠道来传递侧重点不同的品牌信息，在社交监控、回应、传播和引导等环节进行管理和干预，最大程度地提升企业雇主品牌价值和员工存在感和企业荣誉感，从而在人才市场中获得长远竞争力。

（3）薪酬福利多元化受到职场年轻群体的青睐

根据马斯洛需求层次理论可以知道，人类需求像阶梯一样按层次从低到高分为五种：生理需求、安全需求、社交需求、尊重需求和自我实现需求。

在人们的物质文化生活以及价值观发生转变和提升的前提下，人才会对工作的诉求和向往发生重大变化。现如今，工作已经从谋生手段转变为获得更高品质的生活、实现人生价值的途径。传统的人才管理模式的运营成本高、效率低下、员工满意度低，因此企业的薪酬改革已是迫在眉睫、刻不容缓，多元化福利越来越成为企业吸引、保留、激励人才的重要手段。

除了薪酬激励，能力薪酬、即时激励和员工关怀，作为薪酬的重要补充，在工作中被日渐应用。新时代下，年轻群体的加入一方面使得企业充满活力和激情，另一方面其强烈的个体化倾向也给人力资源管理带来了更多挑战。以往的奖励模式和晋升通道往往效率低下，在年轻群体更重视“存在感”和“价值感”的当下，各种即时奖励和员工关怀更能够激发员工的工作热情。这种持续的激励政策和人才培养，对企业文化的传递和吸引、激励人才，有着显著的效果。

知识拓展

日本企业薪酬制度的形成和发展与长期以来坚持的终身雇佣制等企业制度和文化是紧密联系的。第二次世界大战后，以“忠诚”为主要内容的日本社会传统人文精神，逐渐演进为现代经营所需要的忠于企业、与企业共命运的精神，并成为日本社会传统文化的核心内容。在经济起飞后，日本公司制企业倡导“效率、平等和协调性”的思维方式，更多强调团体协调性和团体价值。因而，在薪酬确定和分配方面实行的是团队激励机制，个人收入差距比较小。与欧美各国相比，日本企业薪酬制度独具一格。日本企业在薪酬制度上积累了许多经验，并形成了自己的特点和优势。给我国薪酬制度的启示如下。

（一）日本企业薪酬设计体现集体主义文化价值观

日本高千穗大学理事长藤井耐认为：“一个国家薪酬制度的形成与发展与其文化背景、价值观等紧密相关。例如，个人主义与集体主义这两种文化价值观对薪酬制度的影响就比较大，个人主义强调个性及个人权利，集体主义更强调个体之间紧密的联系，强调群体目标化比个人目标更加重要。而日本是注重集体主义的国家。”日本企业与传统终身雇佣制结伴而生的年功序列工资制，结合以由职工完成职务能力决定薪酬的职能薪酬，这两种薪酬制度互为补充，不仅把员工的职业生涯与社会两代人在企业的发展联系在一起，而且把企业发展与民族进步紧密相连，加强了劳资双方信任基础，激励员工保证企业价值及战略目标的实现。

（二）日本企业薪酬制度建设注重职务能力导向

日本企业的年功序列工资制已向能力主义转变，职务职能薪酬制也明显带有能力主义的色彩。早在 20 世纪 70 年代末 80 年代初，就有许多企业着手建立以职能为中心的劳动人事关系管理体系，其核心是职能资格制度。这个制度由教育、调配、考核和报酬四个部分所组成，其鲜明特点就是注意职工思想、干劲和能力开发，激励职工努力向上。

（三）日本企业重视效益、人才、评价、培训在薪酬中的激励作用

薪酬管理作为激励机制的一个主要内容，要发挥其改善企业绩效的功能，必须将员工的薪酬与员工的业绩相结合。日本企业成果主义薪酬体系，把人才、绩效、评价和培训等诸多要素与薪酬直接联系，产生了较强的激励作用，促进了企业目标实现，达到了节约成本、提高产量、改善质量、增加收益等目的。同时，日本企业注重把员工的个性发展和潜能释放以及价值实现，置于薪酬管理的中心地位，关注员工物质和精神需要，做好薪酬制度的沟通工作，力求最大程度地提高员工的薪酬满意度，以此发挥企业对员工的长效激励作用。

（四）日本政府控制公企业和行政法人 CEO 的薪酬，不搞高管高薪制

根据日本《生产工人与 CEO 的年收入》的统计数据，企业 CEO 平均年薪相当于员工平均年薪的倍率以委内瑞拉的 50 倍为最高，其次是巴西的 49 倍、墨西哥的 46 倍和阿根廷的 43.6 倍；在主要发达国家中，美国为 343 倍，英国为 24 倍，加拿大为 20 倍，意大利为 19.8

倍，法国为 151 倍，日本为 10.8 倍。日本 CEO 的年薪不仅在主要发达国家中是最低的，而且还低于我国香港、新加坡以及部分拉丁美洲国家的水平。从这些事实可以看出，经过第二次世界大战结束后的经济发展以及日元升值，尽管日本企业员工的工资达到了世界高水平，但日本企业 CEO 的年薪却一直未向国际高水平靠拢，而始终保持在相对较低的水平。日本企业 CE0 年薪与员工年薪的差距小，固然有很多因素，但日本政府控制公企业和行政法人 CEO 的薪酬水平，不搞高管高薪制，无疑是一个非常重要的原因。

（资料来源：周建华．2010．日本企业薪酬制度建设的经验与借鉴．人事天地．）

本章小结

薪酬及薪酬管理是人力资源管理的重要内容，随着企业人力资源管理理论的蓬勃发展，对薪酬及薪酬管理的研究也逐渐细致、深入和多元化。本章重点阐述了薪酬的定义及薪酬的构成，介绍了薪酬的相关概念、薪酬的功能、薪酬的基本制度，阐述了薪酬的相关理论，并重点介绍了薪酬管理的概念与原则、薪酬管理的发展与挑战，最后介绍了薪酬管理的发展与挑战等内容。

复习思考题

一、单项选择题

1．根据表现形式不同，薪酬被划分为（　　）。

A．货币的和非货币的两种薪酬　　B．基本工资、奖金等
C．各种补贴、津贴等　　D．各种保险、旅游补助、医疗补助等

2．间接薪酬是指（　　）。

A．员工福利与服务　B．工资　C．奖金　D．以上都不对

3．薪酬水平体现了薪酬的（　　）。

A．内部公平　B．外部公平　C．竞争力　D．激励性

4．薪酬结构（　　）。

A．必须时刻保持自身的动态性
B．是与职位或能力等薪酬要素相匹配的薪酬等级结构
C．必须是公开、诚实和直截了当的
D．对象主要是企业核心员工

5．最低工资构成不包括（　　）。

A．劳动者个人劳动基本生活消费品费用
B．劳动者接受社会生产必需的最低水平的教育培训费用
C．劳动者平均赡养人口的基本生活消费品费用
D．奖金和基本津贴

二、多项选择题

1. 薪酬支付的内容可划分为（　　）。
   A. 货币的（核心薪酬）和非货币的　　B. 直接的或间接的
   C. 内在的和外在的　　D. 社会福利和个人福利
   E. 特别绩效薪酬、津贴和补贴
2. 核心薪酬由（　　）构成。
   A. 基本薪酬　　B. 可变薪酬　　C. 间接薪酬
   D. 精神激励　　E. 特别津贴
3. 基本薪酬制度分为（　　）。
   A. 基于岗位/职位的薪酬制度
   B. 基于任职者（个人能力）的薪酬制度
   C. 基于员工业绩的薪酬制度
   D. 综合各种薪酬决定因素的组合薪酬制度
   E. 基于员工价值的薪酬制度
4. 薪酬制度是以规则和规章的形式表现出来的，具体构成包括（　　）。
   A. 组织的薪酬决策　　B. 薪酬分配标准　　C. 管理方式
   D. 管理对象　　E. 管理流程
5. 薪酬管理原则包括（　　）。
   A. 同步组织战略原则　　B. 公平效率统一原则
   C. 体现薪酬功能原则　　D. 先进适用原则
   E. 合法合理原则

三、判断题

1. 薪酬管理体系是人力资源管理体系中的一个子系统，由薪酬目标、薪酬战略、薪酬制度、薪酬运行管理和控制、薪酬设计和管理技巧等环节组成。（　　）

2. 等级薪酬制度是一般的基本薪酬制度，包括岗位等级工资制、职务等级工资制、技术等级工资制、职能等级工资制等多种具体形式。（　　）

3. 设计和管理薪酬制度是为了达到某种薪酬目标，薪酬战略的决策和策略都是围绕实现组织的薪酬目标而展开。（　　）

4. 协议工资制、绩效工资制、结构工资制、年薪制等不是组织常用的基本薪酬制度形式。（　　）

5. 薪酬制度是为规范薪酬分配和管理所制定的系统性准则和规章、分配形式和标准、实施措施和方法的总称。（　　）

6. 有效的薪酬运行管理和控制，是薪酬功能得以正常发挥的重要保证。（　　）

7. 工效挂钩即工作与经济效益挂钩。（　　）

8. 薪酬策略对贯彻薪酬战略具有重要作用。（　　）

9．薪酬设计中的三大战略决策指导思想：内部竞争性、外部一致性、员工贡献。（　　）

10．企业薪酬管理不需要从功能事务性的管理转型到战略性管理的挑战。（　　）

四、简答题

1．什么是薪酬？薪酬包括哪些内容？

2．核心薪酬的基本构成有哪些？

3．试述薪酬的功能。

4．薪酬主要受哪些宏观因素的影响？

5．基本薪酬制度都有哪些？什么是薪酬水平？

6．试述薪酬的相关理论。

7．什么是薪酬管理？薪酬管理应该遵循什么原则？

研究与提高

一、讨论与操练

1．选取一个企业或其他组织为对象，分析其薪酬构成。

2．你认为影响企业薪酬的因素有哪些？

3．简述薪酬管理的体系与内容。

4．你认为当前国内薪酬管理面临哪些挑战？

二、扩展阅读书目

陈思明．2004．现代薪酬学．上海：立信会计出版社．

赵淑芳．2013．薪酬管理实务手册．北京：清华大学出版社．

李宝元，王长城．2012．现代组织薪酬管理学．北京：北京师范大学出版社．

李建新，孟繁强．2006．企业薪酬管理概论．北京：中国人民大学出版社．

三、讨论案例

华为的薪酬体系

是薪酬，也是心愁，白了HR的少年头。开春三月正是许多公司为即将进入一个新的财政年度精心制定薪酬策略的时候。同行业的薪酬行情如何？整体的薪酬市场又将面临什么样的问题？考虑到这些问题，本公司的薪酬战略又应该如何制定？这些不仅仅是领导者关注的问题，同样更是站在第一线的HR们需要身体力行的任务。

岁前岁后，公司总有人才流失，也有新鲜的血液进来，如何把一年年积累下来的好员工通过薪酬体系留下来，又怎样才能把中高层管理人员的积极性调动起来？就这些问题，可以看到大面积进人也大幅度走人的神秘的华为集团可以说独有法宝，也正是这些法宝让华为人一直像“狼”一样进攻着市场。华为是如何做到这一点的呢？

曾经担任华为集团副总裁、人力资源总监的张建国先生则从一个体系的构建上做出了具体的剖析。

“薪酬”对每一个人而言，都是一个非常关心的话题，但作为HR，制定这样的一个体系首先要着眼于企业的战略发展。张建国认为，薪酬设计的关键是要达到两个核心目的：一个是效率，一个是价值。从而通过薪酬设计体系实现效率优先、兼顾公平、可持续发展。从这个意义上讲，薪酬设计将不再仅仅停留在单纯的薪酬问题，它将为提高企业的竞争力以及全体员工的士气和对公司的归属意识，起着战略性的意义。

“HR 要从企业自身的价值导向和战略目标两个层面来考量企业的薪酬架构，并在这个基础上对企业内部各类人员进行价值排序，并衡量各自的价值。”那么，对于今天面临着人心涣散或者高流失率的企业而言，企业在薪酬设计体系上应该如何着手呢？在南国花园会所里，已经是益华时代管理咨询公司总经理的张建国先生提出了这样的一个案例。

“就拿我做的一个珠海德案例来说吧。根据了解，这个公司的员工月收入普遍比较低，但是每每到了年底，就有可能莫名其妙地得到一大笔奖金。从老板的角度来看，他的薪酬成本还是比较高的，可问题是，有些员工仍旧对薪酬有很大的报怨，甚至有些骨干员工觉得受到不公平待遇，纷纷离开公司，另谋高就。遇到这种情况，老板也很委屈：我没少花钱，怎么就留不住人呢？”

“这说明了一个什么问题？这是因为虽然企业发给员工的薪酬较高，但是员工在工作中感觉不到，年底总收入高，这在很多人眼里只是一个未知数。企业虽然支出的钱不少，但他没有充分发挥员工的自主能动性和满足员工的自我价值实现意识，在员工的眼里，年底的那份奖金是不可知的，这也就与他的个人能力或者是绩效考核方面无法关联，所以依靠这样的薪酬体系不但找不到好的人才，而且也留不住好的人才。”

除了要让员工感觉到劳有所得外，是否还需要树立一种薪酬的等级制度？对此，张建国谈到了这样的一个情况，在一些企业里，在员工阶段，企业往往能够将现金收入等量化进他们的工资报表中，但是到了管理层人员，因为这样那样的原因，许诺了许多，也划拨了许多，但在工资中就是体现不出来，这往往就造成中高层离奇地离开，即这些员工在没有受到提拔的时候，他作为员工还是兢兢业业地工作，但提拔了反而逼着他选择了离开。不是这些中高层出了问题，而是企业家或者是人力资源管理方面没有随着提拔而相应地改变管理方法。

构建内部公平与外部竞争的薪酬体系是解决这一现象的重要途径，所谓内部薪酬的公平，就是要求自己所得要与公司内部做出相同贡献的人相当。但具体起来如何执行是一个重要问题。

公平是相对的，而不公平是绝对的，那么不公平的标准如何衡量？张建国提到，处于这种情况下的企业是很多的，在内部薪酬公平这个问题上，有的员工在感到自己受到了不公正的对待后，可能会采取各种消极抵抗的方式对待工作，甚至最终会离开公司。由于现代企业是一个分工协作的群体，个人对组织的边际贡献很难准确测量，大多数员工总会认为自己贡献多而收入少，总会希望取得更多的报酬，因而“自我比较不公”心理总是存在。企业要关注解决的主要是内部公平，但内部公平的测量在很大程度上要依据外部比较，因而在关注内部公平的同时也要关注外部竞争。

外部的竞争力则主要通过薪酬的调整与支付来进行分析，具体的评价标准：①是否有助于实现企业战略；②是否有助于提升企业战略；③能否促进组织成长。在这个基础上确定了以市场、责任、行为、绩效为一体的四大要素薪酬评价体系后，这种外部竞争力的分析才能够帮助企业来具体解剖其薪酬考核体系是否完善。

体系的概念比较宽泛，具体到薪酬的层面上，大约存在哪些不同的划分？对于企业不同员工来说，又应该怎样分配才是合理的？

对这些疑问，张建国解释，一般而言，报酬的存在有以下四种不同形式：股金、工资、奖金、福利。具体分配比例为，操作人员基本工资占月总收入90%，奖金占10%，无股金；专业人员为基本工资占60%，奖金占25%，股金占15%；中层经理为基本工资占50%，奖金占30%，股金占20%；高层管理人员为基本工资占40%，奖金占20%，股金占40%。实践证明，如果合理地运用这种分配形式，效果会是很好的，既保证留住了高层管理人才，又激励了刚进入公司的员工，大大提高了公司的人力资本。

总之，薪酬的设计就是通过构建智力资本的优势完成人力资源管理的核心任务。

结合在华为集团多年从事人力资源管理的经验，张建国具体地从华为的薪酬模型来分析华为为什么能够抑制具有“狼”的精神的“DNA”所在。“这首先就是我们刚才特别强调的华为的战略观念：在薪酬体系构建上的内部公平性和外部竞争性的辩证统一；在具体的职位评估上的完善分级，即明确公司价值导向，确定职位评估原则，确定职位评估方法，评估职位等级。”

当然，确定这些评价体系与标准后，还要有详细的、充分的调查、研究与制度，以保证论证的合理性。

讨论题：

1．你认为薪酬构成应该从哪些层面来衡量？

2．你认为怎样才能体现薪酬公平？

3．谈谈你对华为薪酬体系的看法。

第二章 战略性薪酬管理

学习提要

薪酬战略管理关注的是薪酬方式如何能成为企业竞争优势的源泉。薪酬战略是随企业战略的变化而变化的，从更高的角度指导企业薪酬策略的执行，现代战略薪酬更加强调灵活性和激励性。

学习目标

- 理解战略性薪酬管理的内涵和作用
- 掌握战略性薪酬管理的体系和原则
- 能够分辨薪酬战略与企业战略之间的关系
- 了解传统薪酬战略以及现代薪酬战略
- 了解制定战略性薪酬管理的步骤

关键词

战略性薪酬管理　薪酬水平政策　薪酬结构政策
薪酬组合政策　行政管理政策　薪酬战略
公司战略　成长战略　稳定战略
收缩战略　创新战略　成本领先战略
客户中心战略　全面薪酬战略

导入案例

这里摘录了一家著名高科技公司中国分公司薪酬福利部总监的两段话。

“薪酬福利的设计是科学和艺术的结合。薪酬最直接反映的就是数字，无论是个人工资、月工资、平均工资还是企业的劳动力成本（labour cost）都是数字，需要利用科学的方法和工具来帮助制定科学的目标。艺术方面主要是平衡问题，很多时候薪酬工作就是要去平衡（balance）期望值。薪酬管理归根结底是期望值管理，其关键就在于你如何管理员工的期望值，要把薪酬福利同员工的业绩以及公司战略等联系起来，通过薪酬福利政策的制定，去引导和激励员工做出更好的业绩。”

“薪酬战略要有正规硬性的制度平台作支撑，要基于公平、公正、公开的原则，将包括提升、加薪在内的所有体制、政策透明化；但我们更希望薪酬能够支持公司高绩效文化，薪酬设计跟上绩效管理（performance management）相关的，重点鼓励那些公司或部门所推崇的行为。薪酬要看是广义的还是狭义的，如果从整体回报的角度看，除了现金、福利部分，还有工作环境、发展机会等，从 total reward 的角度综合来看，我们还是有优势的，在有关‘大学毕业生最想进的公司’的调查中，我们在外企中名列第一。”

这两段话对于我们理解本章关于薪酬战略管理的制度架构有一定的启发意义。从企业战略层面研究并实施薪酬管理，有利于正确把握建立健全人力资源开发管理体系的方向，充实体系的内容，提升体系的效能。

第一节　战略性薪酬管理概述

一、战略性薪酬管理的内涵和作用

（一）战略性薪酬管理的内涵

1. 战略的含义

战略管理理论对于战略有着不同的含义，概括而言，战略有两层含义：第一层含义是指企业如何适应变化着的内外部环境；第二层含义是指企业如何实现其愿景和目标。因此，从战略视角来看待薪酬管理，就是要使薪酬管理既能适应内外部环境的变化，又能够帮助企业实现其愿景和目标。

2. 战略的特征

企业战略具备层次性特征，主要分为三个层次：

1）公司战略（corporate strategy），包括企业的产业与行业的选择以及产业内的扩张方案。

2）经营战略（business strategy），包括通过何种方式在一个特定产业内竞争，如低成本战略、差异化战略等。

3）功能战略（function strategy），包括管理各个职能的方向与模式，如市场营销战略、财务战略、人力资源战略、信息化战略等。

按照战略的层次划分，薪酬战略可以被视为一种相对独立的职能性战略，它可以在一定程度上独立于人力资源战略，而且对公司战略和业务战略的实现具有较大的影响。

3. 战略性薪酬管理的含义

战略性薪酬管理是指利用薪酬工具来适应内外部环境的变化，同时协助企业战略的确定与实施。因此，战略性薪酬管理不只是对员工贡献的承认或回报，还是一套将企业愿景、目标和价值观转化为具体行动方案，以及支持员工实施这些行动方案的管理流程。

战略性薪酬管理实际上是一种看待薪酬管理这一管理职能的一整套新理念，其核心是作出一系列的战略性薪酬决策。在通常情况下，企业需要首先作出一系列的根本性决策，即确定企业的战略：我们应该进入并停留在什么行业？我们靠什么赢得并保持在本行业或相关产品市场上的竞争优势？企业的整体人力资源政策应该如何设计？一旦企业的战略确定下来，企业需要继续回答的一个问题就是：我们如何才能依靠薪酬决策来帮助企业立于不败之地？这些关于如何帮助组织赢得并保持竞争优势的相关薪酬决策就是我们所说的战略性薪酬决策，主要需要回答以下几个方面的问题：

1）薪酬管理的目标是什么，即薪酬如何支持企业经营战略？当企业面临着经营和文化压力时，应该如何调整自身的薪酬战略？

2）如何达成薪酬的内部一致性，即在本企业内部，如何对不同职位和不同的技能或能力支付不同的薪酬？

3）如何达成外部竞争性，即相对于企业的竞争对手，企业在劳动力市场上的薪酬水平应该如何定位？

4）如何认可员工的贡献，即基本薪酬调整的依据是什么：是个人或团队的绩效，还是个人的知识、经验增长以及技能的提高，或者仅仅是生活成本的变化？是否需要根据员工的不同表现及其业绩状况指定不同绩效奖励计划？

5）如何管理薪酬系统，即对于所有的员工而言，薪酬决策的公开和透明程度应该是怎样的？应该由谁来设计和管理薪酬体系？

6）如何提高薪酬成本的有效性，即如何有效控制薪酬成本？

（二）战略性薪酬管理的作用

1. 对提升组织绩效的作用

（1）降低人工成本

人工成本一般要占组织整体运作成本的 20%～50%，服务行业的人工成本的比例更高，甚至可以高达 70%以上。因此，降低人工成本是企业竞争优势的重要来源。对于初创企业和处在困难时期的企业，依靠有效的薪酬管理减少薪酬开支，对企业的生存与发展更具有关键的作用。

（2）吸引和留住人才

一方面，薪酬管理具有吸引与筛选人才的作用，较高的薪酬水平和较新的薪酬形式可以吸引和奖励企业稀缺和创新的人才；另一方面，薪酬问题一直是员工流失的主要原因，尤其在人才市场竞争激烈的今天，如何建立公平、合理的薪酬激励体系对于维系人才是十分关键的。

（3）引导员工行为

一个设计和实施优良的薪酬体系可以传达这样的信息：什么样的员工是企业需要和关

注的？什么样的行为是企业认可并给予奖励的？例如，岗位薪酬约束员工尽职尽责的行为；技能薪酬奖励员工学习知识和掌握更多技能的行为；而绩效薪酬则鼓励员工为企业价值增值作出更大的贡献。企业可以根据对员工管理的需要，设计符合战略需求的薪酬体系。

（4）促进劳资和谐

薪酬管理是一把双刃剑，不科学或不公平的薪酬管理往往是劳资争议的焦点，但战略的薪酬管理建立在和谐的劳资关系基础之上，它不仅有利于缓解劳资冲突，而且可以保证企业的永续发展。

2. 对企业竞争优势的作用

（1）价值性

价值性指薪酬管理能否对控制人工成本、吸引和维系人才以及影响员工的态度和行为等有直接和较强的影响。对上述因素不产生影响或影响较弱的薪酬管理行为，不具有对组织竞争优势的显著价值性，即尽管工作评价是企业薪酬管理的基础性技术，但对它们的选择和使用无助于促进企业的竞争优势。

（2）难以模仿性

如果一个薪酬决策很容易被模仿，那么所有的公司都可以通过它来获得竞争优势，其优势也就不复存在了。因此，为了使薪酬战略具有难以模仿性，必须使得薪酬管理具有组织的专属性特征——它根植于组织内部，内化为员工行为，最终与组织文化融为一体。

（3）有效执行性

战略性薪酬管理的关键不仅在于其制定是否科学，更重要的是它能否得到贯彻和执行，唯有如此，才能为企业带来竞争优势。在当前的企业薪酬管理领域从不缺乏有效的战略，缺乏的是战略执行，而薪酬的战略执行性又主要体现在组织全体成员对薪酬战略的理解能力和接受能力上。

二、战略性薪酬管理体系

为了更好地了解战略性薪酬管理体系，首先介绍指导薪酬体系的薪酬模型，如图 2-1 所示。该图反映了企业应结合人才配置战略、经济承受能力和同行业薪酬现状等因素，确定了薪酬战略从企业现状和未来的经营战略出发，薪酬应具备以下目标：①薪酬要能吸引人员进入企业；②薪酬要能够留住员工为企业持续服务；③薪酬要能驱动员工的行为和业绩；④薪酬要能够激发员工能力提升。因此，企业应采用以市场薪酬水平为主导，结合内部岗位价值评估的价值定位法确定各个岗位薪酬标准，中高级人员的薪酬水平定位于市场中高端水平，其余人员定位于市场薪酬中等水平，以保证薪酬的内部合理性和外部的竞争性；建立多种工资结构，改变一岗一薪现状，压缩企业薪酬，扩展薪酬内部的级数，为员工发展打开薪酬晋升的通路；建立薪酬业绩导向以针对团队和个人绩效，鼓励高层人员既要关注企业近期目标，也要关注企业的长远发展；明确以能力为基础的绩效贡献是员工获得加薪的标准；从而创造一个在企业内部所有员工都能受到尊重、礼遇及享有应有的待遇、福利、追求个人最大发展的激励环境。

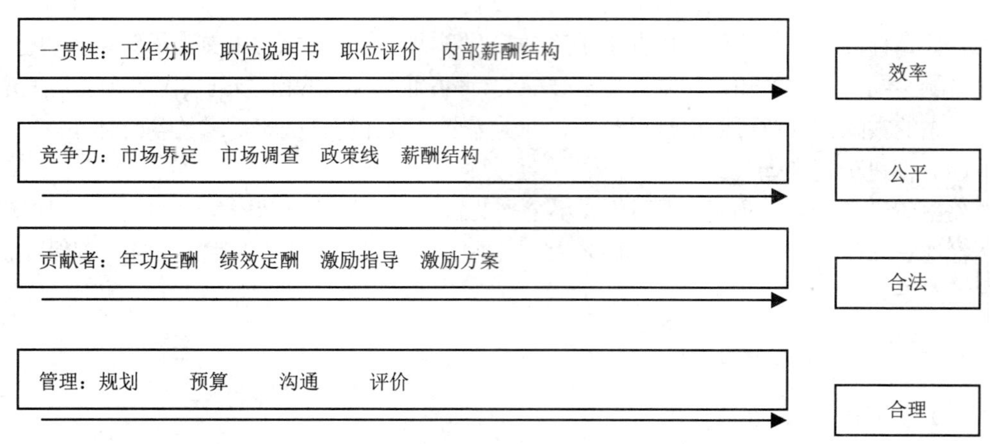

图 2-1　指导薪酬体系的薪酬模型

（一）薪酬战略目标体系

薪酬战略目标是站在企业的立场对薪酬如何解决人力资源问题的表述，也是驱动组织绩效的关键因素对薪酬成本和员工技能、态度和行为所产生的要求。例如，某企业的薪酬战略目标是“降低薪酬成本、改善产品质量”；而另外一家企业的薪酬战略目标是“培养一批认同公司价值观的创新团队式的员工队伍”。薪酬战略目标可以分为特征目标、态度与行为目标和管理目标；在每一类目标下有二级子目标，从而构成一个战略目标体系，如图 2-2 所示。

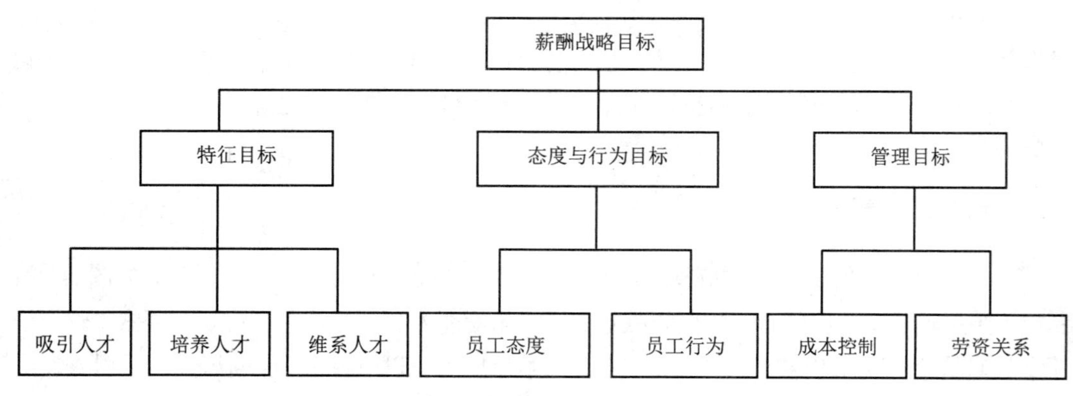

图 2-2　薪酬战略目标体系

1. 特征目标

特征目标主要回答这样的问题：通过薪酬管理能够吸引、培养和维系具有什么特征的员工？更通俗地讲，特征目标明确了薪酬管理能够帮助企业获得其想要的人才。例如，微软公司需要具有创新能力的人才，而它所设计和实施的薪酬体系的独特性是对长期激励和股票期权的使用，其目标在于吸引、培养和留住公司所需要的技术和研发人才。

2. 态度与行为目标

态度与行为目标主要回答这样的问题：通过薪酬管理能够向员工暗示，什么样的态度和行为是值得嘉奖的？例如，某家企业将薪酬战略目标定位为，希望员工具有团队合作的态度和作出提高客户满意度的行为。

3. 管理目标

管理目标主要回答这样的问题：如何使企业的薪酬管理在执行方面更加具有便利性和有效性？对于薪酬管理而言，这种便利性包括资金运作的便利和政策执行的便利；对于薪酬战略而言，便利性和有效性主要体现在两个方面：一是薪酬成本控制目标，二是劳资关系协调目标。

（二）薪酬政策体系

薪酬政策是指企业薪酬水平、薪酬结构、薪酬组合与行政管理所要遵循的原则与纲领，进而形成薪酬水平政策、薪酬结构政策、薪酬组合政策和行政管理政策，如图 2-3 所示。

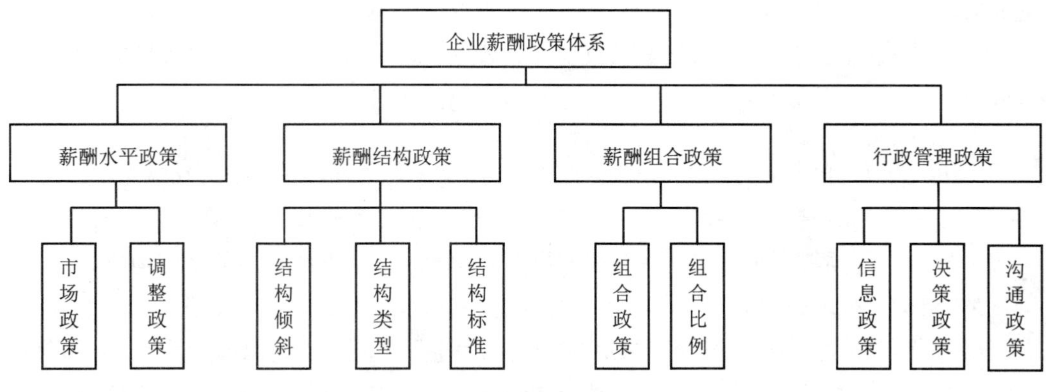

图 2-3　企业薪酬政策体系

1. 薪酬水平政策

薪酬水平政策是指企业在制定薪酬水平时所遵循的主要原则，包括市场政策和调整政策，分别表现为薪酬水平的静态性与动态性。

（1）市场政策

市场政策指员工的薪酬水平在市场中的定位，具体包括：

1）领先型市场政策。它是指支付高于市场平均薪酬水平的政策。

2）跟随型市场政策。它是指根据市场平均水平来确定本企业的薪酬定位。

3）滞后型市场政策。它是指大多数职位的薪酬低于市场平均薪酬水平。

（2）调整政策

调整政策指员工的薪酬水平随时间变化而进行动态调整的相关要求，具体包括：

1）高增长政策。它是指根据公司利润的提高和外部环境的变化相应提升员工整体薪酬水平。

2）稳定增长政策。它是指企业根据物价水平等要素综合考虑对员工整体薪酬水平进行适量动态调整。

3）限制增长政策。它是指企业由于经营的原因和其他因素的考虑，限制员工整体薪酬水平的增长。

检验薪酬水平政策是否有效的标准为薪酬的外部竞争性，即薪酬水平在劳动力市场上是否具有竞争优势，然而这种竞争优势不能单纯依靠薪酬水平政策来实现，其他薪酬政策也有极为重要的作用。

2. 薪酬结构政策

薪酬结构政策是指不同员工个体薪酬差异形成的类别、特征和标准，包括结构类型政策、结构倾斜政策、结构标准政策。

（1）结构类型政策

结构类型政策，又称薪酬差异政策，具体包括：

1）平等式结构。它是指薪酬等级较少，相邻等级之间以及最高与最低薪酬之间差距较小的结构。

2）等级式结构。它是指薪酬等级较多，相邻等级之间以及最高与最低薪酬之间差距较大的结构。

（2）结构倾斜政策

结构倾斜政策指企业在建立薪酬结构时对部分人才是否具有倾斜性，具体包括：

1）统一结构政策。它是指全公司范围内执行统一的薪酬结构，没有明显的倾斜性。

2）核心人员倾斜政策。它是指对部分员工的薪酬进行特殊倾斜的薪酬结构政策。

（3）结构标准政策

结构标准政策指企业薪酬结构的划分基准是以职位为基础，还是以人为基础，具体包括：

1）以职位为基础的薪酬结构。它是指按照职位价值支付薪酬，根据工作岗位中报酬要素的价值来决定薪酬结构。

2）以人为基础的薪酬结构。它是指按照人的价值支付薪酬，根据员工的技术、能力和知识的价值来决定薪酬结构。

3. 薪酬组合政策

薪酬组合政贷是指企业向员工支付的总薪酬有哪些薪酬形式，这些薪酬形式之间是以怎样的形态组合的。薪酬组合政策包括组合类型政策和组合比例政策。

（1）组合类型政策

组合类型政策指企业对不同员工所采用的政策，具体包括：

1）简单型政策。它是指对部分员工薪酬只采用单一的薪酬形式，而没有其他薪酬形式。

2）复合型政策。它是指员工采用多元的薪酬方式。

（2）组合比例政策

组合比例政策指企业在不同员工的薪酬形式上有哪些侧重，如销售人员实行以激励薪酬为主的政策，行政人员实行以职位薪酬为主的薪酬政策等。企业根据其主要的薪酬形式决定采用何种薪酬组合比例政策。

4. 行政管理政策

行政管理政策主要是指薪酬管理决策是如何指定和实施的，包括信息政策、决策政策和沟通政策。

（1）信息政策

信息政策指与员工有关的薪酬信息政策的透明程度，具体包括：

1）保密薪酬政策。它是指对员工的薪酬信息严格保密。

2）公开薪酬政策。它是指对员工薪酬信息实行透明和公开化管理。

（2）决策政策

决策政策指员工参与企业薪酬决策的程度，具体包括：

1）集权政策。它是指员工没有权力影响薪酬的决定，薪酬决策权集中在企业管理者手中。

2）分权政策。它是指员工充分参与企业薪酬决策，并拥有一定的薪酬决策权。

（3）沟通政策

沟通政策指员工对薪酬体系申诉、反馈及知晓的能力，具体包括：

1）官僚型政策。它是指员工对薪酬申诉的难度很大，反馈渠道较少，知晓能力较弱。

2）弹性化政策。它是指员工有多种渠道进行薪酬的申诉与反馈，知晓能力较强。

知识拓展

近年来薪酬管理十大趋势如下：

1）从货币性薪酬向总报酬理念转化。

2）从刚性薪酬向弹性的“意外性输入”薪酬转化。

3）从以等价交易为核心的薪酬管理理念向以人为本的薪酬管理理念转化。

4）从单纯激励性薪酬向战略性激励薪酬转化。

5）从密薪制向明薪制转化。

6）从基于职位职级的薪酬向基于绩效及能力的薪酬转化。

7）从窄幅薪酬结构向宽幅薪酬结构转化。

8）从一体化薪酬设计向个性化薪酬设计转化。

9）从短期薪酬向长期激励转化。

10）从刚性福利向弹性福利转化。

第二节 薪酬战略

一、企业战略与薪酬战略

在不考虑具体职能战略的情况下，企业战略通常可以划分为两个层次，一是企业的发展战略或公司战略，二是企业的经营战略或竞争战略。前者要解决的是企业的扩张、稳定还是收缩的问题，后者要解决的是如何在既定的领域中通过一定的战略选择来战胜竞争对手的问题。公司战略通常包括成长战略、稳定战略、收缩战略三种，而竞争战略则可以被划分为创新战略、成本领先战略和客户中心战略三种。企业所采取的战略不同，企业的薪酬水平和薪酬结构也必然不同。

（一）不同公司战略下的薪酬战略

1. 成长战略

成长战略是一种关注市场开发、产品开发、创新以及合并等内容的战略。它又可以被划分为内部成长战略和外部成长战略两种类型。其中前者是通过整合和利用组织所拥有的所有资源来强化组织优势的一种战略，所关注的是自身力量的增强和自我扩张。而后者则是试图通过纵向一体化、横向一体化或者是多元化来实现一体化战略，这种战略往往是通过兼并、联合、收购等方式来扩展企业的资源或者是强化其市场地位。

对于追求成长战略的企业来说，它们所强调的重要内容是创新、风险承担以及新市场的开发等，因此与此相联系的薪酬战略往往是：企业通过与员工共同分担风险，同时分享企业未来的成功来帮助企业达成自己的目标，同时使得员工有机会在将来获得较高的收入。这样，企业需要采用的薪酬方案就应当是：在短期内提供水平相对较低的固定薪酬，但是同时实行奖金或股票选择权等计划，从而使员工在长期中能够得到比较可观的回报。此外，成长型企业对于灵活性的需要是很强的，因此，它们在薪酬管理方面往往会比较注意分权，赋予直线管理人员较大的薪酬决定权，同时，由于公司的扩张导致员工所从事的工作岗位本身在不断变化，因此，薪酬系统对于员工的技能比对他们所从事的具体职位更为关注。

2. 稳定战略

稳定战略（或称集中战略）是一种强调市场份额或运营成本的战略。这种战略要求企业在自己已经占领的市场中选择出一块自己能够做得最好的部分，然后把它做得更好。采取稳定战略的企业往往处于较为稳定的环境之中，企业的增长率较低，企业维持竞争力的关键在于是否能够维持自己已经拥有的技能，从人力资源管理的角度看，主要是以稳定已经掌握相关工作技能的劳动力队伍为出发点，因而这种企业对于薪酬的内部一致性、薪酬管理的连续性以及标准化有比较高的要求，因此，在薪酬管理方面，薪酬决策的集中程度比较高，采取稳定战略的企业往往不强调企业与员工的风险分担，因而较为稳定的基本薪酬和福利的成分比较大。就薪酬水平而言，这种企业一般追求与市场持平或略高于市场水平的薪酬，但是从长期来看，由于增长速度不快，这种企业在长期中的薪酬水平不会有太大的增长。

3. 收缩战略

收缩战略（或称精简战略）通常会被那些由于面临严重的经济困难因而想要缩小一部分经营业务的企业所采用。这种战略往往是与裁员、剥离以及清算等联系在一起的。由于采用收缩战略的企业本身的特性，这种企业对于员工的收入与企业的经营业绩挂钩的愿望是比较弱的。除了在薪酬中降低稳定薪酬部分所占的比重之外，许多企业往往还力图实行员工股份所有权计划，以鼓励员工与企业共担风险。

（二）不同竞争战略下的薪酬战略

1. 创新战略

创新战略是以产品的创新以及产品生命周期的缩短为导向的一种竞争战略，采取这种战略的企业往往强调风险承担和新产品的不断推出，并把缩短产品由设计达到投放市场的时间看成是自身的一个重要目标。这种企业的一个重要经营目标在于充当产品市场上的领袖，并且在管理过程中会非常强调客户满意度以及客户的个性化需要，而对于企业内部的职位等级结构以及相对稳定的工作评价等则不是很重视。因此，这种企业的薪酬系统往往非常注重对于产品创新和新的生产方法和技术的创新给予足够的报酬或激励；其基本薪酬通常会以劳动力市场上的通行水平为基准并且高于市场水平，以帮助企业获得用于创新、敢于承担风险的员工。同时，这种企业会在工作描述方面保持相当程度的灵活性，从而要求员工能够适应不同环境的工作需要。

2. 成本领先战略

成本领先战略，实际上就是低成本战略，就是在产品本身的质量大体相同的情况下，企业可以以低于竞争对手的价格向客户提供产品的竞争战略。因此，追求成本领先战略的企业非常重视效率，尤其是对操作水平的要求很高，这种企业的目标是以较低的成本去做较多的事情，对于任何事情，它们首先问的就是："这种做法的成本有效性如何？"为了提高生产率，降低成本，这种企业通常会比较详细具体地对员工所从事的工作进行描述，强调员工工作岗位的稳定性。在薪酬水平方面，这种企业会密切关注竞争对手所支付的薪酬状况，本企业的水平既不能低于竞争对手，最好也不要高于竞争对手，宗旨就是要在尽可能的范围内控制薪酬成本支出，不至于由于薪酬成本的失控导致产品成本的上升；另一方面，也为了鼓励员工降低成本，提高劳动生产率。

3. 客户中心战略

客户中心战略是一种以提高客户服务质量、服务效率、服务速度等来赢得竞争优势的战略。采取这种战略的企业所关注的是如何取悦客户，它希望自己以及自己的员工不仅能很好地满足客户所提出的需求，同时还能够帮助客户发现一些甚至客户自己都没有发现的潜在需求，并且设法去满足客户的潜在需求。客户满意度在竞争日益激烈的今天已逐渐成为企业的一个重要的绩效指标，为了鼓励员工持续发掘服务于客户的各种不同的途径，以及提高对客户需要做出反应的速度，这类企业的薪酬系统往往会根据员工向客户提供服务的数量和质量来支付薪酬，或者是根据客户对员工或员工群体所提供服务的评价来支付奖金。

二、传统薪酬战略

传统薪酬战略与现代薪酬战略的差异并不是薪酬构成本身有什么不同，主要体现在相同的薪酬构成所扮演的角色以及所起的作用方面有所不同。因此，本书对传统薪酬战略的介绍就主要从传统薪酬战略的特点以及存在的问题来进行阐述。

第一章中已经探讨过薪酬的基本构成元素，这里不再赘述。

进入20世纪90年代以后，传统薪酬战略的弊端越来越明显，这主要表现在以下几个方面。

1. 薪酬战略的目标欠合理性

传统薪酬战略往往将目标界定在“吸引、激励、保留”员工方面，所采取的战略通常是支付市场化薪酬工资这种竞争性目标。由于不同的企业在目标以及结构方面存在很大的差异，因此仅仅说薪酬必须能够吸引、激励、保留员工，是无法保证薪酬战略成为企业的经营战略、财务战略以及人力资源管理战略的一种直接延伸的。其结果往往是无法在组织中保持目标的一致性，薪酬系统“自己过自己的日子”，或者是使薪酬体系成为竞争对手进行简单拷贝的一种结果。此外，传统薪酬战略下的薪酬系统大多以利润最大化为单一目标，只关注于生产率和市场占有率等一些可量化的指标，对于处于激烈竞争环境当中，从而需要达成多元目标的现代企业来说存在很大局限。

2. 薪酬结构存在不实用性

基本薪酬加上绩效加薪的战略对于强调稳定性和一致性的企业来说是非常适用的，但是这种将基本薪酬与特定的、单个的职位紧紧地联系在一起的做法，对于强调流程和速度的企业来说却不适用。这是因为这种企业所依赖的是要求团队成员共同分享工作角色的跨职能团队，对于这种团队来说，强调单个职位价值的薪酬系统显然是不适用的。

3. 基本薪酬导向的不适应性

20世纪90年代以后的一个重大变化就是企业的组织结构开始从原来的金字塔式的职能型结构向扁平型结构转换。而传统薪酬战略的基本薪酬部分强调的却是保障性和职位的持续晋升，显然这种薪酬导向是不符合扁平型的组织结构要求的，这是因为在扁平型的组织中，员工向上垂直流动或晋升的机会是非常有限的，个人和组织的成功也主要取决于绩效和员工的“横向成长”，即新的技能和能力的获得，而不是所谓的保障性。

4. 激励性和灵活性比较差

新的竞争环境要求企业不断改善绩效和生产率，改善产品和服务的质量，同时改善员工的工作和生活质量，从而谋取竞争优势。而传统薪酬战略的激励性和灵活性却比较差，尽管其中也有绩效加薪的成分，但是加薪的幅度很多时候每年仅仅能够维持在3%～4%这种几乎接近生活成本加薪的水平上，所以对员工和组织的绩效的影响实际上并不明显。不仅如此，在传统薪酬系统中，除了福利部分之外，其他部分为员工带来的价值增值是停滞的或者是下降的，这对于追求生活质量的新一代劳动者来说是非常没有吸引力的。

三、现代薪酬战略

由于传统薪酬战略无法适应企业和员工的需要，因此必须根据新的经营环境和企业战略制定现代薪酬战略，即全面薪酬战略。

（一）全面薪酬战略的基本内涵

全面薪酬战略摒弃了原有的科层体系和官僚结构，以客户满意度为中心，鼓励创新精神和持续的绩效改进，并对娴熟的专业技能提供奖励，从而在员工和企业之间营造了一种双赢的工作环境。

与传统薪酬战略相比，它强调的是外部市场敏感性而不是内部一致性；是以绩效为基础的可变薪酬而不是年度定期加薪；是风险分担的伙伴关系而不是既得权利；是弹性的贡献机会而不是工作；是横向的流动而不是垂直的晋升；是就业的能力而不是工作的保障性；是团队的贡献而不是个人的贡献。因此，在全面薪酬战略下，不同的薪酬构成所扮演的角色和发挥的作用都发生了变化。

1. 基本薪酬

在企业支付能力一定的情况下，尽量将基本薪酬水平紧密地与劳动力市场保持一致，以保证组织能够获得高质量的人才，即利用基本薪酬来强调那些对企业具有战略重要性的工作和技能。同时，基本薪酬还起着充当可变薪酬的平台的作用。

2. 可变薪酬

全面薪酬战略非常强调可变薪酬的运用。这是因为，与基本薪酬相比，可变薪酬更容易通过调整来反映组织目标的变化，在动态环境下，面向较大员工群体实行的可变薪酬能够针对员工和组织所面临的变革和较为复杂的挑战作出灵活的反应，从而不仅能够以一种积极的方式将员工和企业联系在一起，还可以为在双方之间建立起伙伴关系提供便利，同时还能起到鼓励团队合作的效果。此外，可变薪酬一方面能够对员工所达成的有利于企业成功的绩效提供灵活的奖励；另一方面，在企业经营不利时可变薪酬有利于控制成本开支。事实上，集体可变薪酬、利润分享、一次性奖励以及个人可变薪酬等多种可变薪酬形式的灵活应用，以及由此产生的激励性和灵活性，恰恰是全面薪酬战略的一个重要特征。

3. 福利

全面薪酬战略下的福利计划也是针对企业的绩效并且强调经营目标的实现，而并非是像过去那样单纯地为了追随其他的企业。全面薪酬战略强调为迎接未来的挑战而创新性地使用福利计划，要求企业必须重视对间接薪酬成本进行管理以及实行合理的福利成本分担，必须认识到，间接薪酬只是作为全面薪酬战略管理的核心要素的基本薪酬和可变薪酬的一种补充，而不是其替代者。因此，在全面薪酬战略的引导下，许多企业的收益基准制养老金计划已经被利润分享计划或缴费基准制的养老金计划所代替，原有的许多针对性不强的福利计划也逐渐被弹性福利计划所取代。

（二）全面薪酬战略的主要特征

具体而言，全面薪酬战略具有以下几个方面的特性。

1. 战略性

传统薪酬战略往往只着眼于薪酬的外部竞争力和内部公平，采用的工具也较为简单，主要是要素计点法等工作评价法技术以及绩效加薪方案，而全面薪酬管理的关键就在于根据组织的经营战略和组织文化制定全方位薪酬战略，它着眼于可能影响企业绩效的薪酬的方方面面，要求运用所有各种可能的“弹药”，即基本薪酬、可变薪酬、间接薪酬，来达到适当的绩效目标，从而力图最大限度地发挥薪酬对于组织战略的支持功效。

因此，全面薪酬战略实际上是企业经营战略、财务战略以及组织文化的一种延伸，它强调薪酬管理是与组织的战略联系在一起的，关于财务成果、产品或服务、客户、市场份额、营销以及质量等方面的特定战略目标，成为企业制订薪酬方案以及进行薪酬沟通的重要基础。无论是直接薪酬计划还是间接薪酬计划，都要根据组织特定的经营情况以及所面临的人力资源挑战（质量、劳动力成本）来及时进行调整。此外，企业还必须全面审查总的薪酬成本，其中包括薪酬的分配方式以及每一个单位薪酬支出中所获得的价值，从而从总体上在薪酬和组织绩效之间得出一条明确的线索。

2. 激励性

全面薪酬管理关注企业的经营，是组织的价值观、绩效期望以及绩效标准的一种很好的传播者，会对与组织目标保持一致的结果和行为给予报酬（重点是只让那些绩效足以让组织满意以及绩效优异的人得到经济回报，对于绩效不足者，则会诱导他们离开组织）。实际上，关注绩效而不是等级秩序是全面薪酬战略的一个至关重要的特征。正如杰伊・舒斯特（Jay Schuster）和帕特里夏・津海姆（Patricia Zingheim）所说：“传统薪酬虽然也自称奖励业绩，但实际上是以职务、职位和内部均衡为标准的。新的薪酬方法与之形成鲜明对比，它突出员工与公司业绩之间的联系，员工所获得奖励的多少是与他们自己的努力奋斗和公司业绩的节节上升相关的。纵观整体薪酬前景，新的薪酬体制将确保每个元素——基本薪酬、可变薪酬和福利都起作用。”

在全面薪酬战略下，竞争性薪酬与竞争性的绩效结果直接联系在一起，企业在制定直接和间接薪酬政策时总是力求从投入在薪酬上的每一分钱上获得某些经营或财务收益。在全面薪酬战略中可能会采取多种奖励计划，以对员工个人以及员工群体的绩效给予报酬，员工的薪酬升降取决于其个人的绩效、所在团队或群体的绩效以及整个组织的绩效。组织用来进行绩效衡量的指标则可能包括生产率、市场份额的增长、客户的满意度、质量、经济附加值、新能力的开发、新产品的创造、全球市场的渗透等各种定量和定性指标以及过程和结果指标。

3. 灵活性

全面薪酬战略强调薪酬系统的灵活性，这是因为尽管有效的全面薪酬战略将注意力集中在组织希望达到的目标上，但是其还必须保持一定的弹性，以便当组织在遇到未能预见到的困难，从而不得不进行变革或者出现需要强调的新重点时，能够快速地作出反应。不仅如此，企业所需要的这种对经营与财务战略提供支持的全面薪酬战略还应当是简单的、直接的和富有弹性的，因为简单和富有弹性的战略更容易鼓励行动，而复杂和严格的战略则可能会带来困难和行动的消极。

全面薪酬战略认为，在公司的短期和长期经营计划与薪酬之间并不存在某种不可更改的联系，一旦公司的发展方向发生变化，薪酬系统应当随时变化。并不存在适用于所有企业的最佳的薪酬方案，甚至也不存在对于一家企业来说总是有效的薪酬计划。随着经营环境的变化，企业的种类愈加多样化，企业的战略目标和组织性质也出现了日益明显的多元化，因此，全面薪酬战略要求企业能够根据不同的要求设计出不同的薪酬应对方案，以充分满足组织对灵活性的要求，从而帮助组织更加适应不断变化的环境和客户的需求。

4. 创新性

与旧薪酬制度类似，全面薪酬管理也沿袭了如收益分享这样一些传统的管理举措，但在具体使用时，管理者却采取了不同于以往的方式，以使其应用于不同的环境，并因时因地加以改进，从而使这些传统管理举措重新焕发出生机，更好地支持企业的战略和各项管理措施。与以往相比，全面薪酬管理更为强调各种薪酬技术和管理手段的互补性和匹配性。一旦过去那些单一薪酬管理手段不能奏效的时候，它就要求企业通过提供混合搭配的解决方法，将收益分享和弹性福利计划与技能工资以及胜利分享等薪酬方案结合起来，来反映组织的经营战略，传播组织的目标。全面薪酬战略特别强调的一点是，薪酬制度的设计必须取决于组织的战略和目标，充分发挥良好的导向作用，而不能是机械地照搬原有的一些做法，或者是简单地拷贝其他企业的薪酬计划。

5. 沟通性

进入20世纪90年代以后，经营环境和企业管理实践的变化已经使得员工成为企业是否能够保持竞争力的一个主要原因，企业的管理过程也已经被看成是为员工提高绩效和生产率、进行创新提供便利的服务手段，而不是一种简单的控制过程，管理本身的含义也已经从过去的层级制度和官僚主义演变成为领导。在这种情况下，企业与员工之间能否建立起一种积极的、双赢的关系，能否进行有效的沟通，就成为组织成功的关键。

尽管员工除了所获得的薪酬之外还有其他的工作理由，但是薪酬仍然是组织与员工之间的一个关键沟通要素，薪酬为组织向员工清晰地、积极地传达信息提供了一种极为宝贵的沟通机会和许多必要的工具，因此，有效的薪酬管理可以确保组织所发出的信息是准确的、恰当的，从而为组织通过员工来谋取竞争优势提供了一个新的机会。一种理想的全面薪酬战略，必须能够将组织的价值观、使命、战略、规划以及组织的未来前景传递给员工，界定好员工在上述每一种要素中将要扮演的角色，从而实现企业和员工之间的价值观共享和目标认同。此外，全面薪酬战略非常重视制定和实施全面薪酬管理战略的过程，这是因为它把制订计划的过程本身看成是一种沟通的过程，企业必须通过这样一个过程使员工能够理解，组织为什么要在薪酬领域采取某些特定的行动。

（三）建立全面薪酬战略的步骤

具体而言，在上面界定出来的具体环境里，建立全面薪酬战略共有以下四个步骤。

1. 全面评价组织所面临的内部和外部环境及其对薪酬的影响

如前所述，企业的薪酬管理是以企业的战略和经营目标为导向的，而无论是企业的战略和经营目标还是薪酬本身都会受到诸多因素的影响，其中包括：企业所处的社会、政治和经济背景；全球竞争压力；企业的文化和价值观；员工的需要；工会的压力等。因此，企业首先必须全面、准确地了解自己所处的环境，然后才能确定为了在特定环境中取得竞争优势所需要采取的薪酬决策。

2. 制定与组织战略和环境背景相匹配的战略性薪酬决策

薪酬决策的内容包括薪酬体系决策、薪酬水平决策、薪酬结构决策、薪酬管理过程决策等诸多方面的问题。薪酬决策的核心是使企业的薪酬系统有助于企业战略目标的实现、具备外部竞争性以及内部一致性、合理认可员工的贡献以及提高薪酬管理过程的有效性。由于不同类型的薪酬决策支持不同的企业战略，因此，企业必须根据组织的经营环境和既定战略来作出合理的薪酬决策。

3. 将薪酬战略转化为薪酬实践

薪酬战略实际上是企业在做薪酬设计时所坚持的一种导向或者是一种基本原则，因此，企业下一步所要做的是将这些原则用一定的薪酬系统或薪酬组合体现出来，或者说运用一定的技术来实现企业的战略导向要求。这一步骤实际上是从理念和原则到操作层面的跳跃，一种好的薪酬战略能否不折不扣地得到贯彻执行，薪酬技术的选择、薪酬系统的设计及其执行过程是至关重要的。

4. 对薪酬系统的匹配性进行再评价

薪酬系统的设计和实施并不是一件一劳永逸的事情。管理者必须不断地对其进行重新评价并加以适时更新，以使其与变化着的经营环境和企业战略相适应。为了确保这一点，阶段性地对企业薪酬系统的匹配性和适应性进行重新评价就显得十分必要。

知识拓展

微软、惠普、麦卓尼三家公司整体薪酬的战略角度如表 2-1 所示。

表 2-1 微软、惠普、麦卓尼三家公司整体薪酬的战略角度

战略角度	微软	惠普	麦卓尼
薪酬的意义与目的	支持企业目标，支持招聘、激励和保留微软的人才，保留微软的核心价值	不断地吸引具有创造性和热情的员工，确保公平，反映已做出的贡献	支持企业使命和战略，表明核心价值观，吸引、保留、激励一流员工
内部一致性	整合微软的文化，支持微软以绩效为驱动力的文化，与企业是基于技术的组织相一致	反映惠普的方式，支持跨职能工作，支持惠普员工职业生涯发展	反映企业目标，使职位和履行的工作相一致
外部竞争性	总体薪酬领先，基本薪酬较低，在奖金、期权上领先	给予领导者高薪，走惠普之路	与其经济效益相一致，绩效工资反映市场价格
员工贡献回报	基于个人绩效的奖金和期权	业绩增加和利益共享，基于个人绩效	支持绩效和主人翁的文化，强调基于绩效的奖金、期权
薪酬管理	开放、透明的沟通，集中管理，由软件支持	开放的沟通	简单、清楚的理解，宽松管理，开放，员工自主选择

本 章 小 结

本章通过引入战略性薪酬管理的内涵和作用，介绍了战略性薪酬管理的体系与流程以及所需要达成的目标，重点介绍了企业战略与薪酬战略之间的关系，并一一列举薪酬战略应如何支持不同企业战略，使其得以顺利实施。本章同时还介绍了现代薪酬管理战略新的发展趋向——全面薪酬管理等内容。

复习思考题

一、单项选择题

1．公司战略通常不包括（　　）。
A．激励战略　B．成长战略　C．稳定战略　D．收缩战略

2．成长战略关注的是（　　）。
A．自身力量的增强和自我扩张　B．提升创新
C．促进团队建设　D．以上都不对

3．成本领先战略实际上就是（　　）。
A．内部公平战略　B．低成本战略
C．竞争力战略　D．激励战略

4．以下内容没有体现全面薪酬战略特点的是（　　）。
A．摒弃了原有的科层体系和官僚结构　B．以客户满意度为中心
C．鼓励创新精神和持续的绩效改进　D．不对娴熟的专业技能提供奖励

5．薪酬战略目标的构成不包括（　　）。
A．特征目标　B．态度与行为目标
C．管理目标　D．奖励目标

二、多项选择题

1．薪酬管理对企业竞争优势的作用体现在（　　）。
A．价值性　B．难以模仿性　C．有效执行性　D．激励性

2．企业战略具备层次性特征，主要分为（　　）。
A．公司战略　B．经营战略　C．功能战略
D．业务战略　E．人力资源战略

3．战略性薪酬管理的作用包括（　　）。
A．对提升组织绩效的作用　B．对企业竞争优势的作用
C．对工作行为的作用　D．对企业的控制体系的作用
E．对员工绩效的作用

4．薪酬组合政策包括（　　）。
A．组合人数政策　B．组合类型政策

C．组合比例政策
D．组合时间政策
E．组合福利政策

5．薪酬政策体系包括（　　）。

A．薪酬水平政策
B．薪酬结构政策
C．薪酬组合政策
D．行政管理政策
E．流程管理政策

三、判断题

1．战略性薪酬管理是指利用薪酬工具来适应内外部环境的变化，同时协助企业战略的确定与实施。（　　）

2．检验薪酬水平政策是否有效的标准为薪酬的外部竞争性，即薪酬水平在劳动力市场上是否具有竞争优势，其他薪酬政策没有作用。（　　）

3．从战略视角来看待薪酬管理，就是要使薪酬管理既能适应内外部环境的变化，又能够帮助企业实现其愿景和目标。（　　）

4．企业所采取的战略不同，企业的薪酬水平和薪酬结构不一定不同。（　　）

5．薪酬政策是指企业薪酬水平、薪酬结构、薪酬组合与行政管理所要遵循的原则与纲领，进而形成薪酬水平政策、薪酬结构政策、薪酬组合政策和行政管理政策。（　　）

6．薪酬结构政策是指不同员工个体薪酬差异形成的类别、特征和标准，包括结构类型政策、结构倾斜政策、结构标准政策。（　　）

7．稳定战略是关注市场开发、产品开发、创新以及合并等内容的战略。（　　）

8．薪酬组合政策是指企业向员工支付的总薪酬有哪些薪酬形式，这些薪酬形式之间是以怎样的形态组合的。（　　）

9．传统薪酬战略与现代薪酬战略的差异是薪酬构成本身有所不同，主要体现在相同的薪酬构成所扮演的角色以及所起的作用方面有所不同。（　　）

10．在全面薪酬战略下，不同的薪酬构成所扮演的角色和发挥的作用没有发生变化。（　　）

四、简答题

1．什么是战略性薪酬管理？

2．战略性薪酬管理体系的基本构成有哪些？

3．试述战略性薪酬管理的作用和原则。

4．薪酬战略与企业战略之间的关系是什么？

5．试述传统薪酬战略以及现代薪酬战略的特点。

6．试述制定战略性薪酬管理的步骤。

研究与提高

一、讨论与操练

1．选取一个企业或其他组织为对象，分析其战略性薪酬管理。

2．你认为影响企业战略性薪酬管理的因素有哪些？

3．简述战略性薪酬管理的体系与内容。

4．你认为当前企业战略性薪酬管理面临哪些挑战？

二、扩展阅读书目

周斌．2006．现代薪酬管理．成都：西南财经大学出版社．

赵淑芳．2013．薪酬管理实务手册．北京：清华大学出版社．

李宝元，王长城．2012．现代组织薪酬管理学．北京：北京师范大学出版社．

岳龙华．2014．薪酬设计与薪酬管理．北京：中国电力出版社．

李志畴．2012．薪酬体系设计与管理实务．南京：凤凰出版社．

曾湘泉．2010．薪酬管理．北京：中国人民大学出版社．

彭剑锋．2011．人力资源管理概论．上海：复旦大学出版社．

刘伟，韦慧民．2013．薪酬管理．北京：北京师范大学出版社．

加里·德斯勒．2012．人力资源管理．12 版．刘昕，译．北京：中国人民大学出版社．

三、讨论案例

Z 公司战略与薪酬战略匹配

Z 公司是我国通信制造行业的一家上市公司，公司的发展历程正是我国 20 年来通信制造行业的一个缩影。随着近 20 年来计算机和网络等信息技术的蓬勃发展，带来了摩尔定律预期的行业需求的规模扩张，其结果是无论我国国内市场需求还是国际市场的需求都进入了高速增长阶段。

BB 事业部直属于公司总裁管理，与其他五个事业部，即 IT 建设、CDMA 事业部、移动事业部、网络事业部和 KK 公司共同构成公司研发和技术支持的全部体系。BB 事业部的内部结构设置根据产品类别的不同分为三个产品线，分别是光传送网产品线、多媒体通信产品线和机房动力环境产品线；其他部门均是为这三个产品线提供服务的部门。

BB 事业部战略薪酬管理的现状为，虽然大多数企业已经意识到薪酬管理的重要性，但是却常常过多地关注于薪酬管理技术手段的选择和应用，这种注重技术层面的薪酬管理带来的不良影响就是把对管理技术手段本身的检验和评价当成了薪酬管理的最终目的。所以在薪酬管理过程中，战略薪酬定位对薪酬技术的选择和应用后效果如何起了决定性的影响，因此此处将重点对 BB 事业部的战略薪酬管理情况进行分析，确定 BB 事业部未来的战略薪酬管理目标。

一、BB 事业部战略目标

国际化战略是符合 BB 事业部现阶段发展要求的战略定位，它要求 BB 事业部的经营活动要打破长期以来稳定但成长缓慢的局面，并制定新的战略实施方案来配合国际化发展的战略实施。国际化发展战略是 BB 事业部未来发展的重点，这一目标无论从事业部自身销售数据的分析方面还是从 Z 公司对企业的战略定位中都能清晰说明。对过去战略的调整主要表现在BB 事业部的发展战略稳定在国内市场竞争水平之上，把握行业发展特点积极进行国际市场开拓，以期利用国际市场回暖的良机使整个事业部纳入公司国际化发展的轨道上来。同时事业部还确立了以进一步进行技术创新和重视客户导向为目标的具体竞争战略，来实现经营目标。

二、BB 事业部薪酬管理现状

BB 事业部现有的薪酬管理是在原来的发展战略目标基础上制定的，这种以较高的基本薪酬吸引员工加入，用稳定的收入和福利水平保留员工，同时配合绩效激励薪酬部分的设置符合原有的战略目标的定位。这样的战略薪酬定位自 2000 年确定以来一直指导着 BB 事业部的薪酬管理工作，支持了事业部人力资源其他模块如招聘、绩效管理和培训工作的顺利开展，在特定的历史阶段发挥了积极的战略促进作用。

BB 事业部经历了多年的发展和积累，形成了一整套完整的薪酬管理制度。但是随着事业部发展战略的调整，现有的战略薪酬定位也应该进行调整，这里主要论述现有薪酬战略的主要内容。

1）平均工资水平高于市场中位数。BB 事业部在 2002 年进行的一次薪酬调查中获得数据，这次调查是委托一家知名的咨询公司进行的，行业薪酬调查抽样包括了国内的各种产权性质的企业组合和外资公司在华的分支机构。BB 事业部员工整体的平均工资水平较市场中位数略高，在内资企业中的排位相对更高一些。该事业部的薪酬支出占到销售毛利的 30.7%左右。

BB 事业部为员工提供的整体薪酬由工资、福利和年终货币奖励三部分构成，其中每月工资和福利是员工货币收入的大部分，占员工个人收入总额的 70%～85%。工资由基本工资、职务工资和能力工资三部分构成。福利除国家规定的五险一金外，还为员工提供意外伤害保险、退休补贴、降温费补贴、工作餐补贴、带薪假期等福利项目。

2）薪酬激励（变动部分）表现为绩效奖金分配事业部为员工进行全面的绩效考核，根据考核结果决定员工在奖金激励分配方案中占有的权重，奖金总额是由事业部与公司协商的经营计划目标完成情况确定。这部分占员工个人收入总额的 15%～30%。

讨论题：

请结合行业特征和企业战略目标对 BB 事业部的战略薪酬进行分析，找出现有战略薪酬的问题并简要分析和建议。

第三章 薪 酬 体 系

学习提要

薪酬是企业员工劳动所得的基本组成部分，是企业补偿员工劳动付出、维持员工个人和家庭生活的基本手段，也是体现企业人力资源哲学和组织文化特征的重要形式。不同组织有不同的薪酬哲学、不同的薪酬政策、不同的薪酬制度、不同的薪酬结构和不同的薪酬决定方式，因而呈现出不同的薪酬体系特征。按照薪酬确定的基本依据，企业薪酬体系可以划分为职位薪酬体系、技能/能力薪酬体系和绩效薪酬体系。本章在简略介绍薪酬体系相关知识的基础上，重点介绍了职位薪酬体系、技能/能力薪酬体系和绩效薪酬体系的基本理论和设计方式。

学习目标

- 理解职位薪酬体系
- 掌握技能/能力薪酬体系
- 明确绩效薪酬体系
- 掌握不同的薪酬体系特征
- 熟悉企业薪酬体系的划分
- 掌握薪酬体系的基本理论和设计方式

关键词

职位薪酬体系　技能薪酬体系　能力薪酬体系　绩效薪酬体系
全面薪酬体系　高弹性模式　高稳定模式　折中模式
宽带薪酬模式　工作分析　职位评价　因素比较法
海氏评估法　市场薪酬调查　技能分析　绩效评估

导入案例

某商业银行在2015年设计推出了一套包括职位管理、薪酬管理和绩效管理等在内的人力资源管理新体系，该体系引入了市场化整体奖酬理念，实行“以职定岗，以岗定薪，以绩定奖”的薪酬管理模式。“以职定岗”是指从银行组织战略目标出发，针对现代企业组织架构的基本元素——岗位进行全局规划和统一规范，把流程和职责作为岗位切分的主要依据，即以职责作为岗位设计的基础，归并工作任务性质类似的岗位，宽幅设置等级，每一岗位的设置同时考虑企业和员工发展的需要，便于组织管理与员工发展。“以岗定薪”是指按照员工所属岗位确定固定薪酬（月度），级别越高，固定薪酬越高，增幅也越大。固定薪酬又分为两部分：一为基础工作，作为员工基本生活保障及计发加班费的基础；二为绩效工资，与员工当月岗位目标任务完成情况挂钩考核。“以绩定奖”是指目标变动奖金（年度）与绩效考核挂钩，是固定薪酬的一定倍数，一般不低于员工全年固定薪酬总额的50%，职级越高，变动奖金比例越高。这是从战略出发层层分解的绩效，各级员工可以通过优秀的绩效获得高于“目标”的变动奖金。同时，引入整体奖酬理念，奖金总额与所在机构的年度财务结果挂钩，而全体员工实行绩效结果强制排序，前5%绩效优异员工现金总收入是绩效不佳员工现金总收入的1.4～2倍，是绩效中等员工现金总收入的1.1～1.3倍。

第一节　薪酬体系概述

一、薪酬分配的基础

薪酬分配对企业的发展具有持久的影响力，对员工的行为具有内在的驱动力，因而在确定薪酬分配依据和进行薪酬体系设计时必须从企业生存与发展的根本命题——价值的产生与分配出发来系统地思考。价值来源于劳动，价值的分配也必须取决于劳动的付出。考虑到劳动的复杂性，这里首先对劳动的不同形态进行比较①。

（一）潜在劳动——可能的贡献

潜在劳动是指蕴涵在个体身上的劳动能力，是企业在人力资源招聘和配置时对个体价值进行预测的基本依据，也是区分不同人力资源对组织未来贡献大小的重要指标，然而，个体的劳动能力毕竟不能等同于个体的实际劳动付出，也不能等同于个体所创造的实际价值，企业在利用该指标作为薪酬决定的基本依据时必须十分谨慎，必须注意实际创造价值与预付价值之间的“结算”。

（二）流动劳动——现实的付出

流动劳动是指人力资源个体在工作岗位上的活动，是已经付出的劳动。企业用流动劳动作为发放劳动报酬的依据，显然比潜在劳动要好。但是，个人虽然付出了劳动，但由于个人、组织或者市场的原因可能最终不能实现其价值，因而把流动劳动作为价值分配的依据也有

① 姚裕群．2004．人力资源开发与管理概论．北京：高等教育出版社：339．

一定的局限性。

（三）凝固劳动——实现的价值

凝固劳动是指劳动付出后的成果，如产量是多少、销售额有多少等，这是劳动创造价值的具体表现，因而应当是劳动价值衡量的最好方式。在大部分组织和工作岗位，都应当以此为基本依据来计量和发放员工的薪酬。然而，在实际工作中，一些员工的工作很难与业绩直接对应，或者难以进行准确评价，这些情况客观上制约着这类劳动价值衡量方式的运用。

以上三种劳动形态各有特点，也各有优势和不足。按潜在劳动计量薪酬，有利于鼓励员工进行人力资本投资，在一定程度上也能够增强组织对人才的吸引能力；按流动劳动计量薪酬，适用于那些难以计算或者不必计算工作定额、不存在竞争关系而只要求按时出勤的工种或岗位；按凝固劳动计量薪酬，能够比较准确地表明劳动价值的大小，也便于发挥薪酬管理的激励功能，但其适用的范围有限。因此，企业组织在考虑薪酬分配依据和制定薪酬制度时，应该综合考虑，取长补短，配合使用。

二、薪酬体系的类型

薪酬体系要能体现公平性和激励性，要能够激发员工的积极性和创造性。对于一个企业而言，选择何种类型的薪酬体系，取决于这个企业所面对的多种内外部因素。其中，外部因素主要指国家的法规政策、社会经济发展状况、劳动力供给状况、外部市场薪酬水平等；内部因素主要包括企业的性质、发展规模、战略目标、组织文化、现行的薪酬政策等。目前，国际通行的薪酬体系类型主要有四种：职位薪酬体系、技能/能力薪酬体系、绩效薪酬体系和薪点薪酬体系。

（一）职位薪酬体系

职位薪酬体系是应用最为广泛同时也是最为稳定的薪酬体系类型。不同职位承担着不同的职责，要求不同的知识、技能和能力特征，拥有不同的工作量和不同的工作环境，因而其对企业的价值和贡献也差异悬殊。所谓职位薪酬体系，就是指根据员工在组织中的不同职位、岗位特征来确定其薪酬等级与薪酬水平的制度。职位薪酬体系以职位为核心要素，建立在对职位的客观评价基础之上，对事不对人，能充分体现公平性，操作相对简单。一家企业如果职位明晰，职责清楚，工作的程序性较强，那么就比较适宜采用职位薪酬体系。

（二）技能/能力薪酬体系

随着人力资源被提升到战略地位，人才的市场竞争日趋激烈，企业的生存越来越取决于员工的素质和聪明才智的发挥。为了增强对人才的吸引力，充分发挥各类人才的工作积极性和潜力，一些企业转而把与企业发展息息相关的员工技能、能力状况作为薪酬等级和水平决定的基本依据，新型的技能/能力薪酬制度便应运而生。

技能薪酬体系是指组织根据员工所掌握的与工作有关的技能或知识的广度和深度来确定员工薪酬等级和水平的薪酬制度。由于这种薪酬体系根据员工的技能状况来决定个人的薪酬等级与水平，因而能够吸引和留住高技能水平的员工，也有利于激发这些员工的工作积极性和潜力。对于科技型企业或专业技术要求较高的部门和岗位，这种薪酬制度具有较强的适用性。

能力薪酬体系也是一种以员工个人的能力状况为依据来确定薪酬等级与薪酬水平的制度。这种制度适用于企业中的中高级管理者和某些专家，他们所从事的工作往往难以用职位说明书进行清晰的描述，工作具有很强的创造性、不可预测性和非常规性，工作目标的实现更多地依赖于个人的综合能力。这里的能力是一个抽象的、综合性的概念，在不同组织会具体体现为领导力、组织协调的能力、控制能力、决策能力等各种具体能力特征的组合，因此，在实际工作中，要设计和建立比较完整的能力薪酬体系是比较困难的。

与职位薪酬体系相比，技能/能力薪酬体系的最大特征体现在薪酬决定的依据上。前者主要依据职位特征来确定员工的薪酬等级和水平；后者主要根据员工个人的技能和能力特征来确定薪酬的等级与水平。薪酬确定依据上的这种差异也决定了两种薪酬体系的基本功能，职位薪酬体系更有利于组织内部公平性的实现；而技能/能力薪酬体系则更有利于人才积极性和潜力的发挥，更有利于员工个人技能或能力的提升，更有利于个人发展目标与组织目标的统一。

（三）绩效薪酬体系

绩效薪酬体系是一种将员工个人或者团体的工作绩效与薪酬联系起来，根据绩效水平的高低确定薪酬结构和薪酬水平的制度。员工工作绩效主要体现为完成工作的数量、质量、所产生的收益以及对企业的其他可以测评的贡献。在绩效薪酬体系下，企业需要建立一套客观、公正的绩效考核体系，因此，这种薪酬体系主要适用于工作程序性、规则性较强、绩效容易量化的职位或团队，以便能够清楚地将绩效与薪酬挂钩。目前，绩效薪酬体系多以个人绩效为基础，这种模式操作简便，有利于促进个人工作积极性的提高。近年来，一些企业开始探索以团队为基础的绩效薪酬模式。这种做法一方面体现了组织发展的趋势和要求，另一方面也有利于强化组织内部的沟通与合作。

（四）薪点薪酬体系

薪点薪酬体系是出现较晚的一种薪酬形式，某种程度上兼有前三种薪酬形式的特点：

1）薪点薪酬将企业经济效益的波动及时传达给每一位员工，员工收入与经济效益紧密挂钩。

2）薪点工资将岗位、技能、绩效等要素都作为员工点数确定的因素，从而扩大了基本工资确立的根基，能尽可能全面地兼顾到岗位、个体、绩效等各方面的因素。

3）工资变动的方式更加灵活。一方面，若是大面积的提薪或降薪可通过对每点的工资数额进行调整而实现；另一方面，若是针对小范围或个体的提薪或降薪则可通过改变其工资点数的方法来完成，避开了过去调动基本工资所面临的诸多刚性制约。这种调薪既可针对岗位、技能、绩效等，实际应用起来比较方便。

4）薪点薪酬对于员工来说比较透明，根据薪点值和员工的点数即可算出自己的工资；对企业来说也便于控制工资总额，同时调控个别员工的收入，使其不至于低于最低生活保障或者当期收入与前期收入之间的差距不至于过分悬殊。

上述四种类型的薪酬体系，各有利弊。在进行薪酬体系的选择与设计时，主要看这种薪酬体系能否与企业的内外环境相适应，能否有利于激发员工的工作热情，能否提高企业的竞争力，能否有助于企业战略目标的实现。一些企业由于自身规模庞大、构成复杂，在薪酬体系设计时，同时采用多种薪酬体系。例如，对于一般管理岗位和操作岗位，采用职位薪酬体系；对于中高层管理者和研究开发人员，采用能力薪酬体系；对于销售人员，则采用绩效薪酬体系。这种做法在实践中收到了良好的效果。

第二节 职位薪酬体系

一、职位薪酬体系的基本内容

职位薪酬体系是根据每个职位的相对价值来确定薪酬等级，通过市场薪酬水平调查来确定每个等级的薪酬幅度的薪资制度。这种薪酬体系的基本思想是，不同的职位有不同的相对价值，相对价值越高的职位对企业的贡献就越大，因而就应该获得较高的报酬，反之亦然。实行职位薪酬体系的企业要求职位说明书清楚明晰、组织环境稳定、工作对象比较固定。设计职位薪酬体系的关键在于科学合理地确定能够反映职位相对价值的因素、指标和权重，并对每个职位所包含的价值进行客观评价。

可见，职位薪酬体系以职位评价为基础。这种薪酬体系的优点非常明显：不仅容易实现同岗同薪，突现公平性，也便于按职位进行系统管理，管理成本较低。当然，这种职位薪酬体系也为员工的发展规划出一条清晰的路线，从一定意义上来讲，也有助于员工的发展。但是，这种过于清晰的、单一化的晋升路线也恰恰忽略了员工的个性特征，所以，也容易错误地引导员工盲目地追求职位的晋升，从而影响员工个人职业生涯的发展。特别是那些技术类的员工，一旦达到一定的岗位，就再也没有上升的空间了。这种薪酬体系的不足还表现为另外两个方面：①职位薪酬体系直接与岗位挂钩，忽视同一岗位可能存在的绩效差异，可能会挫伤许多员工的工作热情和积极性；②职位薪酬体系属于高稳定薪酬模式，这种模式虽然可使员工获得比较强的安全感，但也缺乏对员工有效的激励，还在一定程度上加剧了组织缺乏灵活性和弹性的现象。

二、职位薪酬体系的操作流程

职位薪酬与组织结构、职位设置、岗位特征密切相连，实质上是一种等级薪酬。职位薪酬体系首先要对每个职位所要求的知识、技能以及职责等因素的价值进行评估，根据评估结果将职位分成不同的薪酬等级，每个薪酬等级包含若干个综合价值相近的职位，再经过市场薪酬调查来确定适合本企业的薪酬水平，按职位的权重从重从轻对应不同的薪酬等级，从而形成一个个“薪酬金字塔”。这种薪酬体系的设计要以企业战略为导向，以符合国家法律规定为底线要求，力求在形式上体现内部公平性和外部公平性、在效果上体现对外的竞争性和对内的激励性。一般而言，职位薪酬体系的设计包括以下九个步骤。

（一）环境分析

环境分析就是要通过调查分析，了解企业所处的内外环境的现状及发展趋势，是薪酬设计的前提和基础。环境分析是一项复杂而重要的工作。说它复杂是因为企业所处的环境非常复杂，不仅包括经济社会生活水平、国家政治法律、产业政策、劳动力供给、失业率等因素构成的外部环境，还包括企业的性质、规模、发展阶段、企业文化、组织结构、工作特征、员工素质等因素构成的内部环境。而且，每一种环境因素又处于一个动态的发展过程，这就要求我们不仅要清楚这些环境因素的现实状况，还要根据各自变化的规律对其未来的情况作出准确的预测。说它重要是因为环境分析是职位薪酬体系设计的首要步骤，它为后面几个步骤提供了重要的基础性材料，所以，环境分析的质量直接影响到薪酬策略的选择、工作分析以及职位评价等重要过程的工作质量。一个好的薪酬体系必须表现出与环境之间的动态适应性，所以，薪酬环境分析关系到企业薪酬目标的实现。尤其对于那些处在创业期的企业，能否准确地分析和预测环境，不仅关系到能否吸引和留住人才，更决定着企业的发展命运。

（二）确定薪酬策略

薪酬策略是有关薪酬分配的原则、标准、薪酬总体水平的政策和策略。在对组织环境进行系统分析的基础上，通过对薪酬体系设计的必要性和可行性、激励重点和设计目标的分析论证，得出怎样的薪酬策略才符合企业的实际情况和企业战略的要求。

（三）工作分析

工作分析是全面了解某一特定工作的任务、责任、权限、任职资格、工作流程等相关信息，并对其进行详细说明与规范的过程，是人力资源管理最基础的活动，能为招聘、培训、绩效考核、薪酬设计提供依据，简单地说就是“获得有关工作信息的过程”①。工作分析的内容涉及该职位的工作任务、目的、时间、地点、人员、工作关系和方法七个方面，可以简单地概述为6W1H，即what——该项工作活动是什么；why——该项工作的目的；when——该项工作的时间；where——该项工作的地点；who——完成该项工作的人员；for whom——该项工作的工作关系；how——该项工作达到目的的途径。在实践中，一般通过问卷调查法、参与法、观察法、访谈法、关键事件法、工作日志法等方法获取相关职位的足够信息，并据此做出包含该职位的基本信息、工作环境、任职资格等内容的职位说明书，从而为确定每个职位的相对价值提供重要的依据。

（四）职位评价

职位评价就是通过工作分析，在获取相关职位信息的基础上，对不同职位工作的难易程度、职权大小、任职资格的高低、工作环境的优劣、创造价值的多少等进行比较，确定其相对价值的过程。在薪酬体系设计中，职位评价可使特定职位的相对价值得以公示，为薪酬等级的划分建立基础，体现薪酬分配的公平性原则。另外，通过职位评价可以明确不同岗位的等级、所属系统以及各个岗位之间的联系，确定各个岗位的地位和作用，形成组织职位结构。

① 韦恩·卡肖．1989．活的资源：人力资源管理．张续超，等译．北京：煤炭工业出版社：81．

常用的职位评价的方法有排序法、归类法、因素比较法、计点法、海氏评估法等。

1. 排序法

排序法是一种最简便的操作方法，是评估人员根据自己的经验，将职位按照价值大小从高到低或者从低到高进行排序的一种方法。这种方法是根据职位的整体情况来评定的，因而要求评估人员对所要排列的职位非常熟悉。但由于缺少精确、科学的评估标准，导致其主观性强、说服力差，无法精确职位之间的价值差距。

2. 归类法

归类法是根据工作内容、职责权限、任职资格等显著特征要素将职位分成不同的类别，每一类职位又可以根据其他特征差异进行价值排序。归类法常用于政府部门、事业单位，其优点是标准简单、操作容易，但仍然具有很强的主观性。在薪酬体系中，同等级的薪酬可能对应不同类别职位的不同等级，不易管理。

3. 因素比较法

因素比较法是一种运用比较广泛的职位评价方法，是对上述方法的综合运用和改进。在操作过程中首先要选择职位评价的关键因素和基准工作，根据关键因素对基准工作进行排序，再参照市场薪酬水平，为基准工作的不同关键因素确定薪酬额，不同关键因素薪酬额相加就是基准工作的职位薪酬。其他工作的薪酬水平则通过与基准工作的关键因素的比较来计算。

4. 计点法

计点法首先是把工作的薪酬因素进行分解，并按照在工作中重要性的大小分为不同的等级，然后确定各个薪酬因素的权重和同质因素不同等级的点数，最后计算出该工作的总点数。薪酬因素主要来自工作分析后得出的职位描述，常见的薪酬因素包括工作责任、努力程度、知识技能、工作环境等。

5. 海氏评估法

海氏评估法（Hay Guide Chart-profile Method）是由美国薪酬专家爱德华・N. 海（Edward N. Hay）和戴尔・珀维斯（Dale Purves）于1951年研发出来的职位评价方法，是因素比较法和计点法的结合，也是当前国际上使用较广泛、较为流行的方法，又称海氏三要素评估法。海氏三要素是知识技能等综合素质要素、问题解决能力要素和责任要素，主要通过这三个维度对职位的价值进行评价，得出每个职位的评估分。

（五）等级划分

通过职位评价，可以得出组织不同职位的价值的大小，从而为组织确定职位结构奠定了基础。而职位结构设计的一个重要方面就是职位等级划分，等级划分的数目受组织规模和工作性质的影响，没有绝对的标准。一般而言，等级数目少，薪酬宽度大，员工晋升慢，激励效果差；等级数目多，职位层次多，管理成本就会增加。可见，薪酬等级与组织结构有密切关联，薪酬等级的确定必须考虑组织的结构因素。宽带薪酬模式就是一种与企业组织扁平化相适应的新型薪酬制度设计。

（六）制度保障

薪酬制度不是独立的，它只有与其他制度配套实施，才能发挥应有的作用。例如，薪酬制度的设计依赖各种评价标准和制度的完善，包括技术、能力评价标准、工作评价方法与标准；薪酬制度的实施又与绩效管理制度密切相关，绩效考评结果是薪酬兑现的依据。

（七）市场薪酬调查

如果说职位评价解决了薪酬内部公平性问题，那么外部竞争性就需要通过市场薪酬调查来解决。市场薪酬调查主要就是通过收集、分析市场薪酬信息和员工关于薪酬分配的意见、建议，以确定或者调整企业的整体薪酬水平、薪酬结构、各具体职位的薪酬水平的过程。

市场薪酬调查的内容包括组织外部和组织内部两个方面。组织外部调查内容是国家经济社会总体运行状况、相关法律政策的变化、本地区薪酬整体情况，重点是同时期同行特别是竞争对手的薪酬水平和结构及其变化趋势；组织内部的调查内容是现行薪酬制度的合理性、能否支持组织战略的实现、薪酬分配政策和策略的合理性、员工的满意程度、员工的意见和建议等。现在，市场薪酬调查已成为企业薪酬战略实施的有效工具，通过调查，企业更加明确薪酬的发展趋势，不断调整和优化薪酬结构和水平，以提高企业薪酬的竞争力和员工的满意度。

（八）确定薪酬结构与水平

市场薪酬调查的目的就是为企业确定薪酬结构和薪酬水平提供参考。薪酬结构是薪酬体系的骨架，有狭义和广义之分。狭义的薪酬结构是指同一组织内部不同职位薪酬水平的对比关系，广义的薪酬结构还包括不同薪酬形式在薪酬总额中的比例关系，如基本薪酬与可变薪酬、福利薪酬之间的不同薪酬组合。薪酬水平是指组织整体平均薪酬水平，包括各部门、各职位薪酬在市场薪酬中的位置。

（九）实施与反馈

薪酬体系设计完成之后，必须通过实施才能实现薪酬的战略及目标。在正式实施之前企业要对将要实施的薪酬结构、水平、形式进行必要的宣传，并且注重和员工，特别是中层人员进行有效的沟通，以广泛征求意见，为薪酬体系的实施做好充分的准备。薪酬制度的设计不可能十全十美，不存在缺陷和漏洞，加上企业所处的内外环境的变化，在实施过程中会出现一些不合理的不适应的方面，这就要求企业对薪酬体系进行动态的调整。

第三节　技能/能力薪酬体系

一、技能薪酬体系

技能薪酬就是以员工所掌握的与职位相关的知识和技术的深度与广度的不同为依据来确定薪酬等级和薪酬水平的制度。要适用技能薪酬体系，企业必须首先建立一套技能水平评估标准。员工薪酬随着技能等级的变化而变化。技能薪酬本质上是一种激励薪酬，能够刺激员工不断提高知识、技能的深度和广度，最终有利于组织绩效的提高。随着员工知识、技能的深化和扩展，其工作面也将变得开阔，每人都能成为多面手，岗位调动比较容易。但是，盲目地参加培训和学习深造又会增加人力资源提升的成本，也容易造成人才、知识的浪费。

技能薪酬体系的设计程序如同职位薪酬体系的设计过程，只不过它是以技能分析、评价对象，结果是得出对应不同薪酬水平的技能等级。其流程如图 3-1 所示。

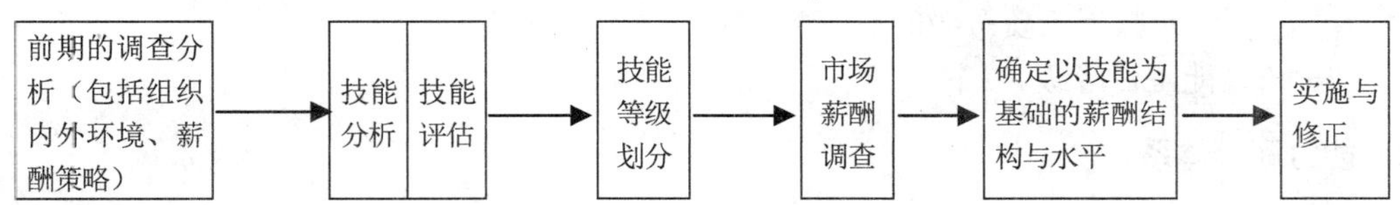

图 3-1　技能薪酬体系设计流程

技能分析是对某个工作所需技能信息进行收集和分析；技能评估就是获得不同技能相对价值的过程。技能评估以技能分析为基础，因此技能分析的内容决定着技能评估的合理性、真实性，决定着技能薪酬体系运作的有效性。对技能的分析要能体现不同薪酬等级所要求具备的技能的种类、数量、质量。技能分析的基本内容包括技能单元、技能模块和技能种类[①]。

（一）技能单元

技能单元是技能分析的基本元素，是最小的分析单元，是对特定工作的具体说明。技能单元的描述和职位描述相一致，如“将螺母紧扣在螺钉上”是对工作任务的描述，其技能描述就是“具备使用扳手拧紧螺钉的能力”。对工作任务的描述是技能分析的第一步。

（二）技能模块

技能模块（skill blocks）或者知识模块（knowledge blocks），是指从事某个具体工作任务需要的技术或者知识。技能模块区分的本质是对技能单元进行分组，如“拧螺钉”是一种技能，它可能划分到“维修机器”这一技能模块中。技能模块是技能薪酬设计的基础，是区别于职位薪酬的显著特征。技能模块的形式决定了技能薪酬的不同类型，包括技能等级模块和技能组合模块两种。

（三）技能种类

技能种类反映了一个工作群所有活动或者一个过程中各步骤的有关技能模块的集合，

① 李新建，等. 2006. 企业薪酬管理概论. 北京：中国人民大学出版社：219.

本质上是对技能模块进行的分组。多种技能模块组成一个技能种类。

在技能薪酬设计中，企业通常首先划分技能种类，在技能种类的基础上对该技能种类所有的工作任务进行详尽的描述，然后根据不同种类所要建立的技能结构形式设计不同的技能模块。

设计以技能为基础的薪酬结构与水平时应注意横向与纵向两方面的问题：即有关员工知识广度和深度的问题。广度反映了员工获得的知识和技能与工作岗位需求的关联性，深度则反映了不同的知识或技能等级对应的不同的奖励等级。通常，出于易于衡量和易操作的考虑，常采用企业对员工完成的业务培训和员工自身取得与业务相关的资格证书为奖励对象。技能工资的设计可按照下式计算

$$W=B+r\times K_i \tag{3-1}$$

式中，W——技能总工资；

B——基础工资；

$r\times K$——职位技能工资（r 表示员工所获得的知识技能与工作岗位的关联系数，K 表示技能工资等级的值）；

i——技能工资等级。

二、能力薪酬体系

关于能力（competencies）的概念，不同学者出于不同的研究角度和管理的实际需要都作出过自己的解释，所以基于能力的薪酬也源于许多不同的理论基础。由于能力定义的模糊性，有些组织为避免争议就使用如才能（capabilities）、价值（values）、技能（skills）和行为（behaviors）等词语代替“能力”。

在引入基于能力的薪酬体系时，各个组织也根据自己对能力的理解以及企业自身的实际要求，对“能力”作出解释。例如，三菱汽车集团的人力资源管理者认为，“能力”就是指那些“可观察、可衡量的，对于个人和公司绩效具有重要作用的技能（skill）、才能（abilities）和行为（behaviors）”。

能力薪酬和技能薪酬一样，与职位联系不大，都是以人为基础的薪酬。相比较而言，能力薪酬更加抽象。通常理解的能力薪酬中所指的“能力”，是员工所具备的能取得某种特定绩效或者表现出某种有利于绩效取得的行为的能力，多指一种胜任力，是一个员工所具有的知识、技能、意识、性格和动机的综合体现。

能力薪酬体系要求组织能建立一套有效的能力评估标准体系，评估标准的公平性、合理性、科学性与组织的特征、工作的性质有很大的关系。能力薪酬体系一般适合于科学研究、智能开发、管理咨询等公司，因为在这些公司中，公司的业绩很大程度上取决于员工的能力。

由于对“能力”的衡量具有很多不确定性，因此完全以能力为基础提供薪酬并不可取，往往通过衡量职位、个人角色、个人特征来反映能力，按照能力与薪酬相结合的领域，能力薪酬有以下类型，如表 3-1 所示。

表 3-1 能力薪酬的基本类型

应用范围 \ 能力衡量的基础	职位	个人角色	个人特征
职位评价	计点法评价和等级结构	按角色分类，形成较宽的报酬区间，如摩托罗拉公司	以个人特征为基础的薪酬构成非常大的薪酬等级区间
基本薪酬	能力作为薪酬等级的薪酬调整依据	根据对能力和业绩表现的评估提供报酬	完全以个人能力为基础提供报酬
可变薪酬	—	根据能力和业绩表现发放奖金，如美国计算机公司	根据个人价值和能力的提高提供奖金

资料来源：Lance A Berger, Dorothy R Berger. 2000. The Compensation Handbook: A state-of-the-art guide to compensation strategy and design. 4th edition. The McGraw-Hill Companies, Inc. : 83.

第四节 绩效薪酬体系

一、绩效薪酬体系的基本内容

绩效薪酬属于高激励薪酬模式，薪酬数额会随着既定绩效目标的完成而变化。员工工作绩效具体表现为完成工作的数量、质量、利润额以及对企业的其他贡献。绩效薪酬体系将员工个人或者团体的业绩与薪酬相连，根据绩效水平确定薪酬，使薪酬的支付更具有客观性和公平性，同时有利于企业提高生产率、改善产品质量、增强员工的主动性等。绩效薪酬在现实运作中也有不可避免的缺点：

1）对员工行为和成果进行准确的衡量非常困难，在绩效考核体系指标设置不合理的情况下，使绩效薪酬流于形式，可能导致更大的不公平。

2）如果绩效薪酬设计不合理，绩效薪酬会演变为一种固定薪酬，人人有份。

3）绩效薪酬制度多以个人绩效为基础，这种以个人为中心来获得奖励薪酬的奖励制度不利于团队合作，而与团队绩效挂钩的薪酬制度也只适用于人数较少、强调合作的组织。

绩效薪酬连接了人力资源管理中的两个非常敏感、至关重要的部分——薪酬分配和绩效管理。绩效管理中的绩效评估体系和绩效评估结果对绩效薪酬具有决定作用。所谓绩效评估体系，是指为正确评价员工的工作业绩而建立的一套评估系统，针对不同岗位的工作性质、工作内容、职责权限、任职资格、风险程度等制定严格的考核标准。根据人员管理和组织工作的需要，采用不同的评估方法定期或不定期对员工进行考评，并将考评结果与人员晋升、淘汰、培训、薪酬等挂钩。

二、绩效薪酬体系的操作流程

绩效薪酬体系的设计程序如同职位薪酬体系的设计过程，只不过它是以工作绩效为分析、评价对象，根据绩效的完成程度决定薪酬的高低。其流程如图 3-2 所示。

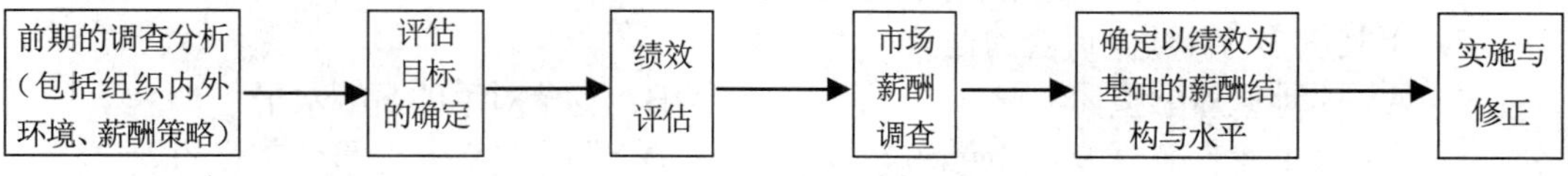

图 3-2 绩效薪酬体系操作流程

在绩效薪酬设计前，要充分考察企业的性质和特征、发展阶段、企业文化和员工需求等要素，以使绩效薪酬能与企业战略、内外环境保持一致。

绩效薪酬体系的核心内容在于绩效评估。绩效评估是一个系统的工作过程，包括评估的内容、评估标准、模式选择、结果的运用等。

职位分析和职位评价、绩效管理、薪酬管理都是人力资源管理系统的重要组成部分，彼此联系，相互支撑。职位分析和职位评价为绩效评估提供了考核的内容和评估要素。

不同的工作要采用不同的评估模式。考评模式一般有以下几种：①上级考评；②同级考评；③自我考评；④下级考评；⑤专门考评小组考评；⑥360°考核。绩效考核要求全面准确，上述模式各有利弊，下面主要介绍360°考核方法。

360°考核是指由与被考核者有关联的人员，包括上级、下属、同事、客户、有经常工作交流的部门人员以及被考核本人对其业绩进行评估。在360°考核中，各个考核者的评价结果具有不同的权重。一般与被考核者有直接工作接触的对其考核会更全面深刻。360°考核主体范围广，能够对被评者进行全面的定位，克服了单一主体可能存在的个人偏见，同时对不同主体的评价设置权重，使得考核结构可信度高。

本章小结

按照薪酬确定的基本依据，企业薪酬体系可以划分为职位薪酬体系、技能/能力薪酬体系和绩效薪酬体系。本章在简略介绍薪酬体系相关知识的基础上，重点介绍了职位薪酬体系、技能/能力薪酬体系和绩效薪酬体系的基本理论和设计方式等内容。

复习思考题

一、单项选择题

1. 下列薪酬体系类型最适合劳动密集型企业的是（　　）。

A. 职位薪酬体系　　B. 技能薪酬体系

C. 能力薪酬体系　　D. 绩效薪酬体系

2. 下列不属于工作分析方法的是（　　）。

A. 问卷调查法　　B. 参与法　　C. 排序法　　D. 工作日志法

3. 海氏三要素不包括（　　）。

A. 知识、技能等综合素质要素　　B. 问题解决能力要素

C. 责任要素　　D. 沟通能力要素

4. 技能分析的基本内容不包括（　　）。

A. 技能单元　　B. 技能模块　　C. 技能水平　　D. 技能种类

5. 下列属于内部薪酬调查的是（　　）。

A. 本地区薪酬整体情况　　B. 竞争对手的薪酬水平

C. 员工对薪酬政策的满意程度　　D. 国家有关企业最低工资的规定

二、多项选择题

1．薪酬体系的类型包括（　　）。

A．职位薪酬体系　B．技能薪酬体系　C．能力薪酬体系

D．绩效薪酬体系　E．全面薪酬体系

2．薪酬体系的模式包括（　　）。

A．高弹性模式　B．高稳定模式　C．折中模式

D．宽带薪酬模式　E．全面薪酬模式

3．常用的职位评价的方法有（　　）。

A．排序法　B．关键事件法　C．因数比较法

D．观察法　E．海氏评估法

4．薪酬体系设计的原则有（　　）。

A．战略导向原则　B．公平性原则　C．竞争性原则

D．激励性原则　E．合法性原则

5．工作分析的内容包括（　　）。

A．what——该项工作活动是什么　B．why——该项工作的目的

C．how——该项工作达到目的的途径　D．where——该项工作的地点

E．for whom——该项工作的工作关系

三、判断题

1．工作分析和职位评价是同等概念。（　　）

2．技能薪酬和能力薪酬一样，与职位联系不大，都是以人为基础的薪酬。（　　）

3．高弹性薪酬模式比高稳定性薪酬模式更具激励性。（　　）

4．全面薪酬体系更加注重外在薪酬对员工的激励作用。（　　）

5．宽带薪酬的设计就是每一个薪酬级别所对应的薪酬浮动范围不变的基础上，增加原有薪酬等级级数。（　　）

四、简答题

1．薪酬分配的基础是什么？

2．薪酬体系的类型与模式有哪些？

3．什么是工作分析？有哪些方法？

4．试比较各种职位评价的优缺点。

研究与提高

一、讨论与操练

1．结合企业实际进一步理解职位薪酬体系。

2．结合企业实际掌握技能/能力薪酬体系。

3．结合企业实际掌握不同的薪酬体系特征。
4．对某公司进行企业薪酬体系的实际划分。
5．研究薪酬体系的基本理论和设计方式。

二、扩展阅读书目

李宝元，王长城．2012．现代组织薪酬管理学．北京：北京师范大学出版社．
岳龙华．2014．薪酬设计与薪酬管理．北京：中国电力出版社．
李志畴．2012．薪酬体系设计与管理实务．南京：凤凰出版社．
曾湘泉．2010．薪酬管理．北京：中国人民大学出版社．

三、讨论案例

西飞公司薪酬体系精细化管理

一、引言

中航工业西安飞机工业（集团）有限责任公司（以下简称“西飞公司”）是科研、生产一体化的特大型航空工业企业，我国大中型军民用飞机的研制生产基地。新世纪以来，西飞公司以“建设新西飞”战略为导向，以“精心工作、精细管理、精益生产、精致产品”精益求精的文化理念，努力打造新的发展平台，企业得到了快速发展，各项经营指标持续高速增长。西飞公司实现快速发展得益于创新发展模式，也得益于推进薪酬制度改革，实行薪酬体系的精细化管理。

二、薪酬体系精细化管理的内涵

精细化管理是现代化管理的一个理念，也是一种先进的管理文化和管理方式。精细化管理的本质意义就在于它是一种对战略和目标分解细化、落实的过程，是让企业的战略规划能有效贯彻到每个环节并发挥作用的过程，同时，也是提升企业整体执行能力的一个重要途径。

“天下大事，必做于细。”“精”就是抓住要点，抓住关键环节；“细”就是对管理的各个环节细化、量化、规范化。精细化管理最基本的特征就是把工作做精、做细、做实、做到位，将管理的规范性与创新性相结合，提升企业的管理品质。全面提高企业管理水平和工作质量，是企业超越竞争者、超越自我的需要，也是企业追求卓越，确保在激烈的市场竞争中实现发展战略的必然选择。精细化管理的核心在于，实行刚性的制度，规范人的行为，强化责任的落实，以形成优良的执行文化，使组织管理的各单元精确、高效、协同和持续运行。

薪酬管理的目标是稳定职工队伍，吸引高素质人才；激发职工的工作热情，创造高绩效，实现组织和职工个人目标的协调发展。薪酬管理是对职工报酬的支付标准、方法、计发水平、岗位分析、绩效评价、劳动要素等进行确定、分配和调整的过程。薪酬管理的精细化管理，就是随着企业的改革发展进程，针对分配过程中出现的新情况、新问题，适时调整完善，精化细化分配的各个环节，保证分配的公开、公正、公平，充分发挥薪酬分配的激励和保障作用，促进企业发展。

三、薪酬体系改革及优化过程

企业工艺技术创新、产品结构调整、组织机构变化，公司薪酬体系也需要同步配套进行改革。改革薪酬体系是实施薪酬体系精细化管理的基础条件。薪酬管理的精细化管理，包括岗位管理精细化、绩效管理精细化和内部分配精细化。为了做好薪酬体系精细化管理，必须首先对整个薪酬体系进行配套改革。

（一）构建岗位等级体系

构建岗位等级体系是改革优化薪酬体系的基础环节。基本的做法是对比分析目前机构、岗位和人员状况，对各单位岗位设置进行全面梳理，规范岗位名称，将岗位划分为管理、技术、操作三大类别，编写全部岗位的岗位说明书。岗位说明书的主要内容包括基本情况、岗位设置目的、岗位与公司内外部工作关系、工作环境与工作班制、任职资格等内容。在此基础上遴选有广泛代表性、可比性的标杆岗位。由领导、专家、职工代表采用因素综合评价法进行测评排序。各单位内部自测排序工作以岗位承担的职责和所需完成的任务为对象进行客观评估排序。然后再将各单位自测的非标杆岗位按照分层、就近、综合的原则，逐一插入公司测评的标杆岗位序列中，最终形成公司统一的岗位等级体系。

第一，编制岗位说明书。岗位说明书包括四种要素：一是基本情况，包括岗位名称、所属部门、岗位编号、岗位编制；二是岗位设置目的；三是工作职责与内容；四是工作关系。

第二，单位内部自测排序。单位内部自测排序就是将本单位所有岗位的岗位责任、工作强度、知识技能、岗位人员可替代程度等作为评估因素，按岗位的重要性程度依次排列。自测排序结果体现单位内部各岗位间的价值平衡关系。自测排序工作以岗位承担的职责和所需完成的任务为对象进行客观评估，充分运用岗位说明书，在全面、准确地理解岗位说明书的基础上，对本单位各岗位按岗位的重要性程度进行自测排序，确定本单位内部各岗位先后顺序，形成本单位的岗位价值体系。

第三，遴选标杆岗位。标杆岗位是指在公司各单位内部组织体系中的工作性质、劳动特点、人员分布等方面具有代表性、可比性和广泛性的岗位。经岗位评价，在明确标杆岗位的相对价值的基础上，其他岗位参照标杆岗位相应确定本岗位的岗位层级。遴选的标杆岗位测评结果将反映公司各单位有代表性岗位间的价值平衡关系，便于非标杆岗位归入相应岗位等级。在选取各个序列的标杆岗位时，各单位内部各序列间最重要岗位和最低层次岗位原则上应选为标杆岗位，应选取通用性、可比性和稳定性强的岗位。标杆岗位强调的是代表性，标杆岗位中既要有重要岗位，也要有一般岗位。

第四，标杆岗位测评。在确定标杆岗位的基础上，编制岗位评价指导手册，建立测评机构，选取测评委员，实施对公司标杆岗位的评价工作。综合各系列岗位的评价结果，进行岗位归级，并将非标杆岗位与标杆岗位等级对接，确定公司岗位等级整体划分结果。

第五，完成全部岗位划岗归级。在标杆岗位测评和划岗归级基础上，将其他非标杆岗位合理划归相应岗位等级。在将非标杆岗位划岗归级时参照本单位自测排序，参照标杆岗位的定位，保持各方面的合理关系。保持部、总厂与分厂之间，主业单位与非主业单位之间，单位内部可比或近似专业工种之间的相互平衡、协调。各单位标杆岗位的岗位等级是非标杆岗位插入相应岗级的主要依据。根据单位内部自测排序结果，待插入岗位与本单位标杆岗位在同一平台上的，原则上归入相同岗级。各非标杆岗位插入后，单位内部纵向岗位关系尊重本单位的自测排序结果，对于本单位没有可对应的同岗级标杆岗位的，参照与其他单位类似相近的标杆岗位插入。

（二）科学设计薪酬分配制度

科学设计薪酬分配制度是改革优化薪酬体系的核心内容。薪酬分配制度的精细化管理，就是要通过加强岗位分析，区别岗位之间的劳动差别，建立科学的绩效考核体系，将职工的工资收入与单位、个人的绩效挂钩，与劳动力市场价位逐步接轨，建立起薪酬分配的激励机制和约束机制，使薪酬分配对外具有市场竞争力和吸引力，对内具有公平性和激励性，形成对公司发展战略强有力的支持体系。

西飞公司的基本工资制度是岗位绩效工资制，岗位绩效工资制由三部分构成：岗位工资、绩效工资和津贴。

岗位工资是以岗位测评为基础，主要体现岗位责任大小和技术复杂程度等岗位劳动价值度的工资单元。首先，公司通过严格规范的岗位测评和划岗归级工作，确定了各类职工的岗等（岗级），按照不同岗等（岗级）确定不同的岗位工资系数标准，合理区分岗位劳动价值的高低差别，以起到激励职工努力向高岗等（岗级）晋升的作用。其次，公司按照一岗多薪方式，在相同岗等（岗级）上设置若干个档次的岗位工资系数标准，根据在相同岗等（岗级）上工作的职工的工作业绩，确定相应的岗位工资系数标准，为职工提供工资的横向提升空间，以起到激励职工不断提高本岗位工作能力和工作水平的作用。

绩效工资是体现公司经济效益、激励单位及职工提高绩效水平、全额浮动的工资单元。公司将各类职工的绩效工资按其岗位工资的一定比例确定，与职工个人绩效、单位绩效和公司经营效益水平紧密挂钩，实行动态管理、考核发放。根据绩效考核结果，在一定程度上体现职工的工资差别，使职工的工资水平与公司效益水平相适应，起到以岗定薪、按绩取酬、工效挂钩、能增能减的作用。

津贴是根据职工特殊工作条件，支付给职工的补偿性报酬。津贴包括保密津贴和重点工程特种津贴。

（三）创新绩效管理制度

创新绩效管理制度是确保薪酬体系运行的基本保障。

第一，整合公司现行的五大绩效管理体系为三大绩效管理系统，即公司级绩效管理系统、部门（单位）级绩效管理系统和职工绩效管理系统。

西飞公司成立了绩效管理委员会，主任由集团总裁担任，副主任由主管绩效副总裁担任，成员由集团办公室、战略规划部、人事保卫部、财务中心、监控部等部门领导组成。绩效管理委员会下设组织绩效管理办公室，作为绩效管理委员会的日常办事机构。各部门分别成立绩效管理工作组，工作组负责领导本单位的绩效管理工作。

第二，提取各层级的关键绩效指标。公司绩效管理系统的依托和载体是关键绩效指标。从公司发展战略的维度理解、设计指标体系，形成统一关联、方向一致的绩效目标与指标链。按照平衡计分卡的思路，关键绩效指标分为价值与目标、客户与评价、流程与标准、学习与成长四个维度。关键绩效指标包括公司整体关键绩效指标和各部门关键绩效指标。

通过公司级关键绩效指标并结合部门职能分解提取部门关键绩效指标；通过部门关键绩效指标并结合岗位职责分解提取岗位关键绩效指标。用指标的层层分解，明确各单位、个人的绩效指标，确保岗位关键绩效指标覆盖部门关键绩效指标，部门关键绩效指标覆盖公司关键绩效指标，从而岗位绩效的达成可以保证部门绩效的达成，部门绩效的达成可以保证公司整体绩效的达成，最终保障公司发展战略的实现。

第三，重构绩效管理制度，加强闭环管理。将绩效考核上升到绩效管理的高度，建立绩效管理闭环系统，使绩效计划、绩效实施、绩效考核、绩效反馈和绩效改进及结果运用紧密衔接，环环相扣。建立绩效管理部门和绩效执行部门的双向沟通机制，共同构成一个完整的管理系统。

第四，打造以绩效为导向的绩效管理文化。在公司绩效管理体系构建过程中，通过培训、宣传等多种形式，使各单位领导和职工明白什么是绩效管理，如何搞好绩效管理。使得新的绩效管理体系在公司高层达成一致，上下达成一致，转变公司传统的绩效考核观念，所有职工都以绩效为导向，都有明确的绩效目标和责任。在公司建立以绩效为导向的绩效管理文化氛围，既“做正确的事”，还要“正确做事”。在此基础上，理顺企业的管理流程，规范管理手段，提升管理者水平，提高职工自我管理能力，打造以绩效为导向的绩效管理文化，推进企业绩效的整体改进和提高，实现企业价值最大化。

（四）薪酬体系精细化管理内容

在分配制度改革的实践中，精细化管理的细化过程是改革的关键，正所谓“细节决定成败”。薪酬分配的精细化管理从本质意义上讲，是职工利益格局的重新调整。薪酬分配的依据比薪酬的多少更重要。西飞公司薪酬精细化管理的做法：按领导干部、专业技术人员、操作服务三类人员，分类进行管理；按当期（月、季度）、年度、长期，分期进行激励；按层次，公司一次分配到单位，单位二次分配到个人，分层进行分配。

1. 分类管理

在岗位绩效工资制实际运行中，根据领导干部、专业技术人员、操作服务这三类人员的岗位责任、工作特点和绩效考核形式，以岗位绩效工资制为基本分配模式，结合岗位工作特点，分别实行不同的薪酬精细化管理办法。

领导干部的主要职责是对本单位的绩效结果负责，履行组织、指挥、协调、控制的职责。对领导干部实行绩效薪酬制度，领导干部按月预发岗位工资，年末根据其岗位责任、生产任务和经营目标完成情况、单位及个人绩效考核结果，挂钩结算领导干部本人全年总收入。

专业技术人员和服务人员的主要职责是对工作计划完成的及时性、差错率、质量负责，履行科研、技术、生产管理和服务职责。专业技术人员实行岗位绩效工资，根据其工作任务完成情况和绩效考核结果，按岗位绩效工资管理办法确定实际发放标准。

操作服务人员的主要职责是完成单位下达的生产任务，以实物量体现其劳动成果，业绩考核其工时定额完成情况。对操作服务人员实行以计时工资为主的分配办法。

2. 分期激励

当期激励是指按月计发的岗位工资、绩效工资、津贴和一次性奖金。这部分收入是按岗位绩效工资制度，根据对其当期（月、季度）的绩效考核结果计发的劳动报酬，是用以调动职工劳动积极性的主要经济杠杆。当期激励是正常的劳动回报。

长期激励主要是指企业为鼓励职工长期为企业服务，根据职工在较长一个时期的积累贡献所给予的报酬。长期激励是稳定骨干、增强企业凝聚力、向心力的重要措施，有利于企业的长期稳定持续发展。公司实行的企业年金、期权激励、经营者年薪制、住房公积金等都属于长效激励措施。

3. 分层分配

薪酬分配与绩效考核相对应，实行分层逐级分配。公司考核部门和单位绩效指标，根据考核结果，将绩效工资一次分配到单位；单位考核职工绩效业绩，根据考核结果二次分配到个人。单位的绩效工资由西飞公司依据公司经济效益水平、工资总额计划情况及单位绩效考核结果确定；职工的绩效工资由所在单位根据本单位绩效考核结果和职工个人的绩效考核结果以及职工个人绩效工资系数等确定。

随着公司发展战略的推进和运行机制的改革，及时细化薪酬运行的各个环节，使薪酬体系的管控模式、岗位设置、绩效考核等适应管理流程的新变化，形成公司发展战略与薪酬子战略联动机制。在持续进行的精细化管理过程中，薪酬体系通过不断改进日臻完善，有效地支持了公司总体战略的系统推进，为公司实现跨越式发展注入了新的活力，公司的科研生产进入了快速发展轨道。

讨论题：

1. 西飞公司采取什么样的薪酬管理模式？为什么要采取这种薪酬管理模式？
2. 精细化管理理念在西飞公司的薪酬管理中是如何推进的，主要体现在哪些方面？
3. 从本案例中可以看出，要顺利推行薪酬管理改革，必须从哪些方面做好工作？
4. 结合本案例，谈谈你对人力资源管理是一个系统的看法。
5. 结合本案例，谈谈你对人力资源管理与企业战略关系的理解。
6. 从西飞公司的薪酬管理中你得到哪些启示？

第四章　薪酬水平及其决策

学习提要

薪酬水平既是薪酬体系的重要组成部分，又是薪酬战略要素之一。薪酬水平与薪酬的外部竞争性紧密联系在一起。与传统薪酬理论只关注薪酬的内部一致性和整体水平不同，现代薪酬理论更加关注同一企业不同职位之间或不同企业同等职位之间的薪酬水平的对比。因此，企业进行薪酬体系设计时必须慎重分析和科学调查企业的薪酬水平和外部竞争性，以实现招揽及留住高素质员工、提高员工满意度和劳动生产率的战略目标。本章重点介绍了薪酬水平、薪酬决策及薪酬调查三个方面的知识。

学习目标

- 理解薪酬水平的内涵
- 掌握薪酬决策的相关内容
- 明确薪酬水平的功能
- 掌握薪酬决策的类型
- 熟悉薪酬调查的相关内容
- 掌握薪酬水平及其决策的程序与方法

关键词

薪酬水平	薪酬平均率	增薪幅度	平均增薪率
薪酬水平决策	领先型	跟随型	滞后型
综合型	薪酬调查	非正式调查	正式调查
薪酬调查总结			

导入案例

李刚今年初被提升为部门经理，他的手下有 8 名直接对他负责的主管级干部。年底将至，按照公司政策，可以给他们加薪，但每月加薪总额最多不超过 1400 元。负责人事工作的副总经理提醒李刚要注意尽量不要使人力资源成本过高。因此，李刚要拟定对每个人该不该加工资和加多少的计划，报副总经理审批后明年元月执行，副总经理一般总是会照批不误的。李刚意识到他们的目光都紧盯着自己，因为第一次做年末加薪决策，会成为以后的先例，而公司又没有制定加薪的标准。这 8 名部下在李刚看来的情况是：

1）谭亚明。现在的月薪是 1650 元，但他算不上是干得出色的人。李刚跟别人交流过意见，他们也觉得老谭工作水平一般。尽管他负责的小组是最难办的一个，组员们业务水平低，工作又脏又累。不过，没有老谭，一时很难找到谁可以顶替他去做这项工作。

2）彭炳坤。现月薪 1870 元，此人至今单身，生活上又不拘小节。总之，他的工作还达不到李刚要求的标准，他以往的失误是人尽皆知的。

3）陈常权。现月薪 2050 元。他是最强的部下之一，不过其他人显然都不太同意这个说法。而且，他岳父很富裕，所以他并不缺钱花，似乎不用给他加钱了。

4）戴定涛。现月薪 1890 元。听说他儿子是弱智，母亲多病，妻子不久前下岗，所以特别需要多点薪水。此外，他也应算是李刚手下最强的人之一，但其他部下却不这样认为。他们常议论一些有关老戴工作绩效的带讽刺性的事作为笑料。

5）贾丽莉。迄今为止，她干得很出色。因为她的工作棘手，所以李刚对她的绩效印象特别深。她比好多同事都更需要加薪，因为她家境不好。因为她工作出色，同事们都很尊敬她。她目前的月薪是 1960 元。

6）傅有模。现月薪 1810 元，他的表现令人惊喜，工作很突出，而且被部门中的人看成是最好的人之一。这出乎李刚原来的意料，因为老傅平时举止比较轻浮，对加薪和提级都很冷淡。

7）高默兹。此人的工作只是勉强过得去而已，可是李刚在征询别人的意见时，却意外地发现大家对他的评价甚高。他不久前刚离婚，一个人带两个孩子，还要养活年迈的老父母亲，生活艰难，急需加薪。他目前的月薪是 1710 元。

8）韩达光。现有月薪 1750 元。李刚私下了解到，这个老韩是花钱能手，有时随意挥霍。分配给他的任务是比较轻松容易的，可是印象中他干得不是特别好，所以在听见有几个人认为他是本部门最优秀的工作者时，李刚颇感惊讶。

从上面的案例中可以看出薪酬水平决策是薪酬策略的重要一环。它是一个复杂的决策过程，在选择一定的薪酬水平时既要考虑市场薪酬的水平，又要考虑企业发展的目标和经济实力，还要考虑员工的需求、绩效、表现等因素。

第一节　薪酬水平概述

一、薪酬水平的内涵

薪酬水平按照不同的层次可以分为宏观薪酬水平、微观薪酬水平和个人薪酬水平。宏观薪酬水平通常指一个国家、地区或者行业的整体水平；微观薪酬水平主要是指以企业、组织为单位计算的员工的总体薪酬水平；个人薪酬水平主要是组织已确定的与资历、职位、知识技能、绩效等因素相关的员工个人薪酬的高低程度。本书所讨论的薪酬水平主要是指后面两种类型，因此，所谓的薪酬水平是指企业中各职位、部门以及整个企业的薪酬高低程度。

企业的薪酬水平直接影响到企业在劳动力市场的竞争力。这种竞争力表现在两个方面：一是在吸引外部人才上表现出来的竞争性，这种竞争性不仅仅体现在企业整体薪酬平均水平的相对优势上，更多的是通过同一组织不同职位之间、不同组织中的相同或者类似职位之间的薪酬水平差距来体现；二是在激励和防止内部人才外流上的影响力。

所以，薪酬水平已成为企业战略管理的一部分，这也从侧面反映出市场竞争的激烈和企业对人力资源的重视。当然，尽管薪酬水平的提高能够增强外部竞争性进而促进企业发展，但也不是越高越好，它是受企业的薪酬支付能力限制的，与企业人工管理成本成正比。

二、薪酬水平的影响因素

影响企业薪酬水平的因素包括企业外部因素和企业内部因素两大类，对于个人薪酬水平，还取决于个人职位、资历、努力程度、绩效等因素。

（一）企业外部因素

外部因素主要有国家宏观经济发展水平、劳动生产率、政府的政策法规调节、劳动力市场供给状况、物价变动、工会组织的作用、地区差异等。

1. 宏观经济发展水平、劳动生产率

任何一个组织整体的薪酬水平都受到国家宏观经济发展水平的影响。一个国家的生产力水平越高、经济越发达，创造的财富就越多，相应的整体薪酬水平就越高。在现实中，薪酬总额增长幅度要略低于企业经济效益增长幅度，员工实际平均薪酬增长幅度要略低于劳动生产率增长幅度，以保证社会再生产的继续。

2. 政府的政策法规调节

政府通过宏观调控和政策引导在社会资源的再分配中发挥着重大作用。政府以实现公平为目标，综合运用经济、法律和必要的行政手段，来规范薪酬分配。宏观经济政策主要是指货币政策、财政政策和收入政策，相关的政策法规有最低工资规定、最低生活保障规定、个人所得税政策、加班津贴制度等。

3. 劳动力市场供求状况

企业的薪酬水平还受到劳动力市场供求状况影响。当劳动力市场为买方市场即供大于求时，企业掌握更多的主动权，所提供的薪酬水平就会降低；而当劳动力市场为卖方市场即供小于求时，企业就会提高薪酬水平、增强外部竞争力来获得人力资源。不同行业、层次的劳动力市场，供求也存在差异。

4. 物价变动

员工的劳动所得主要是为了满足自己和家庭的需求。一旦物价变动，尤其是生活消费品的价格变动，就会直接影响员工实际薪酬水平。所以，一般情况下，企业会根据物价指数的变动情况适时地对本企业的薪酬水平做出调查。

5. 工会组织的作用

工会的基本职能就是代表和维护劳动者的合法权益。在市场经济国家中，工会一般被作为集体谈判的劳方主体来代表劳动者就薪酬问题与企业进行谈判。因此，企业的薪酬水平还取决于工会的强大程度和谈判力。

6. 地区差异

严格来说，地区差异还不能算一种独立的影响薪酬水平的因素。它实际上是由于地区内经济发展水平、行业结构、劳动力市场、物价行情等多种因素的不同所导致的薪酬水平在区域之间呈现出的高低差异。但因为地区差异所造成的薪酬水平的差异十分明显，所以也把它作为一种影响因素单独提出来。

（二）企业内部因素

企业内部因素主要包括企业薪酬政策和经营价值观、企业的规模和发展阶段、企业的经济效益与薪酬支付能力等。

1. 企业薪酬政策和经营价值观

企业的薪酬政策直接影响薪酬水平的高低，企业的薪酬政策分为对外政策和对内政策。对外薪酬政策主要出于外部竞争的目的，是企业总体薪酬水平在市场上的定位；对内薪酬政策是企业出于内部激励的考虑，主要体现为企业在员工薪酬管理上的态度、策略，包括薪酬成本的控制，薪酬等级、差异的确定等。

薪酬政策与企业价值观紧密相连。一般来说，持有最大产值价值观的企业强调员工的劳动生产率，薪酬水平由劳动数量决定，主要表现为货币性报酬；持有最大利润价值观的企业注重薪酬成本的控制，忽视对雇员培训、工作环境改善的投入，倾向于采用劳动力市场中的低位薪酬水平；持有工作生活质量价值观的企业强调以员工为导向、突出人性化管理，薪酬制度设计更加完善，更加注重非货币性报酬对员工的激励作用，薪酬水平较高。

2. 企业的规模和发展阶段

企业经营规模主要对管理层人员薪酬水平产生影响。一般来说，企业规模越大，管理层人员的管理理念、决策判断、行为对企业发展所产生的影响就越大，相应地，对管理层人员的素质要求就越高，其工作的压力就越大，企业需要提供给他们的报酬就较高。

在企业发展的不同阶段，企业的薪酬水平也不同。在创业阶段，产品的市场占有率不高，投资回收慢，一般处于亏损状态，企业的薪酬水平和福利水平都低于市场平均水平；在发展阶段，市场占有率迅速提高，企业规模迅速扩大，虽然急需追加投资，但薪酬水平较前期仍会有较大的提高，基本与市场持平；在鼎盛阶段，企业高速运转，企业的薪酬制度比较完善，薪酬水平比较稳定，但企业为彰显其实力，也有可能提高薪酬水平；在衰败阶段，企业面临蜕变或解散的可能，企业的经济能力非常有限，因此提供给员工的报酬也就不可能太高。但这也不是绝对的，如有些企业采用了管理者收购和雇员持股计划等方式，也可能导致部分员工的薪酬水平反而有所提高。

3. 企业的经济效益与薪酬支付能力

企业的薪酬水平最终还是由企业的经济效益情况决定的，经济效益直接决定了企业的薪酬支付能力。一般经济效益好、财力比较雄厚的企业，员工所得的报酬都比较高。

另外，企业的性质、组织结构以及市场竞争情况也影响着薪酬水平的确定。

（三）个人薪酬水平的影响因素

员工自身的因素也会对个人薪酬水平产生影响，尤其是在技能/能力薪酬体系中，个人因素更起到了重要的作用。影响薪酬水平的个人因素主要有以下三个方面。

1. 个人特征

个人特征主要包括员工的职位、知识、技能、能力以及资历等内容。不同的职位等级对应不同的薪酬水平，即使相同职位等级的员工由于个人知识、技能、能力的不同也使得薪酬存在差异。个人资历是与工作时间、工作经验相关的特征，但不等同于能力。个人特征通常与个人绩效结合起来影响薪酬水平。

2. 个人绩效

现代企业薪酬体系的设计更加注重与绩效挂钩。基于员工绩效的薪酬，其优点非常明显，不仅有利于提高生产率、加强团队建设、提高员工工作热情，还有利于改善产品和服务的质量。成就奖金就是一种很普遍的绩效薪酬形式，其他诸如年度奖金、季度奖、月度奖等都属于这种形式，它们是根据员工绩效评估的结果一次性支付一定数量的货币薪酬。可见，员工个人绩效表现的好坏，也是导致员工之间存在薪酬差异的一个重要原因。

3. 工作因素

工作因素主要包括那些因个人工作的不同而有所不同的因素，包括工作环境、工作技能、工作强度等，一般来说，工作环境越恶劣，工作技能要求越高，工作强度越大，薪酬水平就越高。

总之，影响企业薪酬水平的因素纷繁复杂。但是这些因素又不是一成不变的。一旦整个社会的劳动生产率提高，或者劳动力市场的价格发生变动，或者是企业的薪酬战略作了调整，或者是其他环境因素发生变化，企业都必须根据环境变化对薪酬水平进行动态的调整。但现实生活中，影响企业薪酬水平调整的最直接的动因还是市场薪酬水平的变化。

知识拓展

2015年6月25日，由GMAT考试主办方经过认真调研后得出的《2015年GMAC全球管理教育毕业生调查报告》正式公布。报告显示，MBA及商科与管理硕士毕业生就业方面获得了巨大成功——获得学位后与获得学位前相比，薪资平均增长了近一倍。

全球MBA毕业生均获大幅加薪，中国加薪幅度为104%。

通过调查，GMAC全球管理教育毕业生共收集了3000多份来自今年（2015年）的商学院毕业生的反馈信息。经过统计后发现，两年全日制MBA项目毕业生的提前就业成功率达到三年来的最高水平，有63%的学生在毕业前收到了工作邀请，高于去年同期的比例（60%）。从地区来看，毕业于美国的MBA项目的学生提前获得工作邀请的成功率最高（63%），然后依次是加拿大MBA项目的毕业生（54%），亚太MBA项目的毕业生（48%）和欧洲MBA项目的毕业生（41%）。

从全球来看，提前获得工作邀请的商学院毕业生表示，获得学位后与获得学位前相比，加薪幅度中位数为90%，高于2014年的80%和2013年的73%。报告同时显示，在中国，毕业生的加薪幅度为104%。总的来说，33%的商学院毕业生计划毕业后继续为现有雇主工作，预期获得学位后工作待遇也将有大幅提高，包括加薪（47%）、增加工作职责（46%）和晋升（39%）。

以2015年上海数所大学为例，复旦大学管理学院MBA在职学费29.8万元，交大安泰MBA在职学费28.8万元，同济大学在职MBA（普通、期货、国际）项目17.8万元，如此高昂的学费不禁令许多学生咋舌。对于2016年的情况，大部分的MBA院校虽还没有明确表态，然而据业内人士分析，上涨将是总的趋势。前不久，上海交通大学上海高级金融学院（SAIF）发布了2016年的学费：全日制学费30.8万元，在职40.8万元，比2015年都有4万元的涨幅，这一学费创了体制内商学院MBA的最高纪录。

一边是良好的就业前景，一边是高昂的学费，诸多学子似乎陷入了“两难”的境地。针对这种状况，业内人士指出，发达地区的就业形势确实是令许多人甘愿付出高昂代价的原因，但也有一些性价比比较高的MBA项目存在。例如，立信MBA项目学费只需9.8万元，全程只需周末上课，而且最快可1年毕业，在毕业后会有专业猎头公司推荐高薪就业岗位。该类课程项目缓解了目前白领人群在经济上的压力，同时上课时间的合理分配，也不会耽误日常工作。与国外知名大学“瑞士维多利亚大学”的合作更为学员接触国外先进管理经验，开拓国际视野提供了便利。

为了更好的就业前景而选择MBA项目深造，是眼下许多职场人士的考虑方向，然而高昂的学费会给并不宽裕的家庭带来一定的经济压力。为此，对MBA项目抱有兴趣的人士还需要进行多方面权衡，尽量寻找更多院校信息以便选择。

三、薪酬水平的衡量

我们一般用薪酬平均率、增薪幅度和平均增薪率等三个指标来衡量一个企业的薪酬水平，分析该企业薪酬水平的现状和发展趋势。

（一）薪酬平均率

薪酬平均率是企业提供的实际平均薪酬与薪酬幅度中间数的比值。计算公式为

$$薪酬平均率=\frac{实际平均薪酬}{薪酬幅度的中间数} \tag{4-1}$$

薪酬平均率的数值越接近于1，说明实际平均薪酬越接近于薪酬幅度的中间数，薪酬水平越理想。当薪酬平均率等于1时，说明用人单位所支付的薪酬总额符合平均趋势；若薪酬平均率大于1时，表示用人单位支付的薪酬总额过高，因为实际的平均薪酬超过了薪酬幅度的中间数。若薪酬平均率小于1时，表示用人单位支付的薪酬水平较薪酬幅度的中间数要小，大部分职位的薪酬水平在薪酬幅度的中间数以下。

（二）增薪幅度

增薪幅度是指组织的全体员工年度的平均薪酬水平增长的数额。计算公式为

$$增薪幅度=本年度的平均薪酬水平-上一年度的平均薪酬水平 \tag{4-2}$$

增薪幅度越大，说明企业的平均薪酬水平增加得越快；同时也表明组织的总体人工成本增长得越快。

（三）平均增薪率

平均增薪率是指薪酬水平递增的速率。计算方法为

$$平均增薪率=\frac{增薪幅度}{上一年平均薪酬水平} \tag{4-3}$$

平均增薪率越高，说明员工平均薪酬增长越快；反之，平均增薪率越小，则说明平均薪酬水平越稳定。

第二节 薪酬水平决策

企业薪酬水平决策是薪酬策略的重要一环。它是一个复杂的决策过程，在选择一定的薪酬水平时，我们既要考虑市场薪酬的水平，又要考虑企业发展的目标和经济实力，还要考虑员工的需求。但是，薪酬水平决策最关注的还是外部竞争性的问题。

一、薪酬水平决策与外部竞争性

外部竞争性是企业薪酬水平所表现出来的对外的竞争能力。企业的薪酬水平决策就是为本企业选择具有外部竞争性的薪酬水平策略，通过薪酬调查，确定比竞争对手或市场平均薪酬水平较高、较低、相同或混合型的薪酬定位，以支持薪酬战略的实施。企业进行薪酬水平决策受到竞争对手或者市场平均薪酬水平、企业薪酬策略、经济效益、物价波动以及工会政策等因素的影响。薪酬水平决策的目标在于：提升企业的竞争力，塑造企业形象；吸引、保留和激励员工；控制劳动力成本，提升经济效益。

竞争性的薪酬水平不是简单地表现为企业的整体平均薪酬水平具有优势，还要着重考虑

企业内部的薪酬结构、薪酬等级、薪酬差距等因素，体现为薪酬构成是否具有多样性及吸引力、权重不同的岗位之间薪酬差距是否合理等方面。事实表明，薪酬内部差异不合理比薪酬水平的高低更能导致员工的跳槽，原因在于员工卓越工作的相对价值得不到更大程度上的体现，使工作积极性受挫。

薪酬水平的外部竞争性影响薪酬水平决策目标的实现，但薪酬水平决策本身也受到劳动力市场行情、企业战略、行业竞争、企业经济效益等因素的影响。

二、薪酬水平决策的类型

根据薪酬战略的要求，企业在对内外环境进行分析之后，结合市场薪酬调查，确定符合自身实际的薪酬水平定位，按照与市场平均薪酬水平的关系不同，可将薪酬水平决策分为领先型、跟随型、滞后型和综合型。

（一）领先型

领先型薪酬水平决策是指组织支付高于市场平均水平的薪酬策略。采用这种策略的组织通常具有这样的特征：所需人才市场供给不足，投资回报率较高，市场上的竞争者少，薪酬成本在企业经营总成本中所占的比率较低，多为资本密集型产业。在实践中，像惠普、微软这样的大型跨国企业大都采用这种策略。

领先型薪酬水平能够提升企业的形象，吸引大量求职者，同时高薪意味着高素质要求，从而提高企业人力资源的总体质量，而且高素质人才的加入会增强内部竞争，有助于员工提高自身能力和工作绩效；领先型薪酬水平还有利于保持组织人员的稳定性，降低员工的离职率；另外，较高的薪酬水平也就免去了经常进行市场薪酬调查和对薪酬水平作出动态调整的烦恼，也减少了薪酬纠纷，从而有利于降低薪酬管理的成本。

当然，领先型薪酬决策也意味着高额的劳动力成本，它要求企业能将这种高投入转化为高产出，但如果企业不能对这些人力资源进行合理、科学的开发和利用，那么高薪带给企业的便是一种沉重的负担。

（二）跟随型

跟随型薪酬水平决策是指使本企业的薪酬水平与市场平均水平及发展趋势基本相同的决策类型，是一种常用的策略。实施跟随型策略的企业力图使本组织的薪酬水平与竞争对手基本保持一致，同时又希望自己能够保留一定的员工吸引和保留能力，不至于在劳动力市场上输给竞争对手。这种类型的薪酬策略在高素质人才竞争上没有明显优势，但也没有领先型策略所带来的风险和过多的成本负担。

在竞争性的劳动力市场上，实施跟随型策略的企业无法像领先型策略那样能对人才产生极大的吸引力，要想得到相对理想的人才，就必须亲自参加招聘会，多花时间、广泛搜寻、精挑细选，这样就增加了招聘成本。另外，采用这种薪酬政策的企业必须根据市场的变化对薪酬水平进行动态的调整，以使其与市场薪酬水平保持一致，也使得薪酬管理的成本有所增加。

（三）滞后型

滞后型薪酬水平决策是指企业的薪酬水平按照低于当前市场薪酬水平的标准予以实施。采用这种策略的组织通常处于竞争性的产品市场中，边际利润率比较低，成本承受能力很弱，多为劳动密集型的中小企业。

滞后型薪酬策略显然不利于企业吸引高质量员工，还会削弱企业吸引和保留潜在员工的能力，但是如果采用滞后型策略的企业能保证员工将来可以得到更高的收入，那么员工的责任感会提高，团队精神也会增强，从而企业的劳动生产率也会提高。例如，一些采用滞后型策略的企业采取了股票期权的方式，从而增强了组织的凝聚力。另外，采取滞后型薪酬水平决策的企业还可以通过改善工作环境、增长假期、给予尊重和荣誉等非货币性报酬来弥补货币性报酬的不足。

（四）综合型

综合型薪酬水平决策是指企业根据职位的类型或者员工的类型来分别制定不同的薪酬水平，而不是像上述三种形态的薪酬策略那样对所有的职位和员工均采用相同的薪酬水平定位。综合型策略最大的特点就是具有灵活性和权变性。例如，有些企业根据员工所掌握的技能水平不同采用不同的薪酬策略，对那些技能水平高、对企业影响大的关键员工采取市场领先型的薪酬策略，对中等技能水平的员工采用市场跟随型的薪酬策略，而对普通技能要求、劳动力供给充足的员工则采用滞后型的薪酬策略。这样的薪酬策略既有利于公司保持在劳动力市场上的竞争力，又有利于控制劳动力成本。

此外，企业还可以在薪酬的不同构成部分采取不同的市场定位，如企业可以使基本薪酬部分低于市场平均水平，但是在绩效薪酬方面高于市场水平，这样突出了企业重视绩效的价值取向。上述四种薪酬水平的决策的对比情况如表 4-1 所示。

表 4-1 薪酬水平的效果

薪酬水平决策类型	薪酬目标				
	人才吸引力	人才保持力	劳动力成本控制	降低对收入的不满	提高劳动生产率
领先型	好	好	不确定	好	不确定
跟随型	中	中	中	中	不确定
滞后型	差	不确定	好	差	不确定
综合型	好	好	好	中	不确定

第三节 薪 酬 调 查

一、薪酬调查概述

简单来说，薪酬调查就是通过正当途径，获取企业外部组织或个人相关薪酬信息的过程。薪酬调查是薪酬管理的重要工具，对薪酬调查结果的数据分析能为企业薪酬水平的市场定位提供依据，既有利于提高企业外部竞争力，又有利于增强企业内部的凝聚力和员工对薪酬的满意度。随着市场和人才竞争的加剧，薪酬调查的范围已不仅仅局限于单对薪酬水平的调查，而是面向整个薪酬体系的调查，包括目标企业的薪酬战略、薪酬政策、薪酬水平和结构以及薪酬发展趋势等方面。

（一）薪酬调查分类

薪酬调查按照调查的方式、主体、范围的不同可分为不同的种类。

1. 非正式调查和正式调查

按照调查方式不同可分为非正式调查和正式调查。非正式调查主要是通过企业电话询问、报纸招聘信息等非正式的交流获取信息；正式调查主要是专业的调查机构通过问卷调查和实地访谈方式收集相关资料。两者相比较而言，非正式调查简便易行，成本低，但是可信度低；正式调查需要花费较多的人力、物力、时间，但是其数据资料全面，可信度高。

2. 政府部门、专业咨询机构、其他社会机构的薪酬调查

按照薪酬调查的主体不同可分为以下三类。

（1）政府部门薪酬调查

政府进行薪酬调查是出于宏观经济管理的考虑，由国家有关部委、各级地方劳动保障部门和统计部门对全国或本地区各行业各企业及职位薪酬水平情况进行调查，制定工资宏观调控政策和工资指导线、城镇居民最低工资额、生活保障线等。

作为政府部门，可以通过行政手段收集数据，因此，这种调查涵盖范围比较广泛，调查规模大，具有一定的可比性。但缺点也是明显的，因为其调查的主要目的是为政府决策服务，所以公布的调查结果只是一小部分；而且公布的数据一般也仅限于对工资等基本数据的简单处理，如平均数、比例或者最低线；另外，由于个别地区行政官僚作风的存在，上报数据也往往存在误差。当然，政府部门薪酬调查报告的最大优点还在于其非营利性，企业可以免费获取。

（2）专业咨询机构薪酬调查

国外 20 世纪 50 年代就兴起一些专业咨询机构，如翰威特（Hewitt）、美世（William Mercer）、华信惠悦（Watson Wyatt）等，这些机构的一项重要工作就是进行薪酬方面的调查。现在这些跨国管理咨询公司一般都采用国际通行的会员制，即会员单位按照咨询机构设计的调查表提供本企业的薪酬数据，咨询公司对这些信息进行整理、分析，会员企业可以无偿或者以最低价格获得全部或大部分分析结果。外部企业一般要付出很高的成本才能得到。由于国内企业接触薪酬调查时间较短，像翰威特这样实力雄厚的咨询公司屈指可数。

专业咨询机构的调查针对性、区域性强；调查内容全面，不仅关注薪金，还包括股票期权、培训计划、退休及医疗待遇、住房等；数据分析可靠，既立足于现实，又注重前景预测。但是这种调查一般是不向社会公开的，调查的透明度低。即便是出售，价格也比较昂贵。

（3）其他社会机构的薪酬调查

通常热衷于薪酬调查的其他社会机构主要有人才交流服务机构、劳动中介机构、人才招聘网站等。这类调查随意性非常强，没有任何约束，缺乏专业调查人员，被调查对象提供的

数据真实性无法保证。另外，还有一些学术研究机构，它们一般是接受政府或者企事业单位的委托而进行的。

3. 营利性薪酬调查和非营利性薪酬调查

按照薪酬调查是否用于盈利的目的可分为营利性薪酬调查和非营利性薪酬调查。一般政府部门的薪酬调查报告是免费提供给公众的，还有一些学术组织、社会机构也免费发布一些薪酬信息，但这些数据信息一般比较简单。专业咨询机构进行的薪酬调查参考价值高，属于营利性的，除对内部会员实行免费外，一般要收取很高的费用。

（二）薪酬调查的目的和作用

薪酬调查的目的和作用是非常明显的，综合而看，主要包括以下四个方面：

1）把握市场薪酬水平，了解竞争对手的薪酬策略，为薪酬水平的调整和结构的优化提供信息资料。

2）调整薪酬水平和优化薪酬结构，实现外部竞争性和内部一致性的统一，实现控制劳动力成本和提高效益的统一。

3）完善薪酬策略，为企业战略目标服务。

4）获悉薪酬发展趋势，借鉴成功经验。通过对市场薪酬的动态调查分析，企业能获取最新薪酬发展的趋势，同时对其他企业的新的薪酬管理方式的实践经验予以借鉴。

（三）薪酬调查的对象

薪酬调查的对象一般包括部分代表性企业，涉及相关劳动力市场的界定，主要包括以下四类企业：①与本企业竞争从事相同职业或具有同样技术员工的企业；②与本企业在同一区域范围内竞争员工的企业；③与本企业竞争同样产品或服务的企业；④与本企业薪酬结构相同的企业。

二、薪酬调查实施过程

薪酬调查的实施过程如图 4-1 所示。

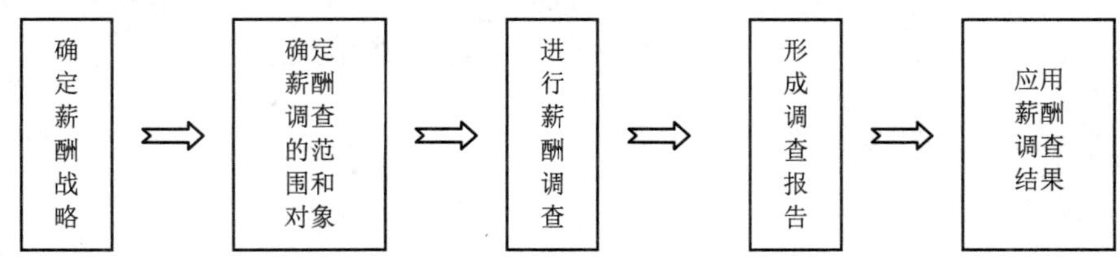

图 4-1　薪酬调查实施过程

（一）确定薪酬战略

战略性薪酬管理要求企业能够根据内外部环境的变化适时调整薪酬目标和政策。薪酬战略主要包括薪酬战略目标、薪酬水平政策、薪酬结构政策、薪酬管理政策等内容。薪酬调查前要确定企业的薪酬战略是什么，要求有什么样的薪酬水平、薪酬结构、薪酬政策与之相适应，以便在调查过程中更加具有针对性，更好地实现促进组织绩效和竞争优势的提升。

（二）确定薪酬调查的范围和对象

调查的范围一般确定在同地区同行业的企业或者其他具有相似工作职位的企业。调查对象一般选择同行主要的竞争对手或者薪酬管理水平先进、具有代表性的企业，这样就会增强可比性，当然由于某些企业实行“密薪制”，对竞争对手的薪酬调查就存在一定困难。在调查职位的选择上一般选取工作明确、稳定、重要的典型性职位。

（三）进行薪酬调查

进行薪酬调查首先要选择调查的方式方法，主要运用面谈法和问卷调查法。调查的内容应当涉及以下方面：调查对象的基本资料，包括企业的名称、地址、规模、资产、效益等方面；调查对象的薪酬资料，包括基本工资、工作量、薪酬构成、相关薪酬政策、津贴、福利和保险等；调查的典型性职位、员工的相关信息。问卷调查的关键在于设计合理有效的调查问卷。美国企业较常用的调查表如表 4-2 所示。

表 4-2 薪酬调查表

市场薪酬调查表

调查的相关说明（略）……

贵公司的名称：________________行业：________________

地址：________________完成日期：________________

填表人姓名：________________部门/职务：________________

1. 简述贵公司的主要产品和服务________________

2. 雇员总数：________

小时工人数 ：________纳税工资收入者数目：________免税工资收入者数目：________

3. 薪酬总量的增长和结构的调整

（1）在过去一年中，是否给下列各类员工增加了收入？

小时工： 否（ ）有（ ），数额或%________，日期________

纳税收入者： 否（ ）有（ ），数额或%________，日期________

免税收入者： 否（ ）有（ ），数额或%________，日期________

（2）在同一时期，公司是否对下列各类员工进行了薪酬结构调整？

小时工： 否（ ）有（ ），数额或%________，日期________

纳税收入者： 否（ ）有（ ），数额或%________，日期________

免税收入者： 否（ ）有（ ），数额或%________，日期________

4. 成就薪酬增长

（1）在一段时间内，公司有无用于成就薪酬增长的预算？

小时工： 否（ ）有（ ），数额或%________，日期________

纳税收入者： 否（ ）有（ ），数额或%________，日期________

免税收入者： 否（ ）有（ ），数额或%________，日期________

（2）如果没有，上一时期的薪酬增长额大约是多少？

小时工：________

纳税收入者：________

免税收入者：________

续表

(3) 如果有，大约是多少？

	绩效	晋升	总计
小时工：	______%	______%	______%
纳税收入者：	______%	______%	______%
免税收入者：	______%	______%	______%

(4) 当前的预算年是从________ 到________

5. 是否有工会组织？__________ 名称：__________

6. 生活费用

是否给予员工生活费用补贴？（　）给　（　）不给

如果给，当前的数额和类别：____________________

7. 对员工是否采用自动增资方式？（　）是　（　）否

如果采用，群体范围________数额_______频率________

8. 贵公司的薪酬是按照年度，还是按固定日期增加？

	年度	固定日期	不定期加薪
小时工：	________	________	________
纳税收入者：	________	________	________
免税收入者：	________	________	________

9. 薪酬增长的频率

	次数/每年	幅度
小时工：	________	______%
纳税收入者：	________	______%
免税收入者：	________	______%

10. 有无其他资料可以帮助我们了解贵公司的薪酬情况？

____

（四）形成薪酬调查报告

把通过访谈或者调查得来的数据进行汇总、整理、核对，并采用一定的方法对这些数据进行处理和分析，写出薪酬调查报告。薪酬报告包括调查对象的基本资料和相关薪酬数据。薪酬数据包括对相关职位薪酬进行调查所得数据和对不同薪酬等级的薪酬状况进行调查所得的数据。

（五）应用薪酬调查结果

企业进行薪酬调查最终是为自身薪酬管理服务的，企业要能准确、科学地分析并有效运用调查资料，才能发挥薪酬调查的作用，实现把握市场薪酬水平、及时调整薪酬水平和优化薪酬结构的目标。

三、薪酬调查总结

（一）薪酬调查总结的内容

经过调查、整理、分析后，最终形成的薪酬调查报告，即薪酬调查总结。总结主要包括两个部分：①资料概述，包括调查的背景、调查对象的资料、调查开展的大体过程、调查职位评述等；②薪酬统计资料，包括一些数据表格、结构图、趋势图，主要通过最低薪酬额、最高薪酬额、频率、中位数、均值、众数等数据表现出来。

在薪酬调查总结前，最重要的一环就是调查数据的分析。而要保证分析的科学性、准确性和及时性，就需要选择有效的分析方法。在实际操作中，比较常用的调查数据分析方法有以下几种。

1. 频率分布

频率分布，即按照一定的组距把某一职位的薪酬划分不同等级，再根据调查资料列出各个等级出现的次数，如表 4-3 所示。

表 4-3 某职位薪酬频率分布表

等级	薪酬/（元/月）	次数
1	3500 以上	2
2	3001～3500	2
3	2501～3000	5
4	2001～2500	3
5	1500～2000	1

2. 局中趋势分析

局中趋势分析，主要体现出某职位普遍的薪酬水平，一般通过中位数、均值、众数表现出来。中位数是将薪酬数据排序后，处于最中间的数值；均值是将调查数据进行加权加总后的平均数；众数是在频率分布表中分布最多的数值。例如，表 4-3 中的众数是 2501～3000。

3. 分位数分析

分位数分析，薪酬调查结果常出现薪酬的平均数、25P、50P、75P。这里的 25P、50P、75P 是指如果在调查中对某个职位进行了 100 个抽样调查，将这 100 个薪酬水平从低到高排序，25P、50P、75P 分别代表排名第 25 位、第 50 位、第 75 位的薪酬水平。 通过平均数、25P、50P、75P 之间的关系可以对调查结果有一个初步的了解。一般情况下，平均数和 50P 应该比较接近，25P 与 50P 的差别应该与 75P 与 50P 的差别比较接近。如果误差明显时，就应该认真核实有关的数据，以保证这种误差不是由于数据搜集和统计处理等人为因素所造成的。

（二）薪酬调查总结的运用

1. 比较薪酬水平

通过与调查对象的薪酬水平的比较，检查企业薪酬政策的合理性，与市场发展趋势保持一致。通过分位图能比较直观地看出企业与不同分位薪酬之间的关系，为企业的薪酬定位提供依据。

2. 调整薪酬水平

薪酬调查的主要目的在于对薪酬水平的动态调整，以吸引和保持人才。薪酬水平的调整包括整体薪酬水平的调整和具体职位的薪酬水平的调整。企业通过对市场平均薪酬水平的把握可以确定自己的薪酬水平是高于还是低于同地区同行的薪酬水平，再结合企业的实际支付能力，兼顾劳资双方的利益，来对整体薪酬水平进行定位。对于用于调查的典型性职位的薪酬水平的调整，企业在进行准确的职位描述基础上，比较职位之间的相似性，依据市场行情来调整该职位的薪酬水平。即便是相同名称的职位在不同的企业中也会存在差异，因此，对调查职位的职位说明书要予以重视，综合考虑该职位的因素，才能使薪酬定位具有公平性和竞争性。

3. 优化薪酬结构

薪酬调查的内容不仅反映出调查对象的薪酬水平，还可以反映薪酬结构的内容。通过比较，企业可以确定和调整薪酬等级、级差，调整薪酬结构的类型，贯彻内部公平性的原则，实现物资薪酬和精神薪酬、固定薪酬和浮动薪酬、短期薪酬和长期薪酬的结合。

薪酬调查是企业实现薪酬战略管理的重要工具，对企业员工、企业薪酬策略的制定有着重大影响。在进行薪酬调查和运用薪酬调查总结时，还应该注意以下几点：调查范围是否合适；调查内容是否完备；调查对象是否具有连续性；调查方式方法是否合理；所获数据是否最新；职位的描述是否清楚；数据分析是否科学；调查总结是否得到及时有效的利用。

知识拓展

《2015 薪酬调查报告》显示大多数人的月薪约为 5 000 元，其中男性收入高过女性。月薪低是因为工作不够久。

1. 大多数人的月薪约为 5000 元

根据官方数据，2014 年上海的职工平均工资最高，平均月薪 5451 元。调查以 5000 元月薪为分界，60.9%的受访人群月收入低于 5000 元，同时约有 25%的人月薪在 5000～10 000 元。请特别注意，受访人群中，工作资历在 3 年以内的人数占到 70%，所以实际上月薪低于 5000 元的人中，工作时间低于 3 年的人占了大多数。其中包括了大量应届毕业生。

2. 月薪低是因为工作不够久

调查发现，大部分受访者的月薪与其工作年限有着密切关系。月薪低于 3000 元的人群中，工作时间不足两年的比例超过 75%，月薪 5000～10 000 的人群中，初中级管理和技术人才占 40%。月薪万元成为一线员工的门槛。

入职一年以内的员工中，43.1%的人月薪没有达到 3000 元，入职 1～3 年的员工中.40.4%的月收入在 3000～5000 元。

3. 行业之间收入差异明显

房地产开发：尽管高收入人群的比例最高，但相对上亿的资金量，数万元的月薪占比很小，如果考虑年薪，高管的收入更高。但是行业波动大，利润走低，高管们出走该行业的不在少数。

教育/培训/院校：泡沫和投机在该行业集聚，行业呈现出非常激烈的竞争，月收入低于 3000 元的人群多为销售和客服人员，整体收入不高。

计算机（硬件/软件）：从 PC 到互联网再到移动互联网，行业热点不停转换，从业人员的薪酬普遍不高，除了技术研发和销售类工作薪酬较高，多数支持类职能薪酬不高，硬件企业薪酬低于软件企业。

互联网/电子商务：电子商务的实质是依托信息技术的劳动密集型企业。客服类岗位用人需求量大，但技能要求低。事实上，大数据的运用正在使很多岗位的技术含量降低，大多数人的收入处在平均值。

4. 男性收入高过女性

23.4%的男性月收入超过万元，但是只有9.5%的女性月收入超过万元。一方面，注意力不仅是现今商业的竞争点，也是个人职业成功的重要原因。女性由于在家庭中的重要角色，特别是在子女教育方面的精力投入，使得其在职业发展的道路上常常放慢脚步，缺乏进取。另一方面，由于市场竞争的加剧，企业对运营成本的挤压，企业更愿意招聘给付薪水稍低的女性。

本章小结

企业进行薪酬体系设计时必须慎重分析和科学调查企业的薪酬水平和外部竞争性，以实现招揽及留住高素质员工、提高员工满意度和劳动生产率的战略目标。本章重点介绍了薪酬水平、薪酬决策及薪酬调查三个方面的知识，具体包括薪酬水平的内涵、薪酬决策的相关内容、薪酬水平的功能、薪酬决策的类型、薪酬调查的相关内容、薪酬水平及其决策的程序与方法等内容。

复习思考题

一、单项选择题

1. 下列不能体现企业薪酬水平的现状和发展趋势的指标是（　　）。
   A. 薪酬平均率　　B. 薪酬频率　　C. 增薪幅度　　D. 平均增薪率
2. 下列说法错误的是（　　）。
   A. 薪酬平均率是企业提供的实际薪酬平均的平均值
   B. 薪酬平均率的数值越接近于1，说明实际平均薪酬越接近于薪酬幅度的中间值，薪酬水平越理想
   C. 薪酬平均率大于1时，表示用人单位支付的薪酬总额过高
   D. 薪酬平均率小于1时，表示用人单位支付的薪酬水平较薪酬幅度的中间值要小，大部分职位的薪酬水平在薪酬幅度的中间数以下
3. 下列说法错误的是（　　）。
   A. 一个国家的生产力水平越高、经济越发达，创造的财富就越多，相应的整体薪酬水平就越高
   B. 一般情况下，当劳动力供小于求时，企业所提供的薪酬水平会降低
   C. 一般经济效益好、财力比较雄厚的企业，员工所得的报酬都比较高
   D. 一般而言，企业的规模越大，其管理层人员的薪酬越高

4．在企业发展的不同阶段，企业的薪酬水平也不同。高薪最可能发生在（　　）。

A．发展阶段　B．创业阶段　C．鼎盛阶段　D．衰败阶段

5．在采用分位数对薪酬调查数据进行分析时，50P 应与（　　）相接近。

A．25P　B．平均数　C．70P　D．均值

二、多项选择题

1．影响企业薪酬水平的因素包括（　　）。

A．劳动力市场供给状况　B．企业的经济效益与薪酬支付的能力

C．地区差异　D．物价变动

E．企业薪酬政策和经营价值观

2．薪酬水平决策的目标在于（　　）。

A．提升企业的竞争力　B．塑造企业形象

C．吸引、保留和激励员工　D．提升经济效益

E．控制劳动力成本

3．薪酬调查按照调查的主体不同可分为（　　）三类。

A．政府部门　B．营利性薪酬调查

C．专业咨询机构　D．非营利性薪酬调查

E．其他社会机构的薪酬调查

4．按照与市场平均薪酬水平的关系的不同，可将薪酬水平决策分为（　　）。

A．领先型　B．跟随型　C．自主型

D．滞后型　E．综合型

5．薪酬调查总结可以运用到（　　）方面。

A．对薪酬水平进行动态调整，以吸引和保持人才

B．使薪酬定位具有公平性和竞争性

C．确定和调整薪酬等级、级差的依据

D．企业实现薪酬战略管理的重要工具

E．检查企业薪酬政策的合理性，与市场发展趋势保持一致

三、判断题

1．在现实中，薪酬总额增长幅度要略高于企业经济效益增长幅度，才能有效地发挥薪酬的激励作用。（　　）

2．一般而言，工作环境越恶劣，工作技能要求越高，工作强度越大，薪酬水平就越高。（　　）

3．增薪幅度越大，说明企业的平均薪酬水平增加得越快，同时也表明组织的总体人工成本增长得越快。（　　）

4．均值是将调查数据进行简单加总后的平均数。（　　）

5．为增强薪酬调查结果的实用性，可以选择同行主要的竞争对手为调查对象。（　　）

四、简答题

1. 简述薪酬水平的概念和内涵。
2. 影响薪酬水平的因素有哪些？
3. 薪酬水平的衡量指标有哪些？
4. 外部竞争性的薪酬决策类型有哪些？
5. 简述薪酬调查的实施过程。

研究与提高

一、讨论与操练

1. 选取一个企业或其他组织为对象，分析其薪酬水平及其决策。
2. 影响企业薪酬水平及其决策的因素有哪些？
3. 简述企业薪酬水平及其决策的体系与内容。
4. 当前企业薪酬水平及其决策面临哪些问题？

二、扩展阅读书目

王长城．2003．薪酬管理构架原理与技术．北京：中国经济出版社．
奚玉芹，金永红．2004．企业薪酬与绩效管理体系设计．北京：机械工业出版社．
赵淑芳．2013．薪酬管理实务手册．北京：清华大学出版社．
李宝元，王长城．2012．现代组织薪酬管理学．北京：北京师范大学出版社．
岳龙华．2014．薪酬设计与薪酬管理．北京：中国电力出版社．

三、讨论案例

某化工制造企业的薪酬制度改革

2013 年，某化工制造企业经营班子根据“资本市场化、用工商品化、分配绩效化、管理制度化、物业社会化、企业出文化”的改革方针，推出公司人力资源薪酬设计——工资改革方案如下：

1）基本原则为多数受益、横向拉平、重点倾斜、增幅控制、考核淘汰。

2）员工工资由基本工资、岗位工资和绩效工资三部分组成。

3）基本工资的计算公式为

$$基本工资=起点工资+工龄工资+职称工资 \tag{4-4}$$

其中，起点工资为 200 元。

职称工资（以内部聘用为准）分别为高级 120 元、中级 80 元、初级 40 元。工龄工资计算公式为

$$工龄工资=公司工龄（年）\times 10 元/年 \tag{4-5}$$

4）岗位工资计算公式为

岗位工资=[个人岗位系数 K_1]×[部门工资系数 K_2]×[公司岗位工资基数]　　(4-6)

个人岗位系数 K_1 共设 12 等 32 级，部门月岗位系数 K_2 公司经营会每月确定一次，公司岗位工资基数由总经理办公会依公司效益情况每季度确定一次。

5）绩效工资根据公司经济效益综合情况确定，半年发放一次。

6）新工资改革方案实施的同时，原有的餐费补贴、防暑降温补贴、女工卫生补贴、电话补贴、职务津贴、突出贡献津贴、有毒有害工种补贴、不吸烟补贴（公司为全区禁烟）等全部取消。

但是，该方案在近两年的实施过程中发现存在如下问题：

1）横向拉平政策使真正有能力、有抱负、有潜力的核心员工怅然若失，难以调动其积极性，不利于核心骨干的进一步发展和脱颖而出。薪酬方案的激励作用打了折扣，存在局限性。

2）干群关系冷漠。由于全厂员工岗位系数清晰，档次鲜明，部分员工认为人被划分为“三六九等”，热情、和睦、融洽的人际氛围、工作氛围受到挑战。尤其中高层干部的“岗位系数”高高在上，使基层员工从心理上更加疏远他们，工作主动性难以调动。加上个别中高层领导干部的不甚称职，更难以服民心，有时甚至出现“软抵抗”的个别极端现象。

3）企业文化沙漠或文化畸形倾向：中高层员工的工作需要基层员工的充分理解和支持，而中、基层员工也需要高层领导的沟通和关注。在日益激烈的行业竞争、市场竞争中，单纯的“岗位定级”的薪酬分配体制，如果不配以辅疗，易导致企业文化沙漠或畸形化，与企业提出的“企业出文化”的体制改革目标背道而驰。

讨论题：

1．企业在设计薪酬制度、薪酬水平及相关决策时，应该综合考虑哪些因素？

2．根据所提供的背景资料，该公司的薪酬制度的设计会产生什么影响？

3．分析该公司的薪酬方案，你觉得该方案中哪些方面考虑不够周到？请加以完善。

第五章　薪酬结构及其差别

学习提要

对于薪酬管理人员而言，薪酬结构的设计是其重要的工作任务之一。整个设计过程是一项系统的工程，涉及很多方面。

薪酬结构的设计要立足组织的实际状况，根据组织的目标、结构、市场条件、员工需要、预算、组织的生命周期发展阶段等，制定适合组织特性的薪酬战略，从宏观上对整个薪酬制度进行指引。另外，考虑到不同类型员工需求的不同，还应对其进行分类管理，从而保证更加有效的激励。

学习目标

- 理解薪酬结构的内涵与相关概念
- 掌握薪酬结构的设计方法
- 明确薪酬宽带的含义
- 掌握薪酬结构的厘定与调整
- 掌握薪酬差别的类型及其形成原因
- 掌握薪酬差别的测度方法

关键词

薪酬结构	薪酬等级	薪酬区间
薪酬变动比率	薪酬区间中值	薪酬区间渗透度
薪酬等级级差	基准职位定价法	设定工资调整法
直接定价法	当前工资调整法	薪酬宽带
薪酬差别	垄断性薪酬差别	补偿性薪酬差别
竞争性薪酬差别	薪酬分布	洛伦兹曲线图
基尼系数	库兹涅茨比率	

导入案例

由华尔街点燃起来的薪酬争议之火正在向全球的上市公司蔓延，但也有一些颇为可行的改革策略与实践条例随之浮出水面。家用及保健品制造商利洁时集团就提供了一个较为合理的薪酬操作模式。

这家英荷合资企业早在 1996 年就对内部各级管理层的薪酬机制进行过大的调整，成功地将公司业绩提高，此后盈利额连年攀升。2008 年，公司净收入从 53 亿英镑增长为 66 亿英镑，涨幅达 25%，净利润由 9.38 亿英镑增长到 11 亿英镑，涨幅达 17%，可谓涨势喜人。

利洁时集团把所有高管的绩效薪酬与他们的经济附加值联系在一起，从公司及整合行业的角度，综合考量其在任期间公司的销售净增长额、税后利润、净运营资本等，而且不以个人绩效设定高管薪酬，而是全面考虑团队的表现。副总裁彼得·哈弗（Peter Harf）是推进这一系列改革的功臣之一。“这种方法非常直截了当，”他解释说，“我们让每一位员工理解这一薪酬机制的运作，效果很好。”

另外，公司还有一套完整独立的长期激励方案，每年按级别与个人绩效为高管提供股票与期权奖励，以每股盈余（earnings per share，EPS）增长来考量业绩表现。“每股盈余必须在 3 年间提高 30%，高管才能拥有股票与期权的配发权，”哈弗表示，“而这一标准要远远高于业内平均水平。”也有一些股东愿意采取其他的业绩考核指标，如股东总回报（total shareholder return），“但我们尽量避免采取这种方式，因为可能导致一些脱钩于公司总体业绩的结果。”

薪酬结构更新后，随着公司收入与股票价格的稳定攀升，CEO 巴特·白克（Bart Becht）迅速成为英国近几年最高薪酬的首席执行官之一，2008 年他拿到了 475 万英镑的薪金。

利洁时集团的薪酬结构设计体现了竞争性、公平性和激励性等特点，可以说合理的薪酬结构设计是利洁时集团在金融危机背景下仍取得良好经营业绩的关键因素之一。由此可见，薪酬结构设计是一个企业留人、获得长久健康发展的关键。

第一节　薪酬结构概述

一、薪酬结构的内涵与相关概念

（一）薪酬结构的内涵

所谓薪酬结构（compensation structure），有狭义与广义之分。狭义的薪酬结构是指在同一组织内部不同职位或不同技能之间的薪酬水平的排列形式或对比关系，包括不同层次工作之间报酬差异的相对比值和不同层次工作之间报酬差异的绝对水平；广义的薪酬结构还包括不同薪酬形式之间的比例关系，如基本薪酬、可变薪酬与福利薪酬之间的比例关系等，通常也将这种关系称为薪酬组合（compensation mix）。

薪酬结构主要反映职位与员工之间基本薪酬的对比关系，尽管其他的薪酬形式，如可变薪酬、福利薪酬内容也具有等级结构的形态，但没有基本薪酬那样典型。薪酬结构所强调的是一个组织内部职位或技能薪酬等级的数量、不同职位或技能等级之间的薪酬差距以及确定这种差距的标准。

（二）薪酬结构的构成

一般而言，薪酬结构的构成要素是薪酬等级、薪酬区间和相邻两个薪酬等级之间的交叉与重叠关系。薪酬结构的模型如图 5-1 所示。

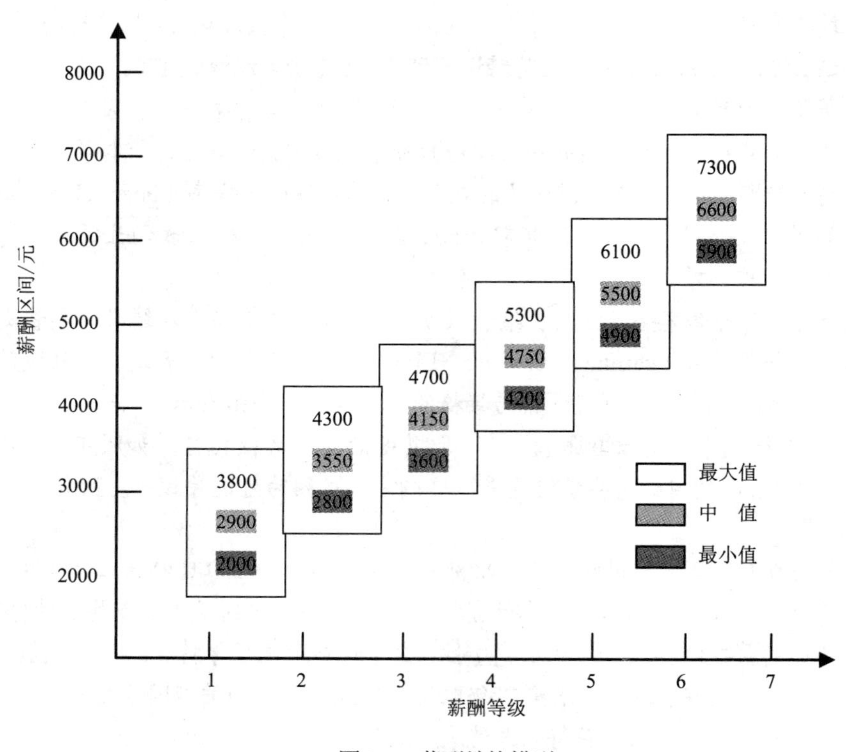

图 5-1 薪酬结构模型

图中的横轴表示薪酬等级，竖轴表示薪酬区间，矩形图与矩形图之间的连线处表示相邻两个薪酬等级之间的交叉与重叠关系。

1. 薪酬等级

薪酬等级是指在同一个组织当中，薪酬标准由于职位或者技能等级的不同而形成的一种序列关系或梯次结构形式。在薪酬管理实践中，各类型企业的薪酬等级数目差异较大，一般而言，企业的薪酬结构由多少等级构成主要取决于企业的规模、性质、组织结构及工作的复杂程度，其数量多少没有绝对的标准。

薪酬等级的划分由“等”的划分和“级”的划分构成，在薪酬体系中，“等”的划分可能会多达 20 层，而“级”的划分一般多为 7～10 级，比“等”的划分数目要少得多，在薪酬管理实践中可能是一等一级，也可能是一等多级。而宽带薪酬结构多适用于扁平化的组织，其组织层级比较少，所以其“等”的划分数目一般为 4～15 等。当然，薪酬等级的划分除了与上述因素有关外，组织中各个岗位或技术职称设置的复杂性等都会影响“等”的划分数目。

2. 薪酬等级宽度及相关概念

（1）薪酬等级宽度

薪酬等级宽度实际上就是同一薪酬等级中，薪酬最高值与最低值之间形成该等薪酬的变动范围，又称薪酬区间、薪酬等级幅度等。它实际上是指在同一薪酬等级内部允许变化的最大幅度。

确定薪酬等级宽度一般有两种做法：一种是根据不同的薪酬等级确定不同的薪酬宽度，即将薪酬宽度差别化，不设定具体的数值；二是根据经验数据确定，但这种以经验确定的各个级差的等级宽度变化还是有一定的规律性。 一般而言，在等级工资制度下，以经验确定的薪酬等级宽度的设置为，生产后勤类的薪酬等级宽度为15%～25%；中级管理类的薪酬等级宽度可为25%～40%；而高级管理类的薪酬等级宽度可为40%～60%。但在宽带薪酬结构中，其薪酬等级宽度要高于等级工资制度下薪酬等级宽度的2～5倍。

（2）薪酬变动比率

与薪酬结构密切相关的一个重要概念是薪酬变动比率，是衡量薪酬区间的指标。薪酬变动比率是指同一薪酬等级内部最高值与最低值之差与最低值的比率，又称区间变动比率，其计算公式为

$$\text{薪酬变动比率}=\frac{\text{最高薪酬值}-\text{最低薪酬值}}{\text{最低薪酬值}}\times 100\% \tag{5-1}$$

假设，最高薪酬值为7000元/月，最低薪酬值为5000元/月，其薪酬变动范围是5000～7000，变动的绝对差距是2000；薪酬变动率是

$$(7000-5000)\div 5000\times 100\%=40\%$$

通常情况下，薪酬变动比率的大小取决于特定职位所需的技能水平、任职资格等各种综合因素。薪酬等级越高，对特定职位的任职资格要求就越高，薪酬变动比率也会随之增加。原因在于，一方面低职位对任职技能、经验、承担的责任以及对企业的价值贡献等要求较低，相对稳定的薪酬变动比率则有益于管理和人工成本控制，同时能为低职位员工提供更多的发展空间；另一方面则在于高职位对任职技能、经验、承担的责任以及对企业的价值贡献等要求较高，员工一般很难达到要求，企业不得不采取其他方式如较大的薪酬变动来认可其进步，而且职位越高则晋升的机会也就越少难度越大，企业不得不依据资历或绩效标准在薪酬区间内提高其薪酬水平以实现激励。表5-1列举了一些职位的薪酬变动比率的差异。

表5-1　不同职位的薪酬变动比率

主要职位类型	薪酬变动比率
非豁免员工：生产工人、维修员、交易员	10%～30%
非豁免员工：办公室文员、技术人员、专家助理	25%～40%
豁免员工：一线管理人员、行政管理人员、专业人员	40%～60%
豁免员工：中高层管理人员、专家	50%～100%

资料来源：Richard I Henderson. 2000. Compensation Management in a Knowledge-Based World. Upper Saddle River, NJ: Prentice Hall: 342.

从表5-1可以看出，薪酬变动比率随着职位任职资格的提高而逐级升高，薪酬变动比率为40%～60%的是对任职资格要求较高的一线管理人员、行政管理人员和专业人员，而薪酬

变动比率为50%～100%的是对任职资格要求更高的中高层管理人员和专家。

（3）薪酬区间中值

薪酬区间中值，又称薪酬范围中值、薪酬变动范围的中值或薪酬等级中值，是薪酬结构管理中的一个非常重要的因素，通常代表该等级职位在外部劳动力市场上的平均薪酬水平。之所以说薪酬区间中值是薪酬结构管理中一个非常重要的因素，是因为在薪酬结构设计中既要考虑每个职位等级本身的价值，又必须考虑任职者的个人素质因素。一般的处理原则为，通过职位对应的薪酬等级的中值点来确定职位的价值，而任职者的个人能力的价值则体现在每个等级内部的薪阶中，这样就形成以“级”来体现职位价值、以“阶”来体现个人价值的薪酬结构。薪酬区间中值对想要晋“级”或晋“阶”的员工的要求无论是在职位上还是在职位胜任力都很高[①]。

与薪酬区间中值相关的一个概念是“相对比率”(compa-ratio)，又称比较比率，这一概念通常用来表示某一员工实际获得的基本薪酬与相应薪酬区间中值之间的比例关系。具体而言，就是某个任职者的基本薪酬在特定等级中的哪个台阶上。

（4）薪酬区间渗透度

薪酬区间渗透度是在对同一薪酬区间内部的员工薪酬水平进行分析时所使用的一个概念，它用来计算员工的实际基本薪酬与区间的实际跨度（即最高值和最低值之差）的关系。其计算方法为

$$\text{薪酬区间渗透度}=\frac{\text{实际所得基本薪酬}-\text{区间最低值}}{\text{区间最高值}-\text{区间最低值}}\times 100\% \qquad (5\text{-}2)$$

假设，某员工的基本薪酬是 7000 元，而区间最高值是 10000 元，区间最低值是 5500 元，则薪酬区间渗透度是

$$\text{薪酬区间渗透度}=(7000-5500)\div(10000-5500)\times 100\%\approx 33.3\%$$

薪酬区间渗透度实际反映了某一特定员工在其所在的薪酬区间中所处的相对地位，即反映了员工薪酬水平的高低，是衡量员工薪酬水平的有效工具。

3. 相邻薪酬等级之间的交叉与重叠关系

（1）相邻薪酬等级的交叉与重叠

在薪酬结构中，相邻的两个薪酬等级之间经常会出现交叉与重叠，如图 5-2 所示。

从图 5-2 中，可以观察到，各相邻的两个薪酬等级之间都有一定程度的交叉与重叠，如第 1 薪酬等级与第 2 薪酬等级之间的交叉与重叠为 1700～2300 元，第 2 薪酬等级与第 3 薪酬等级之间的交叉与重叠为 2300～3000 元。

（2）薪酬等级级差

薪酬等级级差，又称级差，包括中点级差和中值级差，是指相邻两个薪酬等级中值之间的差距。

假定最高薪酬等级的中值和最低薪酬等级的中值一定且不变，若各薪酬等级中值之间的级差越大，则薪酬结构中的等级数量就越少，而反之则越多。

---

① 李建新，孟繁强，张立富．2006．企业薪酬管理概论．北京：中国人民大学出版社：202．

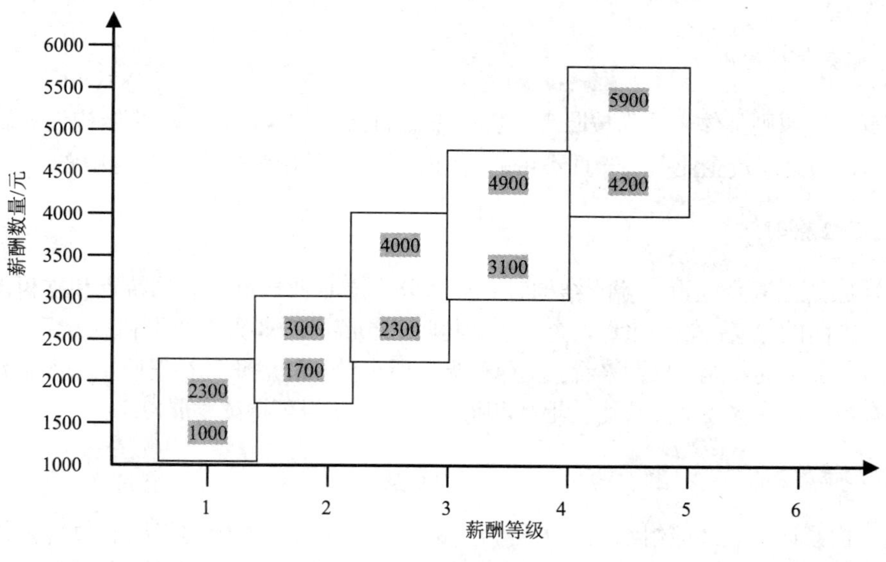

图 5-2　薪酬变动区间

假设薪酬等级的区间中值级差越大，同一薪酬区间的变动比率越小，则薪酬区间的重叠区域就越小，反之则越大。

企业根据自身的需要可以设计有交叉重叠的薪酬区间，也可以设计无交叉重叠的薪酬区间。无交叉重叠的薪酬区间又可以根据需要设计成衔接式的（指上一个薪酬等级的薪酬区间下限与下一个薪酬等级的区间上限在同一条水平线上）和非衔接式的（指上一个薪酬等级的薪酬区间下限高于下一个薪酬等级的区间上限）[①]。

在薪酬结构管理的实践中，企业的薪酬结构设计通常都会采用有交叉重叠的薪酬区间，从图 5-2 中可以看出，除了最高薪酬等级区间的最高值和最低薪酬等级区间的最低值外，其余各相邻薪酬等级的最高值和最低值之间都有部分交叉。这影响到薪酬等级内部的区间变动比率和薪酬等级级差。

（三）薪酬结构设计的原则

企业薪酬结构设计必须遵守一定的原则，包括战略导向、内部一致性、外部竞争性、经济性和激励性等。

1. 战略导向原则

战略导向原则强调企业必须从企业战略角度进行分析，制定薪酬政策和制度时必须体现企业发展的战略要求。

2. 内部一致性原则

内部一致性原则是体现内部工作价值一致性原则，又称基于岗位价值付薪的原则，指企

---

① 孙金利．2005．薪酬管理．天津：天津教育出版社：71．

业应清楚地了解每一项工作的相对价值，并能客观地在薪酬等级中予以反映。

3. 外部竞争性原则

外部竞争性原则具体表现为按照市场价格付薪的原则。尽管企业薪酬结构设计属于内部薪酬管理，但是现代企业薪酬管理不可能将内部管理与外部管理完全割裂开来。

4. 经济性原则

经济性原则强调企业设计薪酬结构时必须充分考虑企业自身发展的特点和支付能力。它包含两个方面的含义：短期来看，企业的销售收入扣除各项非人工费用和成本后，要能够支付企业所有员工的薪酬；长期来看，企业在支付所有员工的薪酬及补偿所用非人工费用和成本后要有盈余，这样才能支撑企业追加和扩大投资，获得可持续发展。

5. 激励性原则

薪酬结构设计必须适应组织的人力资源政策并为之服务，如果实行以职位晋升作为激励手段的政策，就要保持薪酬等级之间有足够的差距；如果实行以不断提高技能作为激励手段的政策，则要提高技能工资的比例。

（四）薪酬结构的作用

薪酬结构既是薪酬管理的重要组成部分，也是企业薪酬体系的重要组成部分，具有其他制度体系不可替代的作用。

1. 对管理者显著的激励效果

目前已有许多研究表明薪酬结构比薪酬水平有更显著的激励效果。例如，詹森（Jensen）和墨菲（Murphy）认为支付管理者多少报酬并不重要，重要的是如何支付他们报酬，即管理者的薪酬是如何构成的。迈赫兰（Mehran）提出证据表明管理者是由薪酬形式而不是薪酬水平激励的。由此可见，薪酬结构的形式相对于薪酬水平而言具有更显著的激励效果[①]。

2. 薪酬支付的客观标准

无论是以职位为导向确定的薪酬结构，还是以技能为导向确定的薪酬结构，都体现了价值差异和薪酬差异的对等关系，即薪酬结构最终反映的是职位与员工价值的大小，从另一角度体现了组织是按照一定的标准支付员工的薪酬，而不是以管理者的主观喜好为导向确定来支付员工的薪酬。

3. 展现组织结构与具体管理模式

薪酬结构的确定类型在一定程度上反映了组织的特定结构形式、特定的组织文化、特定的经营管理模式。例如，劳动密集型的企业（如成熟的制造企业）组织比较适合采用严格的等级薪酬结构，而知识密集型企业（如高科技企业或IT企业）更适合采用宽带薪酬结构。

① 罗大伟，万迪昉. 2002. 管理者的薪酬结构与公司价值的离差. 管理工程学报，(4)：101.

4. 促进组织变革与发展

合理的薪酬结构可以通过作用于员工个人、工作团队来创造出与组织变革相适应的内部氛围和外部氛围，从而有效地推动组织的变革与发展，使组织变得更加灵活，对市场和客户的反应更为迅速有效。

5. 增值作用

薪酬是组织购买劳动力的成本，能够给组织带来大于成本的预期收益，尤其是合理的薪酬结构具有很强的激励功能，激发员工的积极性、创造性，使其能主动自觉地参加培训学习来提升自身的素质与能力，从而提高组织的绩效。

二、薪酬结构的设计方法

（一）工作评价法

工作评价法包括基准职位定价法和设定工资调整法。

1. 基准职位定价法

基准职位定价法主要是利用市场薪酬调查来获得基准职位的市场薪酬水平，并利用对基准职位的工作评价结果建立薪酬政策线，进而确定薪酬结构。该方法能够很好地兼顾薪酬的外部竞争性和内部一致性，在比较规范的、与市场相关性强的企业薪酬结构中应用比较广泛。

2. 设定工资调整法

设定工资调整法指企业根据经营状况自行设定基准职位的薪酬标准，然后根据工作评价结果设计薪酬机构。企业设定薪酬水平的典型做法是：首先设定最高与最低两端的薪酬水平，然后以此为标杆，酌情设定其他职位的薪酬水平。这种薪酬结构的设计比较重视内部一致性，但忽略了外部竞争性，比较适合与劳动力市场接轨程度低的组织。

（二）非工作评价法

非工作评价法包括直接定价法和当前工资调整法。

1. 直接定价法

直接定价法指企业所有职位的薪酬完全由外部市场决定，根据外部市场各职位的薪酬水平直接建立企业内部的薪酬结构。这是一种完全市场导向型的市场结构设计方法，体现了外部竞争性，但忽略了内部一致性，比较适合于市场驱动型的企业，其雇员的获取及薪酬水平的确定直接与市场挂钩。

2. 当前工资调整法

当前工资调整法指在当前工资的基础上对原企业薪酬结构进行调整或再设计。薪酬结构调整的本质是对员工利益的再分配，这种调整将服从于企业内部管理的需要。

第二节　薪酬结构的厘定与调整

一、薪酬宽带

（一）薪酬宽带的含义

薪酬宽带是目前国外比较流行的一种人力资源管理方法。宽带的概念源自于广播术语，但宽带薪酬则始于20世纪80年代末90年代初。薪酬宽带，又称宽带薪酬（broadband wage），实际上是一种新型的薪酬结构设计模式，主要是对传统等级薪酬结构的改进与优化。在我国目前尚处于探索阶段，对薪酬宽带的定义主要是依据美国薪酬管理学会的定义：薪酬宽带就是指对多个薪酬等级以及薪酬变动范围进行重新组合，从而变成只有相对较少的薪酬等级以及相应的较宽薪酬变动范围。

在薪酬宽带结构中，一般可能只有不超过四个等级的薪酬级别，而每个薪酬级别的最高值与最低值之间的区间变动比率要达到100%或100%以上，甚至可能达到200%～300%，而传统的薪酬区间的变动比率通常只有 40%～50%。薪酬宽带主要适合于采用扁平化组织结构、团队导向、能力导向等新型管理模式的企业，是对传统薪酬结构的改进、创新和优化，更适合21世纪知识经济时代的新型组织的需求。

（二）薪酬宽带的优缺点

1. 薪酬宽带的优越性

根据美国对采用薪酬宽带的企业的调查，得出薪酬宽带的优点是：支持团队工作方式、鼓励技能开发、强调职位发展、支持组织扁平化、淡化组织的等级意识、支持新的企业文化、创造组织灵活性。薪酬宽带不仅具有上述优越性，同时能够起到引导任职者将注意力转移到重视个人技能和能力的提升上，引导企业以市场为导向关注劳动力市场的供求变化以改变薪酬结构和薪酬制度，改变企业内部原有的管理理念，促进管理人员管理角色的转变，促进提高个人与组织的绩效水平。

2. 薪酬宽带的局限性

薪酬宽带毕竟是一种新的薪酬结构设计模式，其本身所具有的特点决定了并不是所有的企业组织都适合采用这种新的薪酬结构，企业必须根据本企业的组织结构形式、规模、所处的发展阶段、外部环境等因素考虑采取最适合企业需要的薪酬结构。

薪酬宽带的局限性主要体现在：

1）适用范围狭窄。它主要适用于注重团队导向、能力导向、组织结构扁平化的企业，而不是所有类型的企业都适用，尤其是劳动密集型的企业组织。

2）对管理者胜任能力的要求更高。由于薪酬宽带引导员工重视提升个人技能和能力，这就必然要求管理者具有较高的沟通管理能力。

3）企业以市场为导向确定薪酬结构、薪酬水平。这增加了企业的管理成本，加剧企业承担因市场不确定因素变化而产生的风险。

4）对企业的管理难度加大。一方面是配合薪酬宽带所要求的宽松的管理而不得不将薪酬决策和管理权力下放，造成人工成本难以控制；另一方面促进提高个人和组织的绩效，必然要求加强企业的绩效管理，这增加了绩效管理的难度。

二、薪酬结构与薪酬水平的结合

人才是组织间争夺的最激烈也是最残酷的资本，人才战略已在组织的战略发展中占据重要的地位，组织需要通过设计具有竞争优势的薪酬制度才能吸引和留住人才。因而，组织必须将外部薪酬水平与本组织的内部职位结构结合，如图 5-3 所示。

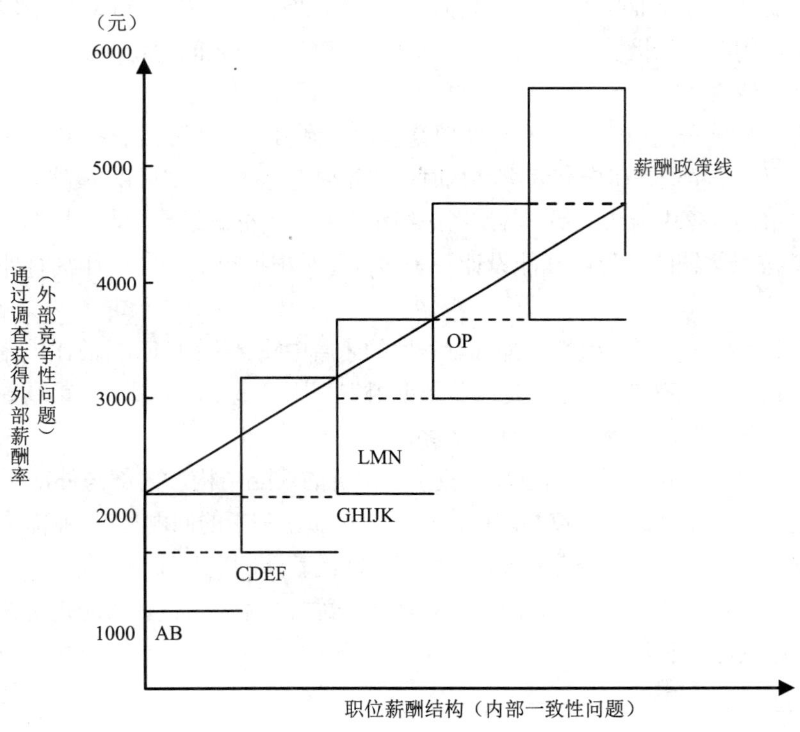

图 5-3 内部结构与外部薪酬水平的结合[①]

如图 5-3 所示，任何一个企业的薪酬模型都是由两个因素组成的，一个是体现外部竞争性问题通过调查获得的外部薪酬率，另一个是反映内部一致性问题的职位薪酬结构。图中纵轴代表外部的薪酬水平，横轴代表职位薪酬结构，由 A 到 P 的职位组成，P 是这个结构中最复杂的职位。图中职位 B、D、F、G、H、J、M 和 P 是能与调查中的职位相匹配的基准职位。

纵轴所表示的外部薪酬率，是与本组织相关的竞争对手所支付给那些基准职位的薪酬，外部薪酬率主要通过薪酬调查取得。利用薪酬调查数据，组织可以获得一条反映各基准职位薪酬水平的市场薪酬线，通过比较当前的市场薪酬率和组织自身的薪酬率，就可以看出当前

① 乔治·T. 米尔科维奇，杰里·M. 纽曼. 2001. 薪酬管理. 董克用，等译. 北京：中国人民大学出版社：227.

薪酬水平的竞争力。

通过构建反映市场薪酬水平的薪酬率，并根据组织的薪酬策略（领先、追随或滞后）对其加以调整，组织就把薪酬的内部一致性和外部竞争性联系了起来。

三、薪酬结构的调整

内部一致性和外部竞争性始终都是确定薪酬结构的两个依据，企业必须兼顾二者，否则就会产生很多的问题。若企业一味地强调内部一致性而对外部竞争性兼顾不够，虽然会令本企业员工相对满意，但会导致企业在外部人才竞争方面不具有优势，不但不能吸引和留住高素质的人才，而且还可能导致人工成本的上升。若企业一味地强调外部竞争性而对内部一致性兼顾不够，虽然会令企业吸引和留住高素质的人才，但会导致企业内部员工感到不满意，不但会影响员工的工作积极性、主动性、忠诚度而致使各职位之间的轮换受阻，而且可能会导致大量的员工流失。

如何才能很好地平衡内部一致性和外部竞争性，到目前为止还没有找到一个完美的解决方式。一般而言，企业在确定其薪酬结构时，首先要考虑的是组织的发展战略，这关系到组织在激烈的市场竞争中能否立足。其次考虑组织在目前所处的发展阶段，根据本组织的实际需要确定是按照传统的岗位或技能设计薪酬结构还是根据市场导向设计具有外部竞争性的薪酬结构。

诚然，并非不能在内部一致性与外部竞争性的矛盾中找到平衡点，目前比较流行的新型的薪酬管理方式——薪酬宽带，已经使一些新型组织如比较重视团队精神、市场导向的组织很好地平衡了内部一致性和外部竞争性的关系。

无论是采用市场定价还是采用以岗位或技能定价的薪酬结构，内部与外部平衡都只是一个判断问题，是一个从薪酬制度战略的高度和目标做出判断的问题①。企业需围绕本企业的整体发展战略而设计适合本企业需要的、相对灵活的薪酬制度和薪酬结构，对一般劳动力设计以岗位或技能定价的薪酬结构，而对于高素质、高端人才则可设计市场定价的方式或采用谈判工资的模式吸引和留住核心人力资本。

四、薪酬结构的优化

组织的薪酬制度存在着滞后性的特征。最初根据组织的实际情况设计的薪酬结构符合组织战略的需要，使组织获得了极大的绩效，然而组织外部环境或组织自身条件的变迁，导致薪酬结构存续的基础发生变化，组织不得不依据新的情况设计合理的薪酬结构，否则组织原有的薪酬结构不但不能促进组织进一步发展，甚至会阻碍组织战略的实现及发展，所以组织必须对原有的薪酬结构实行动态的优化。

在组织发展的过程中，组织会灵活采用多种方式对薪酬结构进行调整以适应组织战略的需要。对薪酬结构的调整，一般是从两个角度进行，一是选择从薪酬的等级结构入手，二是选择从重组各薪酬要素的角度入手。

---

① 王长城，姚裕群．2005．薪酬制度与管理．北京：高等教育出版社：206.

选择从薪酬的等级结构入手的调整方法主要有两种：一种是增加或减少薪酬等级；另一种是调整不同等级中的人员规模和薪酬比例。第一种方式主要是增加或减少薪酬等级的数目，增加主要是将岗位更加细化以利于组织支付岗位职位薪酬，而减少则是使薪酬等级的梯次“矮化”。第二种方式主要是在薪酬等级结构不变的前提条件下，将人员规模和薪酬的比例重新分配以适应组织的需要。

而选择从重组各薪酬要素的角度入手的调整方法主要有两种方式：一种方式是将薪酬水平固定，重新分配固定薪酬和浮动薪酬之间的比例；另一种方式是在薪酬水平变动的条件下，增加固定薪酬或浮动薪酬的比例。

无论采用哪种方式调整薪酬结构，实质都是对薪酬结构的动态优化，是以新的薪酬结构战略替代、改进旧的薪酬结构战略的更替过程。

知识拓展

动态薪酬结构是一种具有高效激励的薪酬模式，对于发挥员工的积极性和组织的效力非常有效。不同公司采取的不同薪酬体系基本可以分为两大类，即固定部分和动态部分。在实施岗位工资制的企业里，根据岗位登记确定的岗位工资，属于动态部分，二者共同构成了影响和激励员工的因素。薪酬结构设计的最终目的是使员工所获薪酬额与其贡献量成正比变化，而且这种变化的周期并不长，是在动态的时刻进行的。

D 公司是福建一家著名的集团制药企业，该公司自 2005 年进行工资改革，取消档案工资制，推行岗位工资制，目的是打破按照年龄大小、工作时间长短等确定工资高低的论资排辈现象，建立以能力和业绩为衡量标准的工资结构。改革初期，成效巨大。然而随着时间的推移，尤其是当企业的规模迅速扩大，管理机构和管理人员急剧增加时，在管理人员中出现一种不正常现象：“我都连续 1 年拿 800 元的薪水了，真没劲!”对于一个具有上进心的员工来说，连续 1 年或更长时间工资没有被调整或发放奖金，这肯定是一件十分沮丧的事情。因为他不知道公司对自己的工作情况的评价，所以相当多的优秀人才选择了离开 A 公司，而且即使选择继续留在 D 公司的员工也开始采取没有生产力的行动，如工作情绪低落，缺少积极性和创造性等。D 公司高层领导和人力资源总监感到十分困惑。

从上面的案例首先应该明白，D 公司出现的不正常现象实质上是薪酬体系问题，由于受各种因素的影响，不同公司采取何种薪酬体系（体系也有一个结构性问题）存在许多差异，但基本上可分为两大类，即固定部分和动态部分。在实施岗位工资制的企业里，根据岗位等级确定的岗位工资，属于固定部分；而根据岗位绩效好坏确定的绩效工资，属于动态部分。二者共同构成了影响和激励员工的因素（注：其他因素还包括津贴、保险、房补、其他福利等）。

薪酬对员工极为重要，它不仅是员工的一种谋生手段和让员工获取物质及休闲需要，而且还能满足员工的价值实现和被尊重的需要。因此，薪酬会在很大程度上影响一个人的情绪、积极性、能力发挥和成长。研究表明，当一个员工处于较低的岗位获得较低的岗位工资报酬时，他会积极表现努力工作，一方面提高自己的岗位绩效，另一方面争取到更高级的岗位级别。在这个过程中，他会体验到由于晋升和加薪（注：由于绩效和级别的变化而带来薪酬的调整）所带来的价值实现和被尊重的喜悦，进一步促进其努力工作和积极表现。这是任何企业必须尊重的客观事实。

所以，D公司应该设计岗位工资和绩效考核双关联的动态薪酬结构，一旦形成，则具有相当大的激励性。

第三节 薪酬差别

一、薪酬差别的主要类型

市场经济提供了一个双向选择的机会，组织可以选择劳动者，劳动者也可以选择组织，正是基于这种双向选择产生了竞争，竞争的结果是形成了薪酬差别。薪酬差别在现实的劳动力市场是一个普遍现象，同一岗位会有不同的薪酬水平，不同的岗位可能会有同一薪酬水平。因地理位置、行业、职业、组织、个人等不同而产生了薪酬的地区差别、行业差别、职业差别、组织差别、个人差别等。

从现代经济学的角度，用职业的非货币特征来解释职业之间的薪酬差别，可以将薪酬差别主要分为垄断性薪酬差别、竞争性薪酬差别、补偿性薪酬差别。

（一）垄断性薪酬差别

垄断性薪酬差别是指由于劳动者的特殊素质或所属阶层的特殊性而造成的薪酬差别。垄断性薪酬差别又可分为人为垄断性薪酬差别和自然垄断性薪酬差别。

1）人为垄断性薪酬差别，主要表现为由于人为的因素干扰，如国家干预、行业产业的限制等导致某种职业劳动力供给出现短缺，由此导致垄断性的高薪酬。

2）自然垄断性薪酬差别，主要表现在劳动者个体差异方面，某些劳动者具有某些方面的超常天赋而从事别人难以胜任的职位，且这种天赋或素质即使通过后天有意识地培养也难以获得，从而形成职位垄断的格局。

（二）竞争性薪酬差别

竞争性薪酬差别，又称技能性薪酬差别，主要是指因劳动者的专业素质或专业技能差异而导致的收入差别。在市场经济下，组织和劳动者的双向相互选择而导致了竞争，而竞争的结果就会产生薪酬差别，只有具有特殊专业素质或专业技能的劳动者能够在劳动力市场竞争中占据优势，能够获得高薪酬职位，从而拉开与其他劳动者收入的差距。

（三）补偿性薪酬差别

补偿性薪酬差别，又称岗位性薪酬差别，主要是指因劳动者的具体工作环境、社会环境、工作条件等外在因素而导致的薪酬差别。补偿性表现在企业对在特殊工作条件下工作的劳动者所给予的额外补偿，如特殊津贴、加班津贴、出差津贴等。

二、薪酬差别的形成原因

薪酬差别形成的原因多种多样，既有外部因素如劳动力市场供求变化引起的，也有内部因素如组织战略、规模等变化引起的，但最主要的原因是劳动力市场变化及劳动力市场以外的其他原因造成。

（一）劳动力市场供求变化

传统的劳动力市场理论由于其假设的有限性和当时研究的局限性，只有以下这四个假设：组织的目标是追求利润最大化；所有的员工都是同质的且可以替代；薪酬水平反映了与雇佣有关的所有成本（如带薪节假日、福利、培训费用等）；雇主所面临的市场是具有竞争性的——单个雇主不可能通过支付高于或低于市场薪酬水平的工资获得优势。这些假设相对于现实则过于简单且存在很多无法解决的问题。例如，无法衡量每个员工的边际收益和边际产品，尤其是在某一产品是在两个或两个以上的员工共同完成的情况下。

现代劳动力市场理论对传统劳动力市场理论进行了修正与补充，提出了薪酬差异、效率工资、信号工资、保留工资、人力资本、职位竞争等新的理论，阐释了劳动力市场需求与供给变化的诸多成因，揭示了劳动者薪酬差别与劳动力市场供求变化的密切关系，揭开了薪酬差别产生的神秘面纱。当劳动力市场供大于求时，劳动者的总体薪酬水平下降，但仍有部分职位薪酬不降反升，如垄断性薪酬差异，从而导致薪酬差别；当劳动力市场供小于求时，劳动者的总体薪酬水平上升，但仍有部分职位薪酬不升反降，如对知识技能要求较低的体力型岗位，从而导致薪酬差别。

（二）形成薪酬差别的其他原因

虽然劳动力供求是决定组织薪酬水平的主要因素，但组织之间的规模、战略、地理位置等因素的差异在一定程度上也是形成薪酬差别的原因。

1. 组织规模、战略

有关资料研究表明，规模比较大的组织的薪酬水平要远远高于规模比较小的组织。一般而言，组织规模的发展壮大是与员工的努力程度息息相关的，因为人力资本是现代组织的核心竞争力，在彼此的相互作用下达到双赢的局面。诚然，组织的薪酬战略同样会影响组织的薪酬水平，不同的组织会因自身的需要而设计不同的薪酬制度和薪酬结构，从而产生薪酬差异。

2. 职业差异和流动性

职业与职业之间是有差异的，各种职业对任职者的任职资格、技能、能力的要求是有很大差异的，对职业资格要求越高的职业其薪酬水平一般要高于对职业资格要求较低的职业的薪酬水平，必然导致职业薪酬差异。然而，职业流动性充分与否同样会影响职业薪酬差异，主要表现在职业流动性越充分，薪酬差距就越小；职业流动性越不充分，薪酬差距就越大。

3. 地理环境

薪酬差异随地域不同而变化。一般而言，处在市区的组织薪酬水平要高于处于郊区、偏远地带的组织的薪酬水平，一方面是组织的薪酬水平必须要与当地的生活水平相挂钩，另一方面地理位置在一定程度上决定了组织的成本大小，所以组织的地理位置环境同样会导致薪酬差异。

三、薪酬差别的测度方法

将外部竞争性和内部一致性相结合的原则，要求组织必须对相关的薪酬差别加以测度，以便决定是否调整组织的薪酬水平[①]。薪酬差别的测度主要是通过薪酬调查获得比较对象和薪酬信息，推测薪酬差别的成因，为组织薪酬差别决策提供参考价值。然而，由于各组织薪酬结构的差异，在进行薪酬差别的测度时，既要界定相关的劳动力市场，还要保证获取准确而全面的信息，并利用正确的方法，才能得出正确的结论。

对组织内薪酬差别的测度，从技术层面上看，主要有两种方式：

一是计算不同阶层或群体的平均薪酬的比率。

这种方式在各成员的薪酬呈正态分布时可较好地反映该群体的一般薪酬水平，但对不同阶层或群体乃至整个社会的薪酬水平的反映程度方面往往不够全面确切，原因在于平均薪酬比率只能反映两个阶层或群体之间的薪酬差别，并不能反映整个阶层或社会的总体薪酬差别。

二是计算薪酬分布。

薪酬分布包括两个方面：一方面是薪酬的规模分布（从薪酬所得者的规模与所得薪酬规模的关系角度衡量各劳动者薪酬差别程度）；另一方面是薪酬的功能分布（从报酬的来源角度衡量劳动要素获得的薪酬差别程度）。通常薪酬的规模分布与功能分布是一种正相关关系，即薪酬的功能性差别越大，则薪酬的规模性差别也就越大。

在现代薪酬管理中，运用该方法时首先按劳动者人均薪酬水平将劳动者分组或分群体，同时计算出各组的薪酬收入份额，然后在分组或分群的基础上，通过洛伦兹曲线图、基尼系数和库兹涅茨比率方法测度薪酬差别。

（一）洛伦茨曲线图

洛伦茨曲线（Lorenz Curve），是用来检定和反映社会收入分配平均程度的方法和曲线，由统计学家 M. 洛伦茨（M. Lorenz）提出。图 5-4 中横轴 *OH* 表示人口（按收入由低到高分组）的累积百分比，纵轴 *OM* 表示收入的累积百分比，弧线 *OL* 为洛伦茨曲线。根据某组织某年的薪酬收入分配分组资料，将一定劳动者收入人数比重所对应的薪酬收入比重在图上描出，便可得出该组织该年的薪酬分配洛伦茨曲线。

---

① 王长城，姚裕群．2005．薪酬制度与管理．北京：高等教育出版社：213．

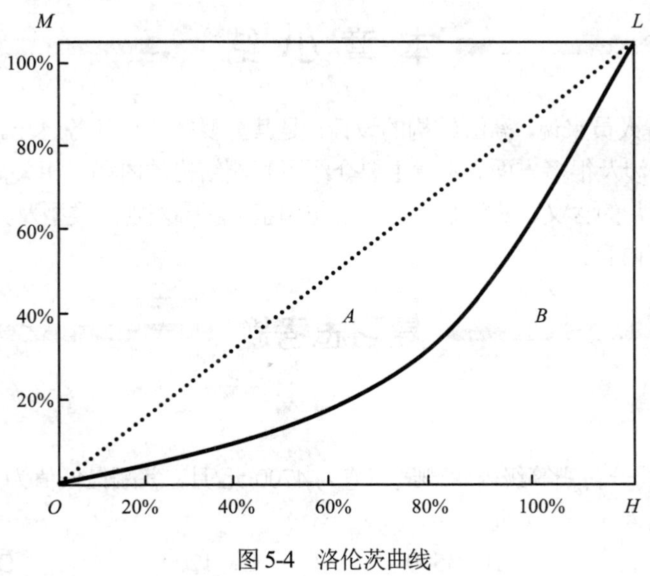

图 5-4 洛伦茨曲线

（二）基尼系数

基尼系数是20世纪初意大利经济学家C. 基尼（C. Gini）根据洛伦茨曲线判断收入分配公平程度的指标。基尼系数是比例数值，取值在0和1之间，是国际上用来综合考察居民内部收入分配差异状况的一个重要分析指标。在薪酬管理中，经常用其反映薪酬差别的总水平，也被称为基尼集中率，直接使用薪酬收入者的相对比重与其获得的薪酬收入相对比重进行计算薪酬差别。表示公式为

$$\text{基尼系数}=\frac{A}{A+B} \tag{5-3}$$

式中：A 表示实际收入分配曲线与绝对平均曲线之间的面积；B 表示实际收入分配曲线与绝对不平均曲线之间的面积。基尼系数等于 A 与 A、B 之和的比，这个指标也称洛伦茨系数（Lorenz Coefficient）。

如果基尼系数为零，说明面积 A 为零，收入分配绝对平均；如果基尼系数为1，说明面积 B 为零，收入分配绝对不平均。实际的基尼系数在0与1之间。基尼系数越小，说明收入分配越平均；基尼系数越大，说明收入分配越不平均。显然，基尼系数越大，代表收入差别越大，收入分配越不平均。国际公认的警戒线是0.4。

（三）库兹涅茨比率

库兹涅茨比率以一个数值反映总体差别状况，将各个阶层或群体的薪酬收入比重与劳动者人数比重的差距的绝对值进行加总。

本章小结

对于薪酬管理人员来说，薪酬结构的设计，是其重要的工作任务之一。整个设计过程是一项系统的工程，涉及很多方面。本章主要介绍了薪酬结构的内涵与相关概念、薪酬结构的设计方法、薪酬宽带的含义、薪酬结构的厘定与调整、薪酬差别的类型及其形成原因和薪酬差别的测度方法等内容。

复习思考题

一、单项选择题

1. 某一职位同一薪酬等级内薪酬最高值为4700元/月，薪酬最低值为3500元/月，则这一等级的薪酬区间为（　　）元。

A. 4700　　B. 3500　　C. 1200　　D. 3500～4700

2. 某一职位同一薪酬等级内薪酬最高值为4700元/月，薪酬最低值为3500元/月，则这一薪酬区间的薪酬变动比率为（　　）。

A. 25.5%　　B. 74.5%　　C. 34.3%　　D. 53.3%

3. 下列职位薪酬变动比率最高的是（　　）。

A. 维修工　　B. 技术人员　　C. 一线管理人员　　D. 专家

4. 某员工的基本薪酬是3000元，而区间最高值是4500元，区间最低值是2500元，则薪酬区间渗透度是（　　）。

A. 66.7%　　B. 83.3%　　C. 25%　　D. 60%

5. 宽带薪酬的优点不包括（　　）。

A. 支持组织扁平化

B. 强调团队导向

C. 适用范围广泛

D. 能够起到引导任职者将注意力转移到重视个人技能和能力的提升上

二、多项选择题

1. 一般而言，薪酬结构的构成要素是（　　）。

A. 薪酬等级

B. 相邻两个薪酬等级之间的交叉与重叠关系

C. 薪酬水平

D. 薪酬区间

E. 薪酬等级级差

2. 薪酬结构发挥的作用包括（　　）。

A. 激励作用　　B. 提高组织绩效

C. 促进组织变革和发展　　D. 展现组织结构与具体管理模式

E．反映该职位价值的大小，体现组织支付员工薪酬的标准

3．薪酬结构的设计方法包括（ ）。

A．基准职位定价法　　B．设定工资调整法
C．直接定价法　　D．当前工资调整法
E．职位因素比较法

4．从现代经济学的角度，用职业的非货币特征来解释职业之间的薪酬差别，可以将薪酬差别主要分为（ ）。

A．垄断性薪酬差别　　B．补偿性薪酬差别
C．竞争性薪酬差别　　D．人为垄断性薪酬差别
E．自然垄断性薪酬差别

5．薪酬差别形成的原因主要有（ ）。

A．劳动力市场　　B．组织的战略定位　　C．区域差异
D．行业差别　　E．组织的发展规模

三、判断题

1．一般情况下，中级管理类的薪酬等级宽度大于高级管理类的薪酬等级宽度。（ ）
2．薪酬区间渗透度又称“相对比率”（compa-ratio）或比较比率。（ ）
3．宽带薪酬更适合管理层次较少的组织形态。（ ）
4．任职资格越高的职位，薪酬等级也就越高，薪酬变动比率也会随之增加。（ ）
5．薪酬区间渗透度是同一薪酬等级内部最高值与最低值之差同最低值的比率。（ ）

四、简答题

1．什么是薪酬结构？薪酬结构的构成是什么？
2．什么是薪酬区间和薪酬区间中值？
3．什么是薪酬区间渗透度和薪酬变动比率？
4．什么是薪酬等级和薪酬等级级差？
5．什么是薪酬宽带？薪酬宽带有什么优缺点？
6．什么是垄断性薪酬差别、补偿性薪酬差别和竞争性薪酬差别？

研究与提高

一、讨论与操练

1．你认为薪酬结构对组织有哪些作用？
2．了解并掌握薪酬结构的设计方法。
3．了解并掌握薪酬差别的形成原因。
4．了解并掌握薪酬差别的测度方法。
5．针对某公司实际进行薪酬结构与薪酬差别的研究与设计。

二、扩展阅读书目

李建新，孟繁强，张立富．2006．企业薪酬管理概论．北京：中国人民大学出版社．
孙金利．2005．薪酬管理．天津：天津教育出版社．
王长城，姚裕群．2005．薪酬制度与管理．北京：高等教育出版社．
奚玉芹，金永红．2004．企业薪酬与绩效管理体系设计．北京：机械工业出版社．
彭剑锋．2011．人力资源管理概论．上海：复旦大学出版社．
刘伟，韦慧民．2013．薪酬管理．北京：北京师范大学出版社．

三、讨论案例

B公司的薪酬体系变革

B公司经过近1年的调研，于2008年4月推出了“宽带岗效薪酬体系”。除机加工车间外，对薪酬体系进行了改革——由原来的岗位技能工资体系切换到宽带岗效薪酬体系。

B公司以宽带薪酬为思路并结合B公司2005年出台的岗效工资制，将岗效工资同一级别的横向薪酬等级由原4个等级拓展至10个等级，在拉大同级薪酬浮动范围的同时使不同级别薪酬水平部分重叠，并且某些岗位的薪酬级别还可垂直跳跃。例如，对于质量检查员岗位，根据工作责任的轻重、技能水平的高低、敬业爱岗的程度，薪酬水平可以在7岗1级（月薪1390元）和8岗10级（月薪2480元）中拉开差距；对于技术工人岗位，根据技能水平高低，薪酬水平可以在6岗1级（月薪1190元）和12岗10级（月薪6190元）中跳跃。这种拉大差距的薪酬设计提高了企业薪酬体系的灵活性，为企业留住管理、研发、生产领域的业务顶尖人才打下基础，由此将会提升企业的核心竞争力和企业的整体绩效。

此外，B公司宽带岗效薪酬体系在简化过去薪酬结构的同时，适度加大薪酬中绩效薪酬的比例，并加大职能部门对薪酬的管理力度，部门对部属员工的薪酬具有了决定权。公司每年将根据人才市场薪酬指导价位及公司的经济效益进行薪酬调整，在规定调整幅度的前提下，员工的薪酬调整权归部门经理，人力资源部转向宏观控制公司的整体薪酬平衡及公司整体薪酬升降幅度。这一举措带动了职能部门其他方面的管理，如员工的绩效管理。有些部门经理为了使将来的薪酬调整具备说服力，已开始着手完善部属员工的绩效评价方案并建立员工绩效档案（宽带岗效薪酬体系实现了职能部门对部属员工的聘用、考核、分配三权一体化）。

“宽带薪酬”实施之前，每年都有几个骨干人才要求并调离企业；改革后的1年中，没有一个员工提出调走。“宽带薪酬”大大激励了员工的工作积极性，稳定了员工队伍，增强了企业凝聚力。

（根据中国人力资源开发网改编）

讨论题：

1．宽带薪酬究竟有什么作用？为什么能在近年兴起？
2．在实施宽带薪酬时应注意哪些问题？
3．你认为宽带薪酬能否在我国广泛运用？为什么？

第六章　绩效奖励计划

学习提要

绩效奖励计划是薪酬管理的重要组成部分。实施奖励薪酬是对员工优异工作绩效的认可与回报，绩效奖励计划的基础是员工的绩效认可，可以根据员工的类别及其工作特点，采取相应的绩效奖励计划。本章介绍了不同类型的绩效奖励计划的特点及适应范围、适应条件。

学习目标

- 理解绩效奖励计划的意义
- 理解绩效奖励计划的构成类别
- 比较绩效加薪与一次性奖金
- 掌握浮动薪酬的分配方法
- 掌握个人奖励计划的适用条件与类别
- 掌握群体奖励计划的适用条件与类别
- 掌握长期奖励计划的适用条件与类别
- 了解各种绩效奖励计划的优缺点
- 掌握绩效奖励计划的实施要点

关键词

奖励薪酬　　绩效奖励计划
绩效加薪酬　　一次性奖金
奖金分配方法　　生产人员绩效奖励计划
管理人员绩效奖励计划　　群体绩效奖励计划
奖励计划　　股权激励
期权激励　　特殊绩效认可计划

导入案例

通用汽车公司的薪金和奖励制度

通用汽车（General Motors，GM）公司成立于1908年9月16日，在发展历程中先后联合或兼并了别克、凯迪拉克、雪佛兰、奥兹莫比尔、庞蒂克、克尔维特、悍马等公司，拥有铃木3%的股份，自1927年以来一直是全世界最大的汽车公司。这些成就的取得离不开其为保留和激励人才而设计的优秀的薪金和奖励制度。

通用汽车公司的薪金和奖励制度使员工们工作得更快、也更出色。其秘诀是：只奖励那些完成了高难度工作指标的员工。

通用汽车公司试图使这些管理人员将公司崇高的宗旨具体到实际中去，利用一系列的准则去衡量这些人员的工作，即使是很难量化的事情。例如，一位经理想了解如何使客户感到满意、如何放权或者与同事们如何相处等，都可以通过一个360° 的评估方法，具体操作为，由该雇员在公司内的上司或下属来打分评级，以及通过单独面谈的方法来衡量。关键在于，不仅要提出恰当的问题，而且要向能提出正确意见的人了解情况，如客户、同事、老板等。

人们一般不愿意改变自己的行为模式，除非改变行为模式可以获得奖励。对做出成绩的人，公司一般采取发奖金或者授予股权的方法，以示表彰。然而，奖励的真正目的应该是鼓励员工以后更加努力地工作。研究表明，要使奖金真正地发挥激励作用，提供的奖励金额至少要高于被奖励者基本工资的10%。实际上，公司支付的奖金金额远远低于这个比例。各种奖励，包括奖金、认股权、利润分成等，加起来平均只有7.5%。

因此，薪酬制度的一个关键原则是，要把薪酬中的一大部分与工作表现直接挂钩。公司按实际绩效付酬，要遵循以下五个准则。

准则一：不要把报酬和权力绑在一起。如果把报酬与职位挂钩，就会建立起一支不满的队伍，专家们把这些人称作“POPOS”，意思是“被忽略的和被激怒的人”。这样，可以给员工们更多的机会，在不晋升的情况下提高工资级别。通用还大幅度地增加可以获得认股权奖励的员工名额，并在尝试实施一项奖励管理人员的计划，鼓励他们更多地了解情况，而不是根据他们管理多少员工或者工作时间有多久发奖金。

准则二：让员工们更清楚地理解薪酬制度。公司给工人们讲的如果都是深奥费解或者模棱两可的语言，工人们根本弄不清楚他们的福利待遇的真正价值。公司应当简明易懂地解释各种额外收入。

准则三：大张旗鼓地宣传。当公司为一位应当受到奖励的人颁奖时，尽可能广泛地传播这个消息。使各种不同的薪酬制度顺利执行，就要保证此制度有所不同。在一些公司，奖金已经成为一项固定收入，员工们把奖金当成另一个名目的工资，就像另外应得的权利一样，奖励就失去其应有的作用。

准则四：不能想给什么就给什么。不妨也试一试不用金钱的激励方法。金钱，只要用得适当，是最好的激励手段，而不用金钱的奖励办法则有着一些行之有效的优点——可以留有回旋余地（见准则五）。撤销把某一位员工的基本工资提高6%的决定，要比收回给他的授权或者不再给他参与理想的大项目的机会困难得多。采取非金钱的奖励办法，就没有这样的限制。

准则五：不要凡事都予以奖赏。更多地实行绩效挂钩付酬制度，日本经理并不以为然："你不能贿赂你的孩子们去完成家庭作业，你不能贿赂你的太太去做晚饭，你不能贿赂你的员工们去为公司工作。"并不是建议放弃原有的原则，但可以根据文化背景的差异来调整这些原则。

可见，奖金是一种补充性薪酬形式，具有较强的针对性、灵活性和激励性，弥补了基本工资制度的不足。

第一节　绩效奖励计划概述

一、奖励薪酬与绩效奖励计划

奖励薪酬又称奖金，最早是由泰勒在19世纪晚期推广使用的，泰勒将奖金定义为支付给产量超过预定标准的雇员的现金报酬。企业管理发展至今，从公司角度看，奖金是根据员工超额完成任务，以及优异的工作成绩而计付的薪酬。其作用在于鼓励员工提高生产率和工作质量。奖励薪酬一般是事后支付的，与员工业绩挂钩，是雇主对雇员勤奋、努力工作的成果进一步的事后奖励。

约瑟夫·J. 马尔托齐奥（Joseph J. Martocchio）认为："根据员工的绩效来支付报酬是20世纪美国薪酬实践的一个里程碑。"随着市场细化、竞争加剧及产业微利化等经济现实，促使人们对人员的激励日益重视，按绩效支付报酬成为薪酬分配的主流导向。薪酬与绩效挂钩的分配理念强调了薪酬与绩效的直接达成状况及绩效目标的联系性。在具体的管理实践中，经历了多种形式的发展，如最初的绩效加薪、一次性奖金，及个人特别奖励、针对个人、团队、组织的激励计划，按时期进行划分的长、短期激励计划、对特殊员工的激励计划等，这些构成了薪酬奖励计划的主要内容。奖励薪酬可以分为两大类：一是对超标准绩效达成的奖励，如绩效加薪、一次性奖金及个人特殊绩效奖；二是对绩效目标的奖励，主要包括个人绩效奖励计划、团队绩效奖励计划、组织业绩奖励计划。

二、奖励薪酬类型及主要形式

（一）绩效加薪

绩效加薪是将基本薪酬的增加与员工在某种绩效评价体系中所获得的评价等级联系在一起的一种绩效奖励计划。通常是在年度绩效评价结束时，企业根据员工的绩效评价结果以及事先确定下来的绩效加薪规则，决定员工在第二年可以得到的基本薪酬，绩效加薪所产生的基本薪酬增加会在员工以后的职业生涯——在同一个企业中连续服务的年限中得到累积。

绩效加薪计划的三大关键要素是加薪的幅度、加薪的时间以及加薪的实施方式。就加薪的幅度而言，绩效加薪的幅度主要取决于企业的支付能力，加薪幅度过高，企业可能没有承受能力，但是如果绩效加薪的幅度过小，绩效加薪计划又很可能会无效，因为小规模的加薪往往不能起到激励员工绩效的作用，并且很容易与生活成本加薪混同。绩效加薪计划中，绩效加薪的幅度还和企业的薪酬水平与市场薪酬水平的对比关系有关，或者是与员工所在的管理层级以及企业内部相对收入水平高低等因素有关。从绩效加薪的时间安排来看，常见的绩效加薪是每年一次，也有些企业采取半年一次或者是每两年一次的做法。从绩效加薪计划的实施方式看，绩效加薪既可以采取基本薪酬累积增长的方式，也可以采取一次性加薪的方式。一次性加薪是常规的年度绩效加薪的一种变通措施，它通常是对那些已经处于所在薪酬等级最高层的员工所采取的一种绩效奖励方式，因为这时企业已经不能再提高这类员工的基本薪酬水平，但是又需要对其中的高绩效员工提供一定的激励。

（二）一次性奖金

一次性奖金也是一种非常普遍的绩效奖励计划，从广义上来讲，它属于绩效加薪的范畴，但却不是在基本薪酬基础上的累积性增加，而是一种一次性支付的绩效加薪。如前所述，一次性绩效加薪不仅可以有效解决薪酬水平已经处于薪酬范围顶端的那些员工的薪酬管理问题，而且有助于避免企业固定薪酬成本的增加。

对组织而言，一次性奖金的优势是很明显的：一方面，它在保持绩效和薪酬挂钩的情况下减少了因基本薪酬的累加效应所引起的固定薪酬成本增加；另一方面，它可以保障组织各等级薪酬范围的"神圣性"，不至于出现大量超过薪酬范围的员工，同时还保护了高薪酬员工的工作积极性。对员工而言，一次性奖金相对于绩效加薪的优势要少很多，虽然员工可以一次拿到很多奖金而不是像普通绩效加薪那样，要在 12 个月甚至更长的时间里慢慢地获得基本薪酬的增加。但是从长期来看，员工实际上得到的资金数额肯定要比普通绩效加薪情况下少得多。那些即将面临退休的员工对这一问题尤为关注，因为在传统的薪酬体系中，退休金只和员工的基本薪酬挂钩而与一次性奖金没有任何关系。为了解决这一问题，有的组织将一次性奖金算入到员工的退休金确定基础当中，有的组织则将一次性奖金和福利联系起来。例如，把为员工购买人寿保险作为对员工绩效的一次性奖励。这种做法一方面仍然将绩效和薪酬紧密联系在一起，另一方面又通过用一次性奖金购买福利的做法为组织节省了福利成本。但需要引起注意的是，对于任何类型的员工而言，如果企业长期以一次性奖金替代基本薪酬的增加，则有可能导致员工们采取一些不利于绩效提高的消极行为。

表 6-1 是绩效加薪与一次性奖金的长期成本比较。

表 6-1　普通的绩效加薪与一次性奖金的长期成本比较　　（单位：元）

项目	绩效加薪	一次性奖金
基本薪酬（年薪）	50000	50000
第 1 年支付 5%	2500	2500
新基本薪酬	52500	50000
总额外成本	2500	2500
第 2 年支付 5%	2625（5%×52500）	2500（5%×50000）
新基本薪酬	55125（52500+2625）	50000
总额外成本	5125	5000
5 年之后……		
第 5 年支付	3039	2500
新基本薪酬	63814	50000

（三）按奖励条件的考核项目划分，还可分为单项奖和综合奖

单项奖是以生产、工作中的某项指标作为计奖条件，只对劳动成果中的某一方面进行考核，一事一奖。一般采取按绝对额计发奖金的办法，也可采取计分算奖的方法。单项奖有超额奖、质量奖、节约奖、新产品试制将等。

综合奖是以多项考核指标作为计奖条件，对员工的劳动贡献和生产、工作成绩的各个方面进行全面评价，统一计奖，重点突出。具体办法是把劳动成果分解为质量、数量、品种、效率、消耗等因素，每一因素都有明确的考核指标及该指标的奖金总额的百分率或绝对数，只有在全面完成各项指标的基础上提供超额劳动，才能统一计奖。

三、浮动薪酬分配方法

在实际执行的过程中，员工个人所应得到的绩效奖金往往还要与其所在部门的绩效以及个人的绩效挂钩。企业通常可以采取以下几个公式来计算员工个人应得的绩效奖金金额（以下公式以企业采取季度考核为例）。

1）部门间季度绩效工资平均单价的计算公式为

$$\text{部门间季度绩效工资平均单价}=\frac{\text{公司季度绩效工资基准额}}{\sum\left(\begin{matrix}\text{部门季度绩效}\\\text{工资基准额}\end{matrix}\times\begin{matrix}\text{部门季度绩效}\\\text{评价系数}\end{matrix}\right)} \tag{6-1}$$

2）各部门应得季度绩效工资总额的计算公式为

$$\begin{matrix}\text{部门应得季度}\\\text{绩效工资总额}\end{matrix}=\begin{matrix}\text{部门季度绩效}\\\text{工资基准额}\end{matrix}\times\begin{matrix}\text{本部门季度}\\\text{绩效评价系数}\end{matrix}\times\begin{matrix}\text{部门季度绩效}\\\text{工资平均单价}\end{matrix} \tag{6-2}$$

3）部门内季度绩效工资平均单价的计算公式为

$$\text{部门内季度绩效工资平均单价}=\frac{\text{本部门应得季度绩效工资总额}}{\sum\left(\begin{matrix}\text{员工个人季度绩效}\\\text{工资基准额}\end{matrix}\times\begin{matrix}\text{个人季度绩效}\\\text{评价系数}\end{matrix}\right)} \tag{6-3}$$

4）员工实际应得季度绩效工资的计算公式为

$$\begin{matrix}\text{员工实际应得}\\\text{季度绩效工资}\end{matrix}=\begin{matrix}\text{员工季度绩效}\\\text{工资基准额}\end{matrix}\times\begin{matrix}\text{个人季度绩效}\\\text{评价系数}\end{matrix}\times\begin{matrix}\text{部门内季度绩效}\\\text{工资平均单价}\end{matrix} \tag{6-4}$$

第二节　绩效奖励计划的优缺点及实施

一、绩效奖励计划的优缺点

（一）绩效奖励计划的优点

1. 针对性强

由于绩效奖励计划往往有明确的绩效目标，因此，它能够把员工的努力集中在组织认为

重要的目标上，从而有利于组织通过灵活调整员工的工作行为来达到企业的重要目标，避免员工的行为脱离组织的战略主线而形成本位主义倾向。

2. 降低固定成本

由于绩效奖励计划中的报酬支付实际上变成了一种可变成本，因此，它的实施减轻了组织在固定成本开支方面的一些压力，有利于组织根据自身的经营状况灵活调整自己的支付水平，而不至于因为成本的压力而陷入困境。

3. 有利于组织总体绩效水平的改善

由于绩效奖励往往与直接的绩效改善联系在一起，并且奖金的授予对象是那些为更高绩效的达成做出贡献的人，因此，绩效奖励计划有利于组织总体绩效水平的改善。

（二）绩效奖励计划的缺点

1. 很可能会流于形式

在绩效奖励计划中所使用的产出标准很可能无法保持足够的准确和公正，在产出标准不公正的情况下，绩效奖励计划很可能会流于形式。

2. 可能不利于组织的总体利益

绩效奖励计划有可能导致员工之间或者员工群体之间的竞争，而这种竞争可能不利于组织的总体利益。

3. 存在讨价还价的问题

在绩效奖励计划的设计和执行过程中还有可能增加管理层和员工之间产生摩擦的机会，因为在许多绩效奖励计划当中都存在讨价还价的问题。

4. 有破坏企业和员工之间心理契约的可能

绩效奖励计划实际上是一种工作加速器，有时员工收入的增加会导致企业出台更为苛刻的产出标准，这样就会破坏企业和员工之间的心理契约。

二、绩效奖励计划的实施

绩效奖励计划的优点使得越来越多的企业在使用它，而这种薪酬计划的缺点也使得绩效奖励计划的实施过程必须非常谨慎。

1. 绩效奖励计划只是企业整体薪酬体系中的一个重要组成部分

尽管绩效奖励计划对于激励员工的行为和绩效有着重要的作用，但是却不能取代其他薪酬计划。只有与其他薪酬计划密切配合，才能确保绩效奖励计划的作用正常发挥，不能以为只要有了设计良好的绩效薪酬计划，企业对员工的报酬和激励问题就可以顺理成章地得到解决。

2. 绩效奖励计划必须对那些圆满完成组织绩效或行为与组织目标一致的员工给予回报

组织目标通常和企业的战略经营计划和组织任务联系在一起。因此，绩效奖励计划必须与组织的战略目标及其文化和价值观保持一致，并且与其他经营活动相协调。很显然，实现企业战略目标或经营目标以及维护企业的价值规范是实施绩效奖励计划的最主要目的，但是如果组织的价值观和战略目标不清晰或者是员工对其不理解，就很可能会发生企业所奖励的行为和结果与组织的目标相背离的情形。事实上，在实践中经常发生这样一种情况，从局部看设计非常合理的绩效奖励计划，最终对于企业业绩所产生的影响却是不利的。这就告诫我们，成功的绩效奖励计划必须保持下面三个方面的一致性：①员工的目标及其组织特性（组织的服务对象是谁？组织的产品和服务是什么？）；②组织的战略规划（组织如何完成其战略任务？）；③组织的目标（组织确立了什么样的目标？）。

3. 企业必须首先建立起有效的绩效管理体系

因为绩效奖励计划是以对员工、员工群体甚至组织整体的业绩作为奖励支付的基础，因此，如果没有公平合理、准确完善的绩效评价系统，绩效奖励就成了无源之水，无本之木。在这里，企业不仅要明确自己所要实现的成果是什么，什么样的员工行为有利于这种成果的实现，同时还要明确，企业将如何来对这些成果进行衡量、监督以及管理。如果没有明确的、具体的、可衡量的、富有挑战性的绩效衡量指标，经营目标就会成为模糊不清的东西，绩效奖励就会成为上级的恩惠或者是铁板钉钉一样的既得利益。于是，以激励绩效为目的的绩效奖励计划最终就会蜕变成另外一种形式的“大锅饭”。

4. 有效的绩效奖励计划必须在绩效和奖励之间建立起紧密的联系

无论企业的目标多么清晰，绩效评价多么准确，反馈多么富有成效，如果这些与报酬之间不存在联系，绩效也不会达到最大化。例如，一家制造业公司采取了将工厂的生产绩效以大幅图画在公司门口张贴的做法，以便员工一进厂时就能了解到公司的一些重要经营指标的变化情况。开始时，这些图画引起了员工们浓厚的兴趣和讨论，绩效也有所改善。然而，公司的业绩很快就又下降到了此前的水平。在调查原因时，员工们说，原来以为公司可能会对员工们通过努力所带来的这些数据的变化作出某种反应，如制订特定的奖励计划对员工的努力加以认可，召开一个庆祝会，或者是来自高层的一声真诚的感谢等，可结果什么也没有发生，于是他们很快对数据失去了兴趣，又重新回到了原来的轨道上去。这里，反馈是存在的，但是却没有与报酬联系在一起。

5. 绩效奖励计划必须获得有效沟通战略的支持

既然绩效奖励计划要求员工能够承担一定的风险，那就要求企业能够及时为员工提供正确地作出决策所需要的各种信息；同时，企业还需要就绩效进展情况向员工提供经常性的反馈，以帮助员工提高达到既定目标的可能性。实际上，有时绩效奖励计划的作用对信息传递功能的强调甚至要超过对报酬支付功能的强调。在实践中，我们也常常会看到，仅仅为降低固定成本而实行的浮动薪酬计划往往会以失败而告终。沟通的另外一个重要作用是让员工看到绩效和薪酬之间到底存在怎样的联系。例如，某企业的一位中层主管得到一大笔年终奖，但是当朋友问他得到这么多奖金的原因时，这位主管自己也不清楚，而且也感到很迷惑，自己到底明年是否还能够得到这么高的奖励？如何才能获得？在这种情况下，虽然绩效报酬已经存在了，但是报酬和绩效以及目标之间的联系点却很模糊。

6. 绩效奖励计划需要保持一定的动态性

绩效奖励计划是围绕企业经营目标、企业外部的经营环境以及员工的工作内容、工作方式等情况而不断发生变化的，因此，过去曾经取得成功的绩效奖励计划并不一定到现在依然成功，而经常是要么需要完全重新设计新的绩效奖励计划，要么需要对原有的绩效奖励计划进行较大的修改和补充。例如，以最早实施收益分享计划而闻名的林肯电气公司在 1934 年开始实施这种奖励计划的时候，是将员工的报酬与个人的生产率以及公司的盈利情况紧密结合在一起的，当时，许多生产线上的工人没有基本薪酬，收入完全取决于个人的产量，有时有些幸运的工人每年甚至能够挣到 10 万美元，但是在 20 世纪 80 年代向海外扩张的过程中，这种做法却导致了持续性的财务问题，原有的绩效奖励计划不仅在海外文化中不适用，其本国员工也面临因不受个人控制的原因所造成的奖金削减的威胁。

知识拓展

某物资供应公司现有员工 260 多人，下属 17 个科室、单位。在 2012 年月分配制度改革前，其经理和副经理、科室和科员之间、复杂劳动和简单劳动之间、最高奖金收入和最低奖金收入之间的差距很小，存在严重的平均主义，未能真正体现按劳分配的基本原则，无法起到应有的激励作用。针对这种情况，该企业领导从 2012 年元月开始通过大量调查研究酝酿进行奖励制度改革，到 7 月份首次实行。此次改革的核心在于拉大差距，以体现劳动强度和劳动难度，并着重强调了绩效考核与奖金之间的联系。

但事与愿违，新的奖金制度实施几个月来，企业内部员工怨言不断。小王认为："我这个月没有缺过一天勤，小李的奖金凭什么比我多？"小李却觉得："为什么我这个月奖金比上月少，是不是搞错了？想去问又不好意思，想查又查不到。"而部门经理们也有怨言："原来部门里大家关系都很好，公司搞个新的奖金制度，导致现在整个部门里天天大家都谈论奖金的事，什么工作氛围、人际氛围都没了。"

三、薪酬奖励的条件

薪酬奖励条件是指特定奖项所要求的超额劳动的数量和质量标准。制定奖励条件要遵循以下几个原则：

1）合理制定奖励条件的期望值。根据期望理论，生产定额应是职工通过努力可以达到的，奖励条件要适当才能促使职工奋发向上，采用先进且可行的合理奖励目标，充分发挥奖金的激励作用。

2）对不同性质的超额劳动，采用不同的评价指标和奖励方式，准确反映各类雇员所创造的超额劳动的价值。

3）坚持经济效益为导向。奖金奖励的重点要放在与公司经济效益密切相关的工作环节和工作岗位上，以实现提高企业生产经营效益，降低生产成本的最终目的。

4）要坚持具体、可量化、可操作的原则。

我国企业中常用的奖励指标和奖励条件如表 6-2 所示。

表 6-2 我国企业中常用的奖励指标和奖励条件

部门	奖励指标	奖励条件
生产部门	产量或工作量	超出目标量的部分，按比例计奖
	产品质量	合格率、优良品或不良品率超标计奖
	产品投入产出	产出量与投入量之比值，超标计奖
	原材料消耗	单位产品消耗、允许消耗、从节约额中计奖
	利润	超出生产利润指标、从超值中计奖
	劳动纪律	按违纪项目、次数扣奖
	操作规程	按违规项目、次数扣奖
	客户投诉	按投诉次数、性质、程度扣奖
	交办事项	完成时效、质量、可加奖额
	其他	工作环境、出勤率、服务满意程度等
销售部门	销售或订货	单位时间完成销售量或订货量
	货款回收	在限期内货款的回收
	毛利率	产品定价和成本比率
	其他	出勤、劳动纪律
服务部门	所属部门效率	按所属部门平均奖金一定比例计奖
	部门特定指标	如盘存误差率、维修及时率、故障率、保养费支出等
	其他	出勤、用户投诉等

第三节 绩效奖励计划的形成

一、个人绩效奖励计划

（一）个人绩效奖励计划的内涵及其适用条件

个人绩效奖励计划指针对员工个人的工作绩效提供奖励的一种报酬计划。由于绩效奖励计划是根据某些事先确定好的客观的绩效标准来支付的绩效薪酬计划，因此，所有的奖励计划都有一个共同的特点，即找到一个可以用来与之进行比较从而确定奖励金额的既定绩效标准。在个人奖励计划中，这一标准就是员工个人的绩效可以与之进行对比的个人绩效基准。

实施个人绩效奖励计划，必须具备如下的条件。

1. 从工作角度看

员工个人的工作任务完成不取决于其他人的绩效，即其他员工的工作状况不会对被个人奖励计划覆盖的员工的绩效产生影响，员工本人对自己的工作进度和工作完成情况有充分的控制力，个人的努力和个人的绩效之间存在直接的和明确的联系。此外，组织对于员工个人的绩效还必须能够准确地加以衡量，如果无法衡量和评价个人的绩效，则个人奖励计划就失去了其存在的基础。

2. 从组织状况看

企业所处的经营环境以及所采用的生产方法以及资本—劳动力要素组合必须是相对稳定的，因为个人绩效奖励计划要求必须事先制定一个相对稳定的个人绩效标准，如果企业经营环境或者是技术条件、生产方式等不断发生变化，员工个人的绩效标准必然要随之发生改变，这样就会破坏个人绩效奖励计划原有的奖励公式，影响员工对于奖励计划的看法，甚至影响员工对于企业的看法。

3. 从管理方面看

由于个人奖励计划大多是以引导生产效率提高为出发点的，因此它实际上会鼓励员工在同一岗位上长期工作，提高工作的熟练性，这样，企业就必须在整体的人力资源管理制度上强调员工个人的专业性，强调员工个人的优良绩效，如为员工提供专业化的培训，为员工设计单一的职业发展通道等。此外由于个人奖励计划的基础是个人的绩效，因此，企业还必须有科学、合理的绩效评价系统以及明确稳定的绩效标准，同时还要确保企业的管理人员在绩效评价的过程中能够保持公平和公正。

（二）个人绩效奖励计划的种类

1. 针对生产人员的奖励计划

（1）直接计件工资计划

直接计件工资计划是运用最为广泛的一种奖励计划，薪酬直接根据产出水平而发生变化。首先确定在一定时间内（如 1 个小时）应当生产出的标准产出数量，然后以单位产出数量确定单位时间工资率，最后根据实际产出水平算出实际应得薪酬。显然，在这种计划下，产出水平高于平均水平者得到的薪酬也较高。

（2）标准工时计划

所谓标准工时计划，是指首先确定正常技术水平的工人完成某种工作任务所需要的时间，然后再确定完成这种工作任务的标准工资率。即使一个人因技术熟练在标准时间内完成了工作，其依然可以获得标准工资率。

（3）差额计件工资制

直接计件工资计划的另外一种变体是差额计件工资制，或者是泰勒制。这种工资制度是由科学管理理论的创始人泰勒最先提出的。其主要内容是使用两种不同的计件工资率：一种适用于那些产量低于或等于预定标准的员工的，而另一种则适用于产量高于预定标准的那些员工。

传统的差额计件工资计划主要包括泰勒计件工资计划和莫里克（Merrick）计件工资计划两种。在泰勒的计件工资计划中一共有两种计件工资率（0.5 美元/件和 0.7 美元/件），而在莫里克计件工资计划中，则将计件工资率划分为三个等级：完成标准任务 100%以上（0.7 美元/件）；完成标准任务 83%～100%（0.6 美元/件）以及完成标准任务 83%以下的（0.5 美元/件）。

（4）与标准工时相联系的可变计件工资计划

这类计件工资计划主要包括以下三种：

1）海尔塞（Halsey）50-50 计件工资计划。其内容是，企业通过时间研究确定完成某项任务的标准工作时间，如果员工以低于标准工时的时间完成工作，从而因节约时间而产生收益，则这种通过成本节约而产生的收益在企业和员工之间以对半的形式分享。

2）罗曼（Rowan）计件工资计划。从企业和员工分享因节约标准工作时间所产生的收益这一点上看，它与海尔塞 50-50 计件工资计划是类似的。所不同的是，随着所节约时间的增加，员工所能够分享的收益所占的比例是上升的。如果完成一项任务的标准时间是 10 个小时，某人 7 个小时完成工作，则此人得到 30%的成本节约奖，若他能在 6 个小时内完成，则可得 40%的成本节约奖。

3）甘特（Gantt）计件工资计划。主要做法是，在确定标准工时的时候，有意将工时定在工人需要付出较大努力才能达到的水平上。不能在标准时间内完成工作的人将会得到一个有保证的工资率。但是对于那些能够在标准时间内或者是少于标准工时的时间内完成工作的员工，计件工资率则定在标准工资率的 120%这一较高水平上。因此，一旦达到或者超过标准工时的要求（工时更短），员工的收入增长会比产量的增长要快。

2. 针对管理人员的绩效奖励计划

管理人员的绩效奖励计划是指当其所管辖的部门（或职能单位）达到或超过预定的有关销售、利润、生产或其他方面的目标时，对经理个人进行奖励所运用的奖励方式。管理人员绩效奖励的指标较为复杂，既包括一些量化的指标，也包括一些难以量化但确实可作为衡量部门/团队整体绩效的标准。例如，基层管理人员奖励计划可以随下属的奖金收入而定或者根据生产量的增加量、节约的生产成本费用、废品率、安全率等确定。而对高层经理人员的奖励计划往往采用一些长期、与股权相关的激励计划，如股票期权和期股。

（1）股票期权

股票期权是买卖双方按事先约定的价格，在特定的时间内买进或卖出一定数量的某种股票的权利。经理人股票期权是公司赠与经理人在未来才能实现的一种不确定收入。经理人收益的多少与企业的资产质量紧密相关。

股票期权的赠与时机一般为高层管理人员受聘、升职、业绩评定阶段。其授予数量根据要达到的目标决定期权的数量。股权份数的计算公式为

$$\text{股权份数}=\frac{\text{期权薪酬的价值}}{\text{期权行使价格}\times 5\text{年平均利润增长率}} \tag{6-5}$$

股票期权行使所需股票来源于公司发行新股票或通过留存股票账户回购股票。

（2）期股

期股是企业出资者同经营者协商确定的在任期内由经营者按既定价格获取适当比例的本企业股份，在兑现之前，只有分红等部分权利，股票将在中长期兑现的一种激励方式。期股的设计和实施要点包括确定期激励的适用范围、对象和主体；期股股份的形成方式及获取方式；期股的红利和期段股变现兑现；终止服务的处理；期股购买价格等内容。

（3）期股与股票期权的区别

期股与股票期权的区别如下：

1）购买时间不同。期股是当期（签约时或任期初始）的购买行为，股票权益在未来兑现；而期权则是未来的购买行为，购买之时即是权益兑现之日，可以“即买即卖”。

2）获取方式不同。期股既可以出资购买得到，也可以通过赠与、奖励等方式获得；而期权在行权时必须通过出资购买才能获得。

3）约束机制不同。经营者在被授予期股后，个人已支付了一定数量的资金，但在到期前只有分红权，没有转让权和变现权，因此期股既有激励作用，又有约束作用，如前所述，是一把双刃剑；而期权则是获得一种购买股票的权利，如果行权时股价不跌，经营者可以放弃行权，个人利益不受任何损失，因此期权只有激励作用，而没有约束作用。

4）适用范围不同。期股适用于所有企业；期权只适用于上市公司。

知识拓展

百度在线网络技术（北京）有限公司（简称百度）成立之初，就引入了期权激励计划。但从百度上市至今的股价走势，可以发现，百度股价除在上市首日有过疯狂的表现外，之后便逐渐走低。百度虽有“中国 Google”之称，但是部分业内人士都认为百度股价虚高，与百度的盈利能力不相符，百度最终仍是需要靠业绩来吸引说服投资者。可见，资本市场对收益增长的要求会给百度造成不小的压力，但是百度盈利来源单一，其不得不削减成本。百度的股票期权计划主要存在以下问题。

1）百度期权激励计划存在激励范围过大的问题，增加了企业不必要的成本。百度初期基本上是尽量大范围地让员工获得期权，这种做法虽然是基于尊重员工的贡献这一想法，但后果却是由于激励面的过广，反而导致了员工的预期相对过高。同时，由于百度上市时股价的上涨超出了原来的预期，使得激励显得过度。

2）百度股权激励的设置也不尽合理，无附加行权条件的期权激励常导致失败。同时期权的行权太密集，每个月都有行权。以 2005 年签署的期权协议为例，百度方面承诺给予一定数量的员工股权的同时，工作满一年后可认购 25%，之后每个月可以认购可认购期权总数的 1/48。而对于一般的股权激励而言，比较多的是以年为单位，符合长期激励的道理，而很少以按月为单位。

3）百度自上市以来的业绩增长速度正在逐步放缓。当一家公司面临收入已难以保持高速增长甚至下滑的情况下，同时还要面对资本市场的强大压力，公司一时无法突破盈利模式，削减成本也许就是见效最快的方式了。

因此，我们得出结论：股票期权作为一个多方的、多层次的博弈，唯有设计合理才能达到比较好的激励效果。在设计股票期权计划时，应明确激励对象，选择有激发潜力的对象。同时，期权作为一种长期激励方式，企业在现行会计制度下，必须充分考虑期权成本对经济后果的影响。

3. 针对科研人员的绩效奖励计划

科研人员是公司内部比较特殊的一类人员，他们与公司的生产、销售等一线工作缺少直接联系，因此，科研人员在开发新产品时缺乏主动接近市场、满足用户需求、不断完善提高产品性能的动力，往往从主观认识出发，片面求新、求异，而忽视用户的需求和产品的经济性要求。因此，针对科研人员的特点并结合国内外先进的实践经验，重点介绍产品销售贡献毛益提成制。

科研人员销售贡献毛益提成制又称效益提成制，效益提成的基本方法是试制新产品鉴定完成后，由总工程师组织参加设计人员进行评定，提出主创人员署名、提成分配比例及创新等级的意见，报公司决定。产品达到一定的市场占有率后，主创设计人员开始从该产品的年销售贡献毛益中按一定的比例提取奖励。提成期限视具体情况而定，但短于该产品的实际寿命周期，提成期内职工退休、组织调动，则仍继续享受提成，如发生死亡则由其法定继承人继承其提成份额。科技人员没有设计新产品或设计的新产品没有形成市场规模则没有提成。

贡献毛益是指该产品的销售单价扣除其单位变动成本，只有这一部分才是产品对企业的实际贡献，才是企业经济效益的构成部分。因为不同的技术项目可能其侧重点不同，有的项目是侧重技术创新，有的是侧重结构调整，降低单耗，同样也能为企业创造经济效益，而此时仍然采用销售额提成的办法，则反映不出对科技人员的鼓励作用，失去了该方法的意义。

4. 其他的个人奖励计划

（1）成功推荐计划

成功推荐计划是一种特殊的个人奖励计划，它不针对员工的工作绩效，而是对那些为公司成功介绍了新客户或者推荐了合适人才的员工进行奖励。这种特殊的奖励计划一般适用于公司急需人才的人力资源吸纳期，当雇员为公司的空缺职位成功推荐了合适人员就有获得奖金的机会，只要被推荐来的人工作一段时间后，期间各方面表现确实符合公司要求，获得了用人部门的认可，则推荐奖金就可以兑现。推荐计划的基本观点认为公司现有的人员比招聘代理机构更熟悉本公司的文化和用人要求，因此可以更有效地为公司推荐合适的人选。

（2）个人行为鼓励计划

个人行为鼓励计划是针对员工的某种具体的优良行为进行奖励的方式，一般用于鼓励良好的出勤率或安全记录，这种奖励计划适用于对出勤、作业安全性要求很高的工作员工，如保安、工程的巡查人员、施工人员、矿山的工人等。

二、群体绩效奖励计划

与个人绩效奖励计划相比，群体绩效奖励计划有很多优势：①从工作角度看，工作产出是集体合作的结果，无法衡量员工个人对于产出所做出的贡献；②从组织状况看，在组织目标相对稳定的情况下，个人的绩效标准需要针对环境的压力而经常性地变化，并且生产方式以及资本和劳动力的要素组合也必须适应压力的要求而经常作出调整；③从管理方面看，企业中存在良好的绩效文化和团队合作文化，这是因为在组织制定出明确的目标并且能够就绩效标准与员工进行良好沟通的前提下，员工会对这种奖励计划有充分的信任，同时也有更为充足的信心去达成预定的绩效目标。

群体绩效奖励计划与当前企业界所倡导的团队合作哲学之间具有很强的一致性，这是因为仅仅使用个人绩效奖励计划虽然也能够推动员工个人达到较高的绩效水平，但同时也有可能会产生让企业不可接受的过于强烈的个人主义行为和过度的竞争性行为，并且导致员工忽视组织目标。而基于群体绩效的群体奖励计划则会引导员工之间的合作，提高他们对整个工厂或企业利益的关注，但是不可否认的是，在实施群体绩效奖励计划时会遇到一个可能会导致这种计划失败的重大潜在问题，这就是经济学中所谓的“搭便车”行为，即当针对群体绩效来支付报酬的时候，群体中的某些人可能会采取消极怠工的行为，付出很少的努力，但是却等待获取他人努力工作的成果。一旦群体激励计划设计不当，出现了这种现象，则最终结果是一方面将会对个人的工作激励降低到很低的水平；另一方面，高绩效者还会因为自己的努力和成绩得不到认可和回报而放弃努力或者干脆离开组织。

群体绩效奖励计划通常可以划分为以下几种类型：利润分享计划、收益分享计划、成功分享计划以及团队奖励计划等。

（一）利润分享计划

利润分享计划是指根据对某种组织绩效指标（通常是指利润这样一些财务指标）的衡量结果来向员工支付报酬的一种绩效奖励模式，根据这一计划，所有或者某些特定群体的员工按照一个事先设计好的公式，来分享所创造利润的某一百分比，员工根据公司整体业绩获得年终奖或者股票，或者是以现金或延期支付的形式得到红利。在传统的利润分享计划中，组织中的所有员工都按照一个事先设计好的公式，立即分享所创造出的利润的某一百分比。其特点是，员工可以按照组织的利润立即拿到现金奖励而不必等到退休时再支取，但是当时却必须按照国家税法的规定缴纳收入所得税。这种利润分享计划的设计和执行往往比其他浮动薪酬计划要更为容易一些，几乎不或很少需要员工方面的参与。而现代的利润分享计划则将利润分享与退休计划联系在一起。其做法是，企业将利润分享基数用于为某一养老金计划注入资金，经营好时持续注入，经营状况不佳时则停止注入。利润分享的组织范围也由原来的整个组织降低到承担利润和损失责任的下级经营单位。当然，在实施利润分享之前，通常要求实施单位能够达到某一最佳投资收益率（绩效水平），否则利润分享基金中是不会有实实在在的货币的。

利润分享计划具有以下两种潜在优势：

1）利润分享计划使员工直接薪酬的一部分与组织的总体财务绩效联系在一起，向员工传递了财务绩效的重要性的信息，从而有助于促使员工关注组织的财务绩效以及更多地从组织目标的角度去思考问题，员工的责任感、身份感和使命感会增强，而不像个人绩效奖励计划那样会引导员工只关注个人的行为和工作的结果。

2）由于利润分享计划不会进入员工个人的基本薪酬之中，因此它具有这样一个有利的特点，即在企业经营陷入低沉时有助于企业控制劳动力成本，从而避免在解雇人员方面产生较大的压力，而在经营状况良好的时候，则为组织和员工之间的财富分享提供了方便。利润分享计划的这一特点对于经营周期性很强的企业会比较有效，因为这些企业的固定薪酬通常相当于或者低于市场水平，而且希望薪酬能够保持一定的灵活性，而利润分享计划恰恰使得它们能够在经营好的年分支付高于市场水平的薪酬，而在不景气的年份则不必大量裁减人员或压缩正常的成本开支。

利润分享计划的缺陷也是非常明显的。其主要表现是，尽管利润分享计划可以从总体上激励员工，但是它在直接推动绩效改善以及改变员工或团队行为方面所起的作用却不大。其中原因主要是，组织的成功尤其是利润更多的是取决于企业的高层管理者们在投资方向、竞争战略、产品以及市场等方面所作出的重大决策，员工个人甚至普通员工群体的努力和企业的最终绩效之间的联系是非常模糊的，从而除了中高层管理者之外，大多数员工都不大可能看到自己的努力和自己在利润分享计划下所能够获得的报酬之间到底存在多大的联系。按照期望理论的观点，员工的工作动机取决于行为和有价值的结果之间所具有联系的紧密程度。如果员工们看不到如何才能增加利润以及确保利润分享基金到位，那么，他们是不可能因为这一计划的存在而更加努力地工作的。因此，利润分享计划更适用于小型组织或者大型组织中的小型经营单位，因为在这样一些规模较小的单位中，员工们知道如何达到利润目标，并且对利润目标的实现确实具有一定的影响力。

（二）收益分享计划

1. 收益分享计划的内涵及其与利润分享计划的区别

收益分享计划是企业提供的一种与员工分享因生产率提高、成本节约和质量提高而带来的收益的绩效奖励模式。通常情况是，员工按照一个事先设计好的收益分享公式，根据本人所属工作单位或群体的总体绩效改善状况获得奖金。这是一种在 20 世纪 90 年代逐渐开始流行的浮动薪酬计划。在通常的收益分享计划中，报酬会在群体内所有员工之间公平地进行分配，分配的方式或者是根据每个人的基本薪酬的某一相同比例发放，或者是按每完成一个小时的工作获得相同的小时报酬这种方式发放，或者是每个人都得到相同金额的平均发放。收益分享计划的基础是群体绩效而不是个人绩效，并且这种群体绩效通常是一种短期的群体绩效。

2. 收益分享计划中的几个关键决策

（1）收益衡量与角色定位问题

收益分享计划并非是一种简单的薪酬战略，企业必须不仅能够衡量出收益，而且还要确定员工在达成这些收益方面所扮演的角色是什么。例如，生产率的改善有多少是员工行为改变的结果，有多少是由于引进新技术所产生的结果。

（2）支付频率问题

收益分享的频率随组织而异，取决于企业的经营周期或者是收益产生的周期，许多计划是半年甚至一个季度支付一次，而有些计划则是一年支付一次，一般以能够有效衡量绩效的最短周期为基础。支付越频繁，则越是应当注意减小非员工所能控制的那些大增大降因素对于收益的影响，必要时可能会导致目标、支付方式或时间的调整。

（3）支付方式问题

在实际支付时，要么是所有员工人均一份，要么是以基本薪酬为依据支付，要么是根据实际工作小时数按统一单价支付，但通常很少根据个人的绩效来确定员工个人所应当分享的收益金额。这是因为收益分享计划有一个隐含假设，即实行收益分享计划的群体本身就应当作为报酬支付基础的一个最小单位。

（4）设计要求问题

收益分享计划不能设计得过于烦琐，计划如果设计过于复杂或者设计不当，员工会看不到或不理解绩效和目标达成之间的关系。这样，收益分享计划也就起不到激励作用。

（5）沟通问题

收益分享计划的参与者需要随时了解在目标达成方面的进展情况，以及自己的需求如何作出调整才能更有利于最终目标的实现。同时，在沟通的过程中，管理层也需要为员工提供发表绩效改善意见的机会。

（6）确保财务收益问题

收益分享尽管不以组织的整体利润作为收益确定的基础，但是它最终必须有利于企业财务目标的实现，如果收益分享计划不能达到预期的财务目标，则这种计划对企业很可能是不利的。例如，有一家玻璃制品公司最初设计的利润分享计划就比较失败，当时公司所确定的收益分享基础是人工成本的节约情况，但最后公司的总体成本节约目标却没有达成，其中一个重要原因是用于切割玻璃的金刚石砂轮的费用大幅度上升，而之所以出现这种情况，是因为无论是否需要工人们都将机器开到最大速度，有些砂轮还能继续使用的时候就被换掉了。

（三）成功分享计划

1. 成功分享计划的内涵及其特征

成功分享计划又称目标分享计划，其主要内容是运用平衡记分卡方法来为某个经营单位制定目标，然后对超越目标的情况进行衡量，并根据衡量结果对经营单位提供绩效奖励。这里的经营单位既可以是整个组织，也可以是组织内部的一个事业部、一个部门，还可以是某个员工群体，无论如何，成功分享计划的报酬支付基础是经营单位的实际工作绩效与预定绩效目标之间的比较，即既定绩效目标的达成情况或者绩效改善的程度。此外，成功分享计划所涉及的目标可能包括在财务绩效、质量和客户满意度、学习与成长以及流程等各种绩效方面的改善，并且在成功分享计划中，每一项绩效目标都是相互独立的，经营单位每超越一项绩效目标，就会单独获得一份奖励，经营单位所获得的总奖励金额等于其在每一项绩效目标上所获得者的奖励总和。

成功分享计划成功的关键在于为每个经营单位确定一整套的公平的目标，这种目标要求经营单位通过努力去超越自己在上一绩效周期（通常是一年）内所达成的某些绩效目标。由于成功分享计划所关注的是经营单位的绩效改善程度，因此，它并不一定反映这一经营单位本身的盈利状况——尽管营利性永远都是确定经营目标时的一个首要因素。对于成功分享计划而言，另外一个很重要的因素就是要让员工们理解他们是如何对组织经营目标的达成产生影响的。达到这一目的的途径之一是让所有的员工都参与到目标的制定过程中来，因此，成功分享计划往往会将一个经营单位中的所有员工都纳入到该计划当中来，从而获得全体团队成员对于绩效目标的一种承诺。

2. 成功分享计划设计过程中的几个关键决策

（1）参与资格

决定谁有资格参与成功分享计划，主要取决于两个关键性的因素：一是企业现有的各种薪酬计划（如福利计划、股票所有权计划）的资格要求是怎样界定的；二是组织是否能够有效地管理这种成功分享计划。具体的决策问题包括是全体正式员工参与还是非正式员工也可以参与，对于刚刚入职的新员工和即将退休的老员工如何处理等。不过，正如上文所述，在通常情况下，组织中所有的员工都有资格参与这种计划。当然，如果组织还为管理人员设计了其他一些激励计划，那么还要注意在这两种计划之间的协调性。

（2）支付形式

在成功分享计划中最为常见的报酬支付形式是按照员工劳动报酬的一定百分比来确定分享基金的额度，不过在具体计算时，企业往往会将有些报酬内容从作为分享依据的员工劳动报酬总额中加以扣除，如非工作时间报酬以及一些其他奖金，同时又会将加班工资等一些报酬内容算进来。此外，有些企业的成功分享计划还实行了将非现金奖励与现金奖励结合起来的做法，有些企业则为员工提供利用成功分享计划所分配的收入购买公司股票的计划，还有的企业将分享基金转化为员工的养老金。

（3）支付频率

成功分享计划的报酬周期应当与自然的经营周期紧密配合。由于正常的经营周期通常都是一年，因此，典型的成功分享计划是一种年度计划，不过也可以设计成以半年或季度为周期。但是成功分享计划所确定的绩效周期不能太短，这是因为，成功分享计划的目的是向那些长期的可持续性结果支付报酬，一次性的、短期的结果对于成功分享计划而言并不重要，对于这样一些短期的绩效改善，绩效认可、一次性奖金等其他一些奖励计划会比成功分享计划能够更为有效地提供激励。同时，过短的绩效周期和过于频繁的奖金支付还会产生以下几个方面的不利结果：①在整个企业的经营过程中，季节之间出现变化是很常见的，因此，如果企业根据季节来设计经营计划，不仅会增加制定目标的工作量，而且最终的绩效衡量可能也会变得不精确；②不仅企业需要有足够的时间去获得所需要的奖励资金来源；③短期的小额奖励可能不如相对较长时期的大额奖励对员工的激励性更强；④支付的频率越高，管理的成本也就会越高。过细和过多的计算会将员工的注意力从对企业真正有价值的工作上转移走，只有引导员工将注意力更多地放在解决问题以及改善经营结果上，才会更有利于企业的生产率提高以及客户、股东以及员工利益的改善。当然，在绩效周期较长的情况下，企业必须非常注意与员工进行有效的沟通，以使员工了解各种经营指标的进展状况，保持信息的畅通。

（4）支付数量与支付等级

成功分享计划的支付数量取决于公司层次的决策。而支付的等级通常可以划分为最低级、中间级和最高级三个层次。最低级是指对经营单位能够获得奖励所作出的最低要求，大多数成功分享计划都是当经营单位在某一个绩效指标方面比上一年度有改善时就可以获得奖励。中间级是指当经营单位百分之百地达到目标时所应当得到的奖励等级。最高级则是指经营单位由于达到最高绩效水平而应当获得的奖励。大多数成功分享计划都将最高报酬界定为经营单位达成 200%的目标，也有些企业则将其定为 150%或者 250%的目标达成。

（5）资金来源

在确定成功分享计划的资金来源时，管理层必须考虑和计算出绩效目标的达成到底能为组织带来多大的经济价值。这一计算过程可以帮助企业确定下来，能够为企业和员工同时创造价值的相应的报酬水平应当是多少。这里的一个基本规则是，成功分享计划的资金来源应当是该计划所创造出的价值，而不应当是企业额外支付的成本。此外，成功分享计划的长期资金来源战略应当放在强调基本薪酬和浮动薪酬之间的关系上，即企业需要考虑外部市场的薪酬水平及企业自己在全面薪酬方面的市场定位。例如，企业的基本薪酬可以定位在市场水平的第 50 个百分位上，但是如果企业的经营结果优异（如 200%地达到目标绩效）的话，那么，可变薪酬有可能会将企业的薪酬水平提高到市场的第 70 个百分位上。

在实际操作方面，成功分享计划所需要的资金至少可以从两个渠道获得：一是从未来的薪酬增长资金中拿出一部分来作为成功分享计划的预算。当企业用这种以可变薪酬替代基本薪酬的方式来筹集成功分享计划的预算时，通常的规则是采用 2∶1 的替代率，即如果将原来 1%的基本薪酬转化为可变薪酬，那么一旦达成了经营目标，那么企业应当对员工提供相当于 2%的基本薪酬的奖励机会。当然，企业也可以采取 3∶1 的替代率，这要看企业具体的经营状况。例如，假定市场第 50 个百分位上的薪酬水平是月薪 5500 元。某公司采用一种相对较为保守的浮动薪酬战略，将员工的基本薪酬定位在 5000 元上，同时，如果经营单位达成了预定的最高绩效水平，则员工可以获得 1000 元的成功分享基金。但是，如果经营单位没有能够达成持续改善的目标，则员工就只能获得 5000 元的基本薪酬。在前一种情况下，员工可能会获得高于市场水平 500 元的总薪酬，而在后一种情况下，员工的总薪酬水平会比市场平均水平还要低 500 元。成功分享计划的另外一个资金筹措方式是，企业将员工的基本薪酬定位在市场平均薪酬水平上，员工是否能够获得成功分享基金，完全取决于经营单位的绩效是否超越了过去的绩效。在这种情况下，成功分享资金完全来源于该计划自己新创造的价值，如果经营单位的绩效没有实现持续的改善目标，则员工们仍然能够获得与市场水平一致的薪酬收入。当然，企业还可以采取将上述两种方式有效结合的其他方式来获得成功分享计划所需要的资金。

（6）实施成功分享计划的经营单位范围选择

在开始实施成功分享计划之前，企业必须确定出有多少个实施该计划的经营单位。对于由多个经营单位构成的大型企业而言，确定实施成功分享计划的单位时所需要遵循的一个原则是，员工的努力和最终经营结果之间关系的紧密度。如果企业中所包括的单位数量较多，但是彼此之间依存度很高，则可以将整个企业作为一个实施成功分享计划的经营单位，且经营目标是一致的。但是，如果企业中包括若干个相互独立性比较强的经营单位时，可能就要分别为不同的经营单位设置不同的经营目标了，当然，它们也可以共同分享其中的一部分经营目标。

（四）团队奖励计划

团队奖励计划是适用于规模更小的工作群体的一种群体奖励计划。许多组织在未做好在整个组织中推行可变薪酬计划的时候，会首先在一些特定的职业群体、项目小组或者团队中试行团队奖励计划。员工所获得的奖金是以小群体的业绩而非整个部门、事业部或者工厂的绩效为确定依据。最常见的情况是围绕财务目标（如在预算之内完成计划）制定，但是它对于支持非财务目标（如生产率、质量、时效性及客户满意度等）也同样是有效的。这些计划常常与项目或一些风险任务联系在一起，根据项目或任务的完成情况来确定奖励金额。与其他奖励计划不同，这些奖励计划往往持续时间不长，任务或者项目完成奖励计划也随之消失。在这两种计划下，员工个人之间的竞争可能会受到削弱，但群体或团队之间的竞争却可能会加强。

团队奖励分配方案的总额一般为该团队创造超额价值的一部分，可以根据人员的职位评价点数分配，也可以根据参与人员的基础工资、职位等级、绩效水平分配。

三、长期绩效奖励计划

长期绩效奖励计划是指绩效衡量周期在一年以上的对既定绩效目标的达成提供奖励（主要以股票形式）的计划。之所以将长期界定为一年以上，是因为组织的许多重要战略目标都不是在一年之内能够完成的，事实上，长期奖励计划的支付通常是以 3～5 年为一个周期。长期绩效奖励计划强调长期规划和对组织的未来可能产生影响的那些决策，它能够创造一种所有者意识，有助于企业招募、保留和激励高绩效的员工，从而为企业的长期积累打下良好的基础。对于那些新兴的风险型高科技企业而言，长期激励计划的作用是非常明显的。此外，长期奖励计划对员工也有好处，它不仅为员工提供了一种增加收入的机会，而且为员工提供了一种方便的投资工具。

大多数长期奖励计划以经济目标为导向，但越来越多的计划也开始向涵盖其他绩效要素扩展，如客户满意度以及质量改善，这与员工绩效评价的改进有密切关系。组织对员工绩效进行评价的指标已经不仅仅局限于短期的经济收益了。例如，美国运通公司（American Express）于 20 世纪 90 年代中期创建了一种奖励计划，该计划所奖励的对象不仅仅包括经济绩效，还包括客户和员工满意度。这些满意度指标对员工所获得的奖励性报酬的影响高达 25%，显然，它已经成为企业将员工的行为从关注短期经营结果向关注组织文化转移这一战略的一个重要组成部分。

股票所有权计划是长期奖励计划的主要形式。所谓股票所有权计划，实际是指企业以股票为媒介所实施的一种长期绩效奖励计划。传统的股票所有权计划主要是针对企业中高层管理人员的，目前有向普通员工扩展的趋势。常见的股票所有权计划可以划分为三类：现股计划、期股计划以及期权计划。

现股计划是指通过公司奖励的方式直接赠与，或者是参照股权的当前市场价值向员工出售股票，总之是使员工立即直接获得实实在在的股权，但这种计划同时会规定员工在一定的时期内必须持有股票，不得出售。期股计划则规定，公司和员工约定在将来某一时期以一定的价格购买一定数量的公司股权，购股价格一般参照股权的当前价格确定，该计划也同样会对员工购股之后出售股票的期限作出规定。期权计划与期股计划类似，但是存在一定的区别，在这种计划下，公司给予员工在将来某一时期内以一定价格购买一定数量公司股权的权利，但是员工到期时可以行使这种权利，也可以放弃这种权利，购股价格一般参照股权的当前市场价格确定，该计划也同样要对员工购股之后出售股票的期限作出规定。

上述三种不同的股权计划的权利义务是不同的，这三种股权计划的权利义务对比如表 6-3 所示。从表 6-3 中可以看出，三种股权计划一般都能使员工获得股权的增值收益权，其中包括分红收益，股权本身的增值收益。但是在持有风险、股票表决权、资金的即期投入以及享受贴息优惠等方面却有所不同，具体如下。

表 6-3 不同类型股权计划的权利义务比较

类型 计划	增值收益权	持有风险	股票表决权	现期资金投入	贴息优惠权
现股计划	√	√	√	√	×
期股计划	√	√	×	×	√
期权计划	√	×	×	×	√

现股计划和期股计划都是在预先购买了股权或确定了股权购买协议的奖励方式，当股权贬值时，员工需要承担相应的损失。因此，员工持有现股或签订期股购买协议时，实际上是承担了风险。而在期权激励中，当股权贬值时，员工可以放弃期权，从而避免承担股权贬值的风险。在现股计划中，由于股权已经发生了实际的转移，因此持有股权的员工一般都具有与股票相应的表决权。而在期股和期权计划中，在股权尚未发生转移时，员工一般不具有股权对应的表决权。现股计划中，不管是奖励性授予还是购买，员工实际上都是在即期投入了资金（在奖励性授予的情况下，实际上也是以员工应得奖金的一部分购买了股权），而期股和期权计划则是要求员工在将来的某一时期才投入资金购买。在期股和期权计划中，员工在远期支付购买股权的资金，但购买价格却参照即期价格确定，同时从即期起就享受股权的增值收益权，因此，实际上相当于员工获得了购股资金的贴息优惠。

作为长期激励计划的一种主要形式，股票所有权计划在近些年来的国际和国内企业界获得了越来越普遍的运用，无论是股票所有权计划的覆盖面还是其应用的领域都在扩张。例如，人们通常将股票所有权计划和新兴的高科技企业联系在一起，事实上，实施广泛的股票选择权计划的美国最大的 50 家公司已经涵盖了制造业、银行业、运输业、航空业、保险业、食品业、零售业、铁路运输业、有线电视业等各行各业。美国的很多企业通过广泛的股票选择计划、雇员股票所有权计划（employee stock ownership plans，ESOP）、雇员股票购买计划、401 K 养老金计划中的公司股票所有权计划以及其他一些创新性的股权计划将股票所有权扩展到了广大员工的身上。美国薪酬管理学会一项调查显示，美国有将近 56%的企业实施某种形式的股票所有权计划，700 万～1000 万名劳动者通过股票选择权计划建立起了自己的经济保障体系，39%的大公司已经建立起了覆盖一半以上员工的股票选择权计划。被股票选择权计划所覆盖的员工数量也出现了很大的增长。1999 年时对 1200 家各种规模和领域的美国公司所进行的研究发现，达到股权所有权计划资格要求的员工比例已经从 1998 年时的 12%上升到了 1999 年时的 19%。另外一个突出的特点是，普通员工也越来越多地有机会参与股票所有权计划。2000 年对 345 家实施股票选择权计划的公司所进行的一次调查发现，47%的公司对那些不受劳工法关于加班工资条款豁免的员工（主要是一些低等级工人）也实施了该计划，并且这一趋势还有进一步扩大的势头。

四、特殊绩效认可计划

特殊绩效认可计划是指一种现金或非现金的绩效认可计划，即在员工远远超出工作要求表现出特别的努力、实现了优秀的业绩或者做出了重大贡献的情况下，组织给予他们的一次性小额奖励，当员工或者某个团队出现超出预期的优秀绩效，但是组织利用其他报酬形式却无法提供报偿时，特殊绩效认可计划是一种非常有效的奖励方式。它是一种经常被忽视的变动性报酬，其类型多种多样，既可以是在公司内部通信上或者办公室布告栏上提及的某个人，也可以是奖励一次度假的机会或者上千元的现金。

特殊绩效认可计划的激励作用不仅限于被奖励者，它会鼓励所有员工寻找各种机会来为组织作出意想不到的贡献。以奖励显著绩效闻名的企业，无论是否以预定公式的正式形式来认可绩效，都会吸引那些能够在这方面做出贡献的人加入和留在组织中，并且谨慎地承担一些风险以获得这种报酬。特殊绩效认可计划所能够产生的作用包括：庆祝目标的实现；强化绩效卓越者；认可对企业有益的活动，强化已经表现出来的理想行为；认可员工的服务；认可员工的需要等。

在设计特殊绩效认可计划时，企业首先必须回答这样一些问题：

1）我们希望实现什么样的结果？

2）为实现这些结果我们需要一些什么样的行为？

3）本计划的正式程度如何？

4）我们应当有多少种这样的计划？

5）这些计划之间应当如何互补？

6）我们准备投入多少资金？

7）我们准备如何来管理这些计划？

8）哪些活动或者人员有资格获得这些计划的奖励？

9）谁来发这些奖品或奖金？

10）认可将采取何种形式？

11）认可计划如何与现有的薪酬哲学和战略保持一致？

在回答上述问题之后，企业可以按照以下步骤来设计自己的特殊绩效认可计划：

1）确定特殊绩效认可计划的目标。

2）决定计划的类型和数量。

3）确定需要激励的活动类型和性质。

4）决定谁有资格参加认可计划。

5）决定奖励的类型和水平。

6）决定奖励的频率。

7）决定激励的成本和资金来源。

8）确定提名和获奖者挑选过程。

9）确定如何来授予奖励品。

第四节 奖励计划的执行与评估

一、奖励计划的执行

（一）奖励总额的确定

奖励总额是指将多少工资收入作为企业全体雇员奖励基金。目前，国内外较为常见的有以下几种。

1. 按照企业利润的一定百分比提取奖金

按照企业利润的一定百分比提取奖金，具体公式为

$$奖金总额＝报告期利润额×计奖比例 \tag{6-6}$$

奖金总额应随企业利润水平和企业计奖比例变动，其中计奖比例是一个可调整的因素。

2. 按照产量、销售量计算和发放奖金总额

按照产量、销售量计算和发放奖金总额，比较常见的方式有：

1）按企业实际经营效果和实际支付的人工成本量因素决定奖金的支付。在这种方式中，将节约的人工成本以奖金的方式支付给雇员。具体公式为

$$奖金总额＝生产（或销售）总量×标准人工成本费用－实际支付工资总额 \tag{6-7}$$

2）按企业年度产量（销售量）的超额程度计提奖金。在这种方式中，奖金随着对目标产量（销售量）的超额程度等比例提取，或按累计比例提取。具体公式为

$$年度奖金总额＝（年度实现的销售额－年度目标销售额）×计奖比例 \tag{6-8}$$

3）按照成本节约量的一定比例提取奖金总额，主要目的是奖励雇员在企业生产和经营成本节约中做出的贡献。具体公式为

$$奖金总额＝成本节约×计奖比例 \tag{6-9}$$

除上述方式，我国现行的企业奖金来源还有以下渠道：

1）实行工资总额与经济效益挂钩的企业，可以从规定增加的效益工资总额中提出一定比例的奖励基金。

2）实行奖金和经济效益挂钩的企业，可以从企业利润中提出一定比例的奖励基金。

3）对某些特定的奖金，如原材料、燃料节约等，可以从节约成本中按比例提取，列入奖励基金。

（二）奖金分配的方法

企业奖金总额和分配原则确定之后，要选择一定的方式分配到每个企业雇员。对较为固定的生产奖，一般采取计分法和系数法进行分配；对不固定的临时性奖项，则根据情况采取不同的分配方法。

1. 计分法

计分法是将各项奖励条件规定最高分数，由定额的雇员按照超额完成情况评分；无定额

的雇员按照任务完成情况评分；最后按照奖金总分求出每位雇员奖金的分值。具体公式为

$$个人奖金额=\frac{企业奖金总额}{\sum(个人考核得分)}\times 个人考核得分 \qquad (6\text{-}10)$$

简单地说，评分法就是先计算每个超额分的单位奖金值，然后确定每个雇员的分数，单位分值乘以分数即为奖金数额。

2. *系数法*

系数法是在按岗位进行劳动评价的基础上，根据岗位贡献的大小确定岗位的计奖系数；然后根据个人完成任务的情况，按系数进行分配。具体公式为

$$个人奖金额=\frac{企业奖金总额}{\sum(岗位人数\times 岗位系数)}\times 个人岗位计奖系数 \qquad (6\text{-}11)$$

相对而言，评分法适用于生产工人，系数法适用于企业的管理人员。但无论哪种方法，确定客观的评价指标，避免人为因素的干扰是关键。在无考核的情况下，进行所谓的“自评”和主管单方评定，容易出现分配不公和平均分配的现象，应当避免。

二、奖励效果评估

奖金制度和基本工资制度一样，实施效果的好坏，直接影响企业的经营和劳动者的积极性，因此，对一种特定的奖金制度，要进行科学的分析和效果检验，分析影响的具体因素和环节，改进运行环境和运行机制，有效发挥作用。

根据国内外一些企业的经验，影响奖金制度实施效果的因素共有 19 个，三大类如表 6-4 所示。

表 6-4　影响企业奖金制度实施效果的因素

因素分类	序号	具体内容	影响程度
制度科学性	1	劳动定额和工作标准制定的科学合理性	40%
	2	奖励条件是否突出直接生产（工作）人员	
	3	对个人奖金份额的限制程度	
	4	管理人员和辅助人员奖励条件的科学合理性	
	5	奖金结算和兑现情况	
	6	奖励条件的制定是否重点突出、协调	
奖金分配过程	1	管理监督方法是否适宜、可接受	30%
	2	工作时间安排是否合理	
	3	管理者与雇员对奖评认识是否一致	
	4	奖励条件制定中是否参考雇员意见	
	5	上级对奖励计划的支持	
	6	雇员对培训的投入及效果	
薪酬管理水平	1	工作评价标准的稳定性	30%
	2	工作标准语生产特点的适应性	
	3	工作标准的合理性	
	4	管理者的业务能力	
	5	生产、工作计划的执行情况	
	6	工作质量控制效果	
	7	统计和工作分析的及时、准确度	
合计			100%

本章小结

本章介绍了绩效奖励计划的构成、一次性奖金与绩效加薪酬的区别，浮动奖金分配方案及薪酬奖励计划的优缺点及实施步骤。深入分析不同类型的薪酬奖励计划：生产人员绩效奖励计划、管理人员绩效奖励计划、群体绩效奖励计划、奖励计划、股权激励、期权激励、特别绩效认可计划等内容。

复习思考题

一、单项选择题

1.（　　）是使员工参与分享超过常规收益的那部分额外收益。

A. 收益分享　B. 利润分享　C. 股权激励计划　D. 员工持股计划

2.（　　）是指公司和经理人约定在将来某一时期内以一定价格购买一定数量的股权，购股价格一般参照股权的当前价格确定。

A. 现股激励　B. 期股激励　C. 期权激励　D. 干股激励

3. 一般地说，工资等级越高的员工其奖金占总薪酬的比重（　　）。

A. 越低　B. 越高　C. 都一样　D. 不一定

4. 股东与经营者和员工共同分享剩余索取权的公司被称为（　　）。

A. 支薪制公司　B. 股份有限公司　C. 分享制公司　D. 有限责任公司

5.（　　）不是影响个人奖金的主要因素。

A. 工作数量　B. 工作质量　C. 公司收益　D. 与领导的关系

二、多项选择题

1. 公司采用员工持股的理由包括（　　）。

A. 提高生产效率　B. 灵活性与风险分享

C. 阻挠员工联合　D. 立法与税收减让

2. 奖金对于员工而言，更多的功能是（　　）。

A. 激励功能　B. 配置功能　C. 保障功能　D. 价值实现功能

3. 与奖金有关的绩效标准从类别上看，主要包括（　　）。

A. 员工的个性　B. 员工的行为　C. 员工的结果　D. 员工的特征

4. 生产人员的奖励计划主要有（　　）。

A. 直接计件工资计划　B. 标准工时计划

C. 差额计件工资　D. 可变计件工资

5. 管理人员的奖励计划主要有（　　）。

A. 股票期权　B. 期股　C. 提成工资　D. 计件工资

三、判断题

1. 绩效薪酬是指员工在较长时间内在组织工作中卓有成效，为组织做出重大贡献后，组织以提高基本薪酬的形式支付的报酬。（　）

2. 绩效加薪与一次性奖金的区别是：绩效加薪通常会加到基本工资上，是对基本工资永久的增加，而一次性奖金与员工的现时表现和成就挂钩，具有一次性，一旦员工不再努力，工作业绩下降，就会失去这部分奖励，对劳动力成本没有永久的影响。（　）

3. 当薪酬随着员工工作努力程度的变化而变化时，可以称之为对投入的激励。当薪酬随着员工劳动产出的变化而变化时，可以称之为对产出的激励。（　）

4. 工资比例高会有利于人才引进和保留以及员工技能的培养，奖金比例高会使员工更加关注工作结果和创造短期效益。（　）

5. 成熟期的企业倾向于保留原有的薪酬制度，但有可能大幅度提高薪酬水平和福利水平，并开始采取利润分享的激励机制。（　）

四、简答题

1. 什么是绩效奖励计划？
2. 一次性奖励与绩效加薪的区别有哪些？
3. 浮动薪酬基本的分配方案有哪些？
4. 简述个人绩效奖励计划的类型及其实施条件、具体内容。
5. 简述群体绩效奖励计划的类型及适用范围。
6. 简述特别绩效认可计划及其实施要点。
7. 简述长期绩效奖励计划的类型及操作要点。
8. 简述绩效奖励计划的优缺点及实施步骤。

研究与提高

一、讨论与操练

1. 奖金的内容结构包含哪些奖励计划？
2. 作为奖金支付的前提，进行绩效考核应关注哪些基本问题？
3. 奖金管理要解决的基本问题是什么？
4. 了解公司一些特殊人员的奖励都有什么特点，针对他们各自的特点，你对哪一类人员的奖励有自己的思考？
5. 以股票为基础的奖励计划在我国的应用情况及发展趋势是什么？

二、扩展阅读书目

赵淑芳．2013．薪酬管理实务手册．北京：清华大学出版社．

李宝元，王长城．2012．现代组织薪酬管理学．北京：北京师范大学出版社．

岳龙华．2014．薪酬设计与薪酬管理．北京：中国电力出版社．

李志畴．2012．薪酬体系设计与管理实务．南京：凤凰出版社．
曾湘泉．2010．薪酬管理．北京：中国人民大学出版社．

三、讨论案例

案例一　信达公司的薪酬制度改革

12 月 28 日，对信达公司而言是一个特殊的日子。跟往年不同，2010 年 12 月 28 日，就是拥有数十亿资产、近 300 名员工的信达公司组建 10 周年的庆典了。无疑，这将是信达公司的一场盛会。

“今天的董事会，请各位董事赶过来，一项主要议题是布置一下公司 10 周年庆典的事。”王锐董事长顿了顿继续说道：“我们信达公司经过 10 年的发展，能取得今天这样的成绩，很不容易。当然，这是与在座各位董事的这些年来的大力支持和艰苦努力分不开的。再过一个月，就是公司的 10 周年庆典，大家要好好庆贺一番。我看花个几十万都没关系。这样吧，会后就由公司行政部和公关部拿个方案……”公司董事戴明举手示意发言，“王董事长，我看公司庆典是不是可以从简、低调。另外，我听说公司的中期年报就已出现了亏损，而且年初的 GH 投资项目潜在亏损很大，我们是不是有必要设置一个合理的止损点，甚至在必要的时候，要及时终止 GH 项目的继续运作。”信达公司董事郑雷补充道：“王董事长当初决策这个 GH 项目时比较仓促，是该认真讨论这个项目的可行性了。”

也许再也没有什么比发生在信达公司总部董事会上这一幕上的事更能真实反映信达公司目前的状况了。显然，在这个由许多公司内部人员所组成的公司董事会中，王锐（信达公司董事长兼总裁）是绝对位居第一的人物。而信达公司总经理戴明（信达公司董事）和兰迪公司总经理郑雷（信达公司董事），显然对公司目前的状况感到不满。

王锐之所以在公司拥有至高无上的权力，主要原因在于他在过去 9 年中所取得的辉煌业绩：在他 50 岁开始领导信达公司的大部分时间里，股东们几乎没有什么可抱怨的；而且王锐事必躬亲，不辞劳苦，信达公司的老员工们都非常敬重并爱戴他。他在 20 世纪 90 年代将信达公司一手创建并振兴起来，股东总收益平均达到 30%，成为金融投资行业内的一颗明星。尽管公司现在的增长已经不再那么激动人心，过去两年中公司的年股东收益只有 14.5%，但他依然拥有良好的声誉。

事实上，尽管王锐曾经实现了非凡的业绩，但是一些感到不快的股东——深奥公司总经理戴明和兰迪公司总经理郑雷等董事私下都一致认为：信达公司的董事会实质上是一个由掌握至高权力的领袖领导着的忠诚者俱乐部！“董事会正变得越来越臃肿，逐渐被老年人所控制，没有什么民主决策和流动率。”证券部总经理张鹏也常常抱怨不止。

信达公司是金融行业一家投资公司，在最初成立的几年时间里，由于整个金融行业比较景气，市场形势一片大好，所以公司也获得了长足发展，员工人数从最初的几十个人发展到近 300 人。并且在过去几年中，员工收入都以比较快的速度增长。但是近两年以来，受国家宏观经济形势的影响，金融行业的竞争越来越激烈，企业经营形势也逐渐严峻。目前，最令公司董事会头痛的是公司全面分红制奖金计划面临危机。

分红制计划是前些年信达公司在销售额和利润猛增时，依据对员工态度的调查得知，他们宁愿要奖金分红而不愿要其他形式的福利而制定的。公司的薪酬计划提供的基本工资比当地类似工作的工资水平低20%，但是公司每季度分配的奖金平均为基本工资的50%以上，这使得公司的平均薪酬比该地区其他公司薪酬高出20%。由于薪酬较高，信达公司一直是当地很受欢迎的公司，应聘者颇多。因此，公司将福利水平保持在最小值，没有什么补贴，只有极其有限的社会保险和带薪假期。然而因为平均薪酬高，员工还是认为比较合算。但是今年公司的利润显著下降，按利润分配的奖金估计还不到历史平均水平的一半。在不久前的总经理办公会议上，公司总裁王锐宣布，由于公司人工成本比较高，企业打算小幅度地降低员工奖金水平，以帮助公司渡过经营难关。

在信达公司，经营管理层（公司总裁、副总裁、部门总经理）的报酬采用年薪制，经营管理层年薪收入由基本年薪、奖励年薪、超值年薪三部分构成。其中经营管理层基本年薪水平分别为10万元/年、8万元/年、6万元/年，按月发放，此外不再享受适用于公司其他员工的工资性收入。奖励年薪根据信达公司经营管理层的最高奖励年薪额和关键业绩指标的达成情况共同确定。考核结果分为A、B、C、D、E五个等级，其与考核指标达成情况的对应关系如表6-5所示。

表6-5 考核结果等级与考核指标达成情况

考核结果等级	考核指标达成率（P）	对应的奖励年薪额
A	≥100%	最高奖励年薪额
B	90%≤P<100%	最高奖励年薪额×4/5
C	80%≤P<90%	最高奖励年薪额×3/5
D	70%≤P<80%	最高奖励年薪额×2/5
E	60%≤P<70%	最高奖励年薪额×1/5

超值年薪根据信达公司经营管理层当年完成指标的超额情况确定。公司副总裁的奖励年薪水平按公司总裁奖励年薪的10%～30%的比例确定，公司的部门总经理的超值年薪水平按该公司总裁奖励年薪的10%～30%的比例确定。公司自实行年薪制的3年来，总裁的年薪总额基本都在100万元以上，而公司部门总经理的年薪都没有超过30万元。这种状况显然引起大多数部门总经理的不满。

信达公司员工的主要收入是工资加奖金。公司一直把员工的工资问题作为人事管理的根本工作，公司领导一致认为：在工资上如有不合理的地方，会使职工对公司感到失望，影响职工的干劲，因此，一开始就必须建立完整的工资体系。于是信达公司根据各个部门的不同情况，根据工作的难度、重要性将职务价值分为A、B、C、D、E五个序列，在五个序列中又分别规定了工资最高额与最低额。其中，A序列是属于最单纯部类的工作，而B、C、D、E则是困难和复杂程度依次递增的工作，当然其职务价值也愈高。在工资序列上，A序列的最高额并不是B序列的最低额。A序列的最高额相当于B系的中间偏上，而又比C序列的最低额稍高。这就使得做简单工作领取A序列工资的人，可以从A序列最低额慢慢上升，当他们的工资超过B序列最低额的水准时，就有机会向B序列晋升。即使不能晋升，也可继续升到A序列的最高额。各部门的管理人员可以对照工资限度，努力向价值高的工作挑战，但是不同序列的工资标准差别并不大。例如，职能部门员工（如人力资源专业人员、财务人员、审计人员、网络维护员等）属于B序列，他们的平均月工资一般为2000～2500元，而操作类岗位员工（如保安、接待员、收发员、物品保管员、生产线上的工人等）属于 A 序列，他们的平均月工资一般为 1800~2400 元。所有的操作类岗位员工都表示对自己的收入非常满意，但是同时，几乎所有的职能部门员工都对自己的收入不满意。对此，能够听到的最普遍的答案是：操作类岗位员工的工作环境比较差，如经常出差、工作场所没有空调等，同时工作也更加辛苦；而职能部门员工在行政大楼内办公，不仅工作环境好，而且比较“清闲”。

而员工每月的奖金是按所在岗位的重要性分级，根据工作表现支付的。如果员工的工作没有什么大的失误，就基本上可以获得全额奖金，只有触犯了企业的规章制度，或者出现了工作失误或事故，才会扣除部分或全部奖金。但是一般来说，如果员工按部就班地做自己的工作，违反规章制度或者出现工作事故的可能性不大，所以，员工几乎都能足额获得月度奖金。显然，在同一部门中，岗位相同或者相似的员工无论工作业绩出色和工作业绩平平，薪酬都没有太大的差别。因此，公司打算普遍小幅度地降低员工奖金水平，以帮助公司渡过经营难关的消息一经传出，马上遭到了员工的强烈反对，员工们认为自己的工作比以前更辛苦了，不应该降低收入水平。因此，大家对降薪的事议论纷纷。

“正好各位公司董事今天都在，下面我们接着评议今年年终分红的事。”董事会继续在开。王锐接着说：“大家都知道，今年公司出现了亏损。公司原有薪酬制度，工资预算和人事费用控制的概念不强，尤其是没有处理好积累和分配的关系，使得过去几年员工工资的增长速度与公司利润的增长速度没有很好匹配。目前，我们公司经营上出现一些困难，很多员工缺乏进一步做出努力和投入来推动公司进一步成长的动力，不能理解自身的薪酬待遇和企业的经营状况之间休戚相关的关系，因此，我们明年打算调整工资方案，引入人事费用的概念和工资预算的思想，使员工的工资报酬能够随着公司的利润的增长而增长，建立企业与员工的命运共同体和利益共同体。今年的年终奖金，经营管理层暂时取消，我带头。明年调整完薪酬制度，公司赚取利润后，该分多少的分多少，一分都不少分配。”显然，大家似乎对一个月后的公司庆典已然没有多少兴趣，这次董事会当然以不欢而散而告终。

最近赵亮也一直在为几件工作评价的事头痛不已。赵亮是信达公司人力资源部总经理，由于近来公司效益不佳，公司对一些岗位进行了调整，赵亮在执行公司薪酬计划方面遇到了难题。

作为公司工作评价委员会的主任，上周赵亮召集了一次考虑对几份工作重新评价的会议。这些工作已经分级，定为 A 序列。但因为接待员张萍的工作没有定为较高级别，作为工作评价委员会成员的行政部总经理林云提出：我部门员工个人成绩大小、重要与否，是由公司年终考核评价结果而确定的。去年张萍同志的考核结果是优秀，而且张萍在信达公司已做了 8 年的接待员，平时工作十分认真，还多次评为公司的“优秀员工”。而赵亮认为公司年终考核结果通常由直属上级负责对员工工作表现情况进行评定，与工作价值评价并没有直接联系。赵亮坚持应根据工作本身，排除个人因素来评价，这令行政部总经理林云颇为恼火。无奈，赵亮只好请示王总定夺。

王总听完赵亮的汇报后，略微思考，对赵亮说：“张萍同志是老员工，学历差点，能力还可以，又是公司的接待员，可以考虑定高点。我们要考虑老员工所做的历史贡献嘛。我看就定到 B 序列吧。”赵亮还想解释些什么，却被王总摆手示意不用再考虑了。赵亮不情愿地离开了王总办公室。

为了有准备地迎接公司10周年庆典，公司许多部门近期都利用下班时间在紧张排练晚会节目。小张精心准备了拿手的独唱曲目。但自从听说公司打算降低员工奖金水平的事后，小张便无心排练了。小张是大学毕业后就应聘到信达公司工作的，学的专业是会计，毕业时，同学们都认为他找了一个好工作，收入也不错。在最初进入信达公司的几年，小张也这么认为，因为在这里工作不仅收入高，而且财务部总经理对他也很器重，经常分配给他一些具有挑战性的工作。小张将这些工作当作锻炼的好机会，每一次都认真对待。由于他受过良好的专业教育，再加上自己的努力和勤奋，很快就在同事中显示出自己的实力。由于工作出色，经理更信任他了，部门许多重要工作也落在了小张头上。刚开始时，小张做得也非常卖力，但是渐渐地，他的干劲就小了。因为他发现，虽然自己的收入不错，但是部门同事的收入水平都差不多，一些在公司时间长的同事虽然专业水平一般，但是收入却在他之上。小张发现，除非做管理工作，如晋升为部门的主管或经理之类的职位，否则提高收入水平几乎不可能。但是，自己所在的部门管理职位有限，没有空缺，自己怎么能升职呢？除了晋升一条路，看来提高收入的机会微乎其微，况且，想晋升的人还有很多，小张开始为自己的前途担忧了。

林顿和小张是同一年来到信达公司的。此前，任公司高级分析师的林顿一直对公司很满意，他用了5年时间才达到现在的工资水平。然而，林顿听说他的部门聘用了一位刚毕业不久的硕士研究生作分析师，底薪几乎和自己的工资一样高。他向赵亮询问了此事，赵亮歉疚地承认了实情，并努力解释公司的处境，公司恰好在分析师市场十分紧俏时急需一名分析师，为了吸引合格人选，公司不得不提供一种溢价底薪。林顿认为自己在公司里被欺骗，感到前途渺茫，私下里开始寻找合适的工作机会，决定等公司10周年庆典结束，就递交辞呈。

显然，信达公司在庆祝公司成立10周年之际，也蕴藏着深深的危机。

讨论题：

1. 信达公司高管层实行的年薪制合理吗？若不合理，高管层需要建立怎样的一套激励-约束机制？

2. 为什么信达公司的薪酬在当地处于中上水平还不能令员工满意呢？

3. 你认为信达公司目前的薪酬制度主要存在哪些问题？

4. 如果信达公司的薪酬制度改革工作交给你来做，你将如何设计？

案例二 神火煤矿的奖金分配方案

神火煤矿是一个年产120万吨原煤的中型矿井。该矿现有职工5136人，其中，管理干部458人，占全矿职工的8.9%。2012年全矿职工在矿井领导的带领下，团结一心，努力奋斗，取得了生产和安全的大丰收。特别是在安全方面，100万吨原煤生产死亡率降到了2人以下，一跃跻身于同行业的先进行列。至此，上级主管部门特下拨15万元奖金，奖励该矿在安全与生产中做出贡献的广大干部和职工。

在这15万元奖金的分配过程中，该矿袁军矿长代表矿行政召集下属五位副矿长和工资科长、财务科长、人事科长和相关科室的领导召开了一个“分配安全奖金”会议。袁矿长首先在会上发言，他说：“我矿受到上级的表彰是与全矿上下广大干部和职工群众的齐心协力、团结奋斗分不开的。奖金分配上嘛，应该大家都有份，但是不能搞平均主义，因为每个人的贡献有大小，我看工人和干部就该拉开距离，如工人只是保证自身安全，他们的安全工作面不大。而干部不但要保证自身安全还要负责一个班组、区、队，或一个矿的安全工作，特别是我们这些头头还在局里交了风险抵押金，立了军令状，不但要负经济责任，同时，又要负法律责任。为此在奖金分配上不能搞平均，应该按责任大小、贡献多少拉开档次。如果奖金分配不公，就会打击干部和工人的工作积极性。为了防止干好干坏一个样，干多干少一个样的现象，我认为这次分奖金应该拉开几个档次，我和财务科长初步商量了一个分配方案，算做抛砖引玉吧！请大家讨论一下，下面就请王科长向大家介绍一下具体方案。”

王科长说：“奖金总额是 15 万元，要想各方面都照顾到是不可能的，只能定出个大致的档次，主要分 5 个档次，矿长 550 元，副矿长 500 元，科长 400 元，一般管理人员 200 元，工人一律 5 元。这样分下来，全矿初级干部 13 人，科技干部 130 人及各类管理人员 307 人，职工 4678 人，刚好分均。”袁矿长接着说：“就这 5 个档次，大家发表一下意见。”

过了一会儿，主管生产的冯副矿长说：“我原则上同意这个分配方案，这样虽能鼓励大家努力工作，只是工人这个档次 5 元太少了，并且不论什么工种都是 5 元，这不太平均了吗？我们既然反对平均主义，就要工人与干部都不能搞平均主义，最好把工人的奖金也来开档次，否则工人的积极性怕是要受到影响，不利于今后工作任务的完成。”

安检科陈科长心里想：“我具体主管安全，责任不比你矿长小，奖金倒要少 150 元，与其他科长拿同档次奖金，这不是太不公平了吗？”于是便开了腔：“要说安全工作，全矿大大小小几百条巷道我都熟悉，天天都在和安全打交道，处理安全事故每次都到现场，但有些人一年没下几天井，安全工作不沾边，奖金反倒不少，我建议多来一个档次，6 个档次。”

陈科长的发言马上引起了人事科长、财务科长等科长的极为不满，于是大家你一言我一句地说开了。最后袁矿长做了总结性的发言，他说：“今天这个会大家讨论得很热烈，意见各不一致，为了统一思想，我把大家的意见归纳为两条：第一是怕工人闹意见影响生产；第二，多拉开些档次，要说闹意见，不论怎样分都会有人闹意见，如有些与安全工作无关的人，我们一视同仁地给点，按理说照顾到了全矿职工，就会使意见相对小一些，要说影响生产，我们现在实行的岗位责任制，多劳多得，不劳就不该得，至于多拉档次，我看就不必了，多拉一个档次，就会多一层意见，像安检科陈科长这样的个别特殊情况，我们可以在其他方面进行弥补，这个方案我看今天就这么定了，请财务科尽快把奖金发下去，散会。”

奖金发下后全矿显得风平浪静，但几天后矿里的安全事故就接连不断地发生，先是运输区运转队的人车跳轨，接着三采区割煤机电机被烧，随后就是开拓区冒顶两人受伤。袁矿长坐不住了，亲自组织带领工作组到各工队追查事故起因，首先追查人车跳轨事故，机车司机说钉道工钉的道钉松动，巡检维修不细心。而钉道工说是司机开得太快，造成了跳道，追来查去大家最终说出了心里话，他们说：“我们拿的安全奖少，没那份安全责任，干部拿的奖金多，让他们干吧。”还有一些工人说：“老子受伤，就是为了不让当官的拿安全奖。”一段时间矿里的安全事故仍然在不断地发生，最终矿行政虽然采取了一些措施，进行了多方面的调整工作，总算把安全事故压下去了，神火矿区从前那种人人讲安全、个个守规程的景象不见了。

讨论题：

1．你认为神火煤矿的奖金分配方案是否公平合理，为什么？

2．奖金制度设计应该遵循哪些基本原则？

3．请为神火煤矿设计一个更好的奖金分配方案，并陈述设计的根据。

第七章　员工福利管理

学习提要

福利在员工薪酬管理中的重要性日益提高，在降低劳动力成本、提高员工劳动积极性、降低离职率、增强员工凝聚力等方面，有着其他方式无法替代的作用。组织通过制定全面而完善的福利制度，综合运用各种福利方式，以提高组织的稳定性和绩效。

学习目标

- 理解员工福利的内涵与特点
- 了解员工福利的意义与作用
- 掌握公共福利和组织福利、经济福利和非经济福利的内涵与特点
- 掌握弹性福利计划的特征及其实施方式
- 熟悉设计员工福利规划的一般步骤
- 了解员工福利管理的基本内容

关键词

员工福利　公共福利　组织福利　经济福利
非经济福利　弹性福利计划　附加福利计划
核心福利项目计划　混合匹配福利计划　标准福利计划
员工福利管理　福利申请　福利监控

导入案例

2004 年，美国通用汽车公司每生产一辆价值 20 000 美元的轿车，就有 1200 美元用于对员工的福利，而该辆轿车的材料成本却仅仅为 5000 美元。爱立信公司在员工福利标准中规定：爱立信的员工每年有 5000 元的体育锻炼津贴，对于这 5000 元的特殊福利，公司以相关发票等凭证予以报销。而在大多数企业中福利大多投在住房津贴、养老保险、医疗寿险等长期项目的福利中。TCL 集团，信息产业公司主管人力资源的负责人在谈到福利时认为，一流的工作环境，一流的待遇，能够培育融洽的关系，能够使员工有归属感和自豪感。他说："福利在员工收入中的比重越大，企业越能长久地留住人才。"

从上面的案例可以看出，公司福利制度在公司产品成本以及吸引人才等方面有着举足轻重的作用。

第一节 员工福利概述

员工福利是薪酬的重要组成内容，与薪资一起共同构成了一个组织平等的、有竞争性的整体的薪酬体系。随着我国社会经济的发展及劳动力市场的成熟，福利在吸引人才、留住人才方面正扮演着越来越重要的角色。

一、员工福利的内涵与特点

（一）员工福利的内涵

员工福利，又称职业福利、单位福利，是用人单位为改善与提高员工的生活水平，提高员工的生活便利度，通过福利设施和建立各种补贴，向员工个人及其家庭所提供的实物给付或福利性服务。

广义的福利包括三个层次：首先，作为一名合法的国家公民，有权享受政府提供的文化、教育、社会保障等公共福利和公共服务；其次，作为公司的成员，可以享受由公司提供的各种集体福利；最后，员工可以享受到由公司为个人及其家庭所提供的各种实物和服务等福利形式[①]。

员工福利主要以经济效率为目标，旨在鼓励和刺激生产、工作的积极性。因此，员工福利在本质上属于员工激励机制的范畴，是组织招揽人才和激励员工并借此赢得竞争胜利的一种重要手段。

（二）员工福利的特点

福利涵盖面很广，形式多样，且成本也高。它不以员工对企业的相对价值或员工个人的工作业绩为基础，员工在享受福利时机会均等、权利平等。与基本薪酬相比，福利通常采取实物支付或者延期支付的方式，而且不论是实物支付或是延期支付，福利通常都有类似固定成本的特点。所有的企业都对其员工提供除工资以外的各种额外福利。此外员工福利还具有如下特点：

---

① 熊敏鹏，等．2006．公司薪酬设计与管理．北京：机械工业出版社．

1）企业为员工提供的福利往往是针对员工的某项需要而设立的，只起到满足员工生活有限需求的作用，因而有时会有很强的时间性。

2）企业为员工提供的福利设施一般是员工集体消费或共同使用的公共物品，如员工食堂、员工俱乐部等。

3）企业所提供的福利是针对所有的员工，只要履行劳动义务的本企业员工都可以享受，在一定程度上起到平衡劳动者收入差距的作用。

二、员工福利的意义与作用

西方企业于20世纪20年代开始实施员工福利计划，当时企业面临越来越强大的生产组织压力，同时政府因工业人本主义的发展趋势舆论的驱使，也开始逐步制定相应政策与法律，如美国的《社会保障法》和其他一些法律确定了一些要求企业必须设立的福利项目（如社会保障退休系统）。员工福利虽然主要是一种组织的行为，但具有明显的社会意义。一方面，员工福利是国民收入再分配的一种辅助形式；另一方面，员工福利中的主要项目以及福利经费的提取和使用办法，一般都按照国家统一规定执行。

员工福利虽然没有工资、资金那样明显的直接激励力，但是，它在降低劳动力成本、提高员工劳动积极性、降低离职率、增强员工凝聚力等方面，有很多直接增加员工工资很难起到的作用。

越来越多的企业感到仅靠提高工资水平这一短期措施已无法使员工感到企业的长远计划和关怀，许多福利设计都与工龄有关。通过福利的形式为员工提供各种照顾，会让员工感觉到企业和员工的关系不仅仅是一种经济契约关系，从而在雇佣关系中增加一种类似家庭关系的感情成分，这就有助于提高员工的满意度，强化员工的忠诚度。员工福利的稳定性和保障性对于特定员工群体具有吸引力。福利由全体员工大体平等地享受，满足了员工平等和归属的需要。人们在寻找职业时，把优厚福利作为重要的选择标准。例如，带薪休假的长短都与年资的深浅有关，这些福利实际上成为员工的一种长期投资，员工一旦调离企业，就会永远失去。

员工福利具有保留人才的功能，间接降低了员工的离职率，节约了新员工的招聘、选拔、委派及岗前培训费用；员工生活得到照顾，使其减少了对家庭的后顾之忧，可以专心工作；员工因福利而增加的满意感，改善了士气与气氛，减少了缺勤率。尤其是全面而完善的福利制度，使员工因受到周到的体贴和照顾而体会到企业大家庭的温暖，产生出一种大家庭的成员感和归属感，增强了认同与忠诚、责任心与义务感。这是企业一种宝贵的持久的激励力和无价的资产。

以福利形式获得的收入往往无须缴纳个人所得税，或者是延期纳税。因此，相对于现金支付，福利在某种意义上对于员工就更具价值。此外，员工福利还可以在集体购买商品或服务上得到一定优惠，体现出规模经济效应。

三、员工福利的发展历史

员工福利历史的起源可追溯到19世纪初以前的时期，总结其发展历史可分为四个阶段。

（一）员工福利的起源

英国人罗伯特·欧文（Robert Owen）是19世纪初英国卓越的空想社会主义者，对员工福利的早期发展做出了突出贡献。他在自己经营的工厂里实行了许多保护员工的改革措施，如改善工厂条件，缩短劳动工时，免费供应膳食，建设工人住宅区，设立幼儿园和模范学校等。

1802年，英国的《童工劳动时间和道德法》的颁布被视为劳动和保障立法的开端。这些举措激发了员工的维权意识，也使得保障劳动者就业和基本生活的法律和制度开始不断的发展和完善。

（二）员工福利的早期发展

19世纪到20世纪过渡的时期内，雇主开始为雇员及其家庭承担更多的责任。其中，德国是发展员工福利的世界先驱，德国政府先后在1883年、1984年和1889年颁布了《疾病保险法》、《意外伤害保险法》和《伤残老年保险法》。20世纪初，英国和美国也在员工福利立法方面取得了一定的进展，如英国颁布的《工人补偿法》和《老年人年金法》等，美国制订失业保险计划和老年、基本生活和伤残保险计划等。但随着20世纪30年代经济大萧条的来临，这时期员工福利的发展走向了终结。

（三）员工福利的中期发展

第二次世界大战以后，尤其是20世纪70年代末期以来，各国的福利得到全面发展，这段时期的发展主要分为三个阶段：

1）战后重建与发展阶段。由于战后重建经济的需要，弥补社会保障计划尤其是国家普遍养老保险的不足，大多数工业化国家在重建社会保险制度的同时，开始重建与发展员工福利，如美国20世纪50年代对《补充养老保险法案》的重大改革和补充保险计划的发展。

2）20世纪70年代的重要发展期。为了解决因经济萧条等因素而凸显的国家福利政策的问题，主要工业化国家都进行了补充保险的重大改革。例如，法国在1972年建立全国统一的强制性补充养老保险制度，英国建立起与收入关联的补充养老保险制度。

3）20世纪80年代以来的超速发展。自20世纪80年代以来，工业化国家为了缓和社会保障制度的危机和应付日趋严重的人口老龄化问题，大力发展补充养老保险计划，其发展势头大大超过以往任何时期。

（四）员工福利的现代发展

20世纪末期～21世纪初期，随着知识经济和全球化时代特征的凸显，员工福利的发展体现为“以人为本”的理念和动态管理技能的特点。

1）体现以人为本的理念。将企业发展动机和员工需求紧密地结合起来设计、管理和实施员工福利计划，从而体现人力资源开发、利用和保护的理念。

2）动态管理的技能。动态管理是根据企业动机和员工需要的不断变化，对员工福利计划的设计、管理和提供进行改善，有效地实现公平和效率的有机结合。

四、员工福利的种类

员工福利包括很多不同种类的福利项目，因此很难对其进行合适的种类划分。根据福利的性质可分为公共福利和组织福利；从福利的表现形式看，有经济性的福利和非经济性的福利。

（一）公共福利和组织福利

1. 公共福利

公共福利主要是社会保险福利，是为了保障员工的合法权利，由政府统一管理的福利措施，法律规定企业必须向员工提供的福利项目包括养老保险、失业保险、医疗保险、工伤保险、生育保险等。

（1）养老保险

法律规定的养老保险又称老年社会保障，是社会保障系统中的一项重要内容，是针对退出劳动领域或无劳动能力的老年人实行的社会保护和社会救助措施。随着工业化和现代化的发展，全世界大多数国家都已实行了老年社会保险制度。据联合国的统计资料显示，1940年全世界只有57个国家和地区实行了老年社会保险制度，而到1995年，全世界已经有165个国家和地区实行这一制度。在多种社会保险项目中，老年保险的项目覆盖面最大，对社会稳定的保护作用也最大。养老保险的主要特点是工薪劳动者在年老丧失劳动能力之后，均可享受国家法定的社会保险待遇，但国家不向劳动者本人征收任何老年保险费，老年保险需要的全部资金，都来自于国家的财政拨款。

我国于1997年发布的《国务院关于建立统一的企业职工基本养老保险制度的决定》规定：在我国的大部分地区实施社会统筹和个人账户相结合的养老保险制度。企业缴纳基本养老保险费（以下简称企业缴费）的比例，一般不得超过企业工资总额的20%（包括划入个人账户的部分），具体比例由省、自治区、直辖市人民政府确定。少数省、自治区、直辖市因离退休人数较多、养老保险负担过重，确需超过企业工资总额20%的，应报劳动部、财政部审批。个人缴纳基本养老保险费（以下简称个人缴费）的比例，1997年不得低于本人缴费工资的4%，1998年起每两年提高1个百分点，最终达到本人缴费工资的8%。有条件的地区和工资增长较快的年份，个人缴费比例提高的速度应适当加快。基本养老金由基础养老金和个人账户养老金组成。退休时的基础养老金月标准为省、自治区、直辖市或地（市）上年度职工月平均工资的20%，个人账户养老金月标准为本人账户储存额除以120。个人缴费年限累计不满15年的，退休后不享受基础养老金待遇，其个人账户储存额一次支付给本人。

（2）失业保险

失业保险是为遭遇失业风险、收入暂时中断的失业者设置的一道安全网。其覆盖范围通常包括社会经济活动中的所有劳动者。我国于1999年1月20日颁布的《失业保险条例》规定，企事业单位按本单位工资总额的2%缴纳失业保险费，职工按本人工资的1%缴纳失业保险费，企事业单位招用的农民合同制工人本人不缴纳失业保险费。政府提供财政补贴，失业保险基金的利息和依法纳入失业保险基金的其他资金。

（3）医疗保险

医疗社会保险是指由国家立法，通过强制性保险原则和方法筹集医疗资金，保证人们平等地获得适当的医疗服务的一种制度。1998 年颁布的《国务院关于建立城镇职工基本养老保险制度的决定》中规定：城镇所有用人单位，包括企业、机关、事业单位、社会团体、民办非企业单位及其职工，都要参加基本医疗保险。乡镇企业及其职工、城镇个体经济组织业主及其从业人员是否参加基本医疗保险，由各省、自治区、直辖市人民政府决定。基本医疗保险费由用人单位和职工共同缴纳。用人单位缴费率应控制在职工工资总额的 6%左右，其中的 30%进入个人账户，职工的缴费费率一般为本人工资收入的 2%。

（4）工伤保险

工伤保险是针对那些最容易发生工伤事故和职业病的工作人群的一种特殊社会保险。我国的工伤保险制度最初建立于 1950 年，最近一次关于工伤保险的规定是在 2003 年 4 月 16 日国务院第 5 次常务会议讨论通过的《工伤保险条例》，该条例于 2004 年 1 月 1 日起施行。

与养老、医疗、失业保险不同，工伤保险除了体现社会调剂、分散风险的社会保险一般原则外，还体现工伤预防、减少事故和职业病的发生来体现企业责任等原则，因此，我国也采取了与国际接轨的做法，对于工伤保险费不实行统一的费率，而是根据各行业的伤亡事故风险和职业危害程度类别，实行不同的费率。

（5）生育保险

我国自 20 世纪 60 年代末以来，一直采取的是由女职工所在单位作为保险责任主体的做法，即由女职工所在的单位承担女职工的生育费用和由于生育而带来的经济损失的保险办法。这在当时并不是一种完全意义上的社会保险，而是一种企业保险。但是这种做法逐渐开始变得对女性的就业极为不利。1994 年 12 月 1 日，原国家劳动部颁发了《企业职工生育保险试行办法》，文件基本上肯定和采纳了生育费用由社会统筹，提出由企业按其工资总额的一定比例向社会保险经办机构缴纳生育保险费，建立生育保险基金。生育保险费由当地人民政府根据实际情况确定，但最高不要超过工资总额的 1%。企业缴纳的生育保险费列入企业管理费用，职工个人不缴纳生育保险费。女职工生育期间的检查费、接生费、手术费、住院费和医疗费，都由生育保险基金支付，超出规定的医疗服务费和药费由职工个人负担。产假期间按照本企业上年度职工月平均工资计发生育津贴，由生育保险基金支付。不过，需要指出的是，由于多方面的原因，生育费用社会统筹至今在许多地区还没有实施。

2. 组织福利

组织福利是企业根据自身的发展需要和员工的需要选择提供的，是为了吸引人才或稳定员工而采取的福利措施，如养老金、储蓄、辞退金、住房津贴、交通费津贴、工作午餐、海外津贴、人寿保险等。

（1）养老金

养老金又称退休金，是员工为企业工作一定年限后，到了一定年龄后（我国男性为 55～60 岁，女性为 50～55 岁），企业按规章制度及企业界效益提供给员工的金钱，可以每月提取，也可以每季度或每年提取，根据各地的生活指数制定最低限度。如果企业已为员工购买了养老保险，养老金可以相应减少。

（2）储蓄

储蓄又称互助会，是指由企业出面组织、员工自愿参加的一种民间经济互助组织，员工每月储蓄若干资金，当员工经济发生暂时困难时，可以申请借贷渡过难关。

（3）辞退金

辞退金是指企业由于种种原因辞退员工时，支付给员工一定数额的金钱，一般而言，辞退金的多少主要根据员工在本企业工作时间长短来决定，聘用合同中应该明确规定。

（4）住房津贴

住房津贴是指企业为了使员工有一个较好的居住环境而提供给员工的一种福利，主要包括以下几种：根据岗位不同每月提供住房公积金，企业购买或建造住房后免费或低价租给或卖给员工居住，为员工的住房提供免费或低价装修，为员工购买住房提供免息或低息贷款，全额或部分报销员工租房费用。

（5）交通费津贴

交通费津贴是指企业通过以下几种方式，为员工上下班提供交通方便：派专车到员工家接送，派专车按一定的路线行驶在一些集中点接送员工，按规定为员工报销上下班交通费，每月发放一定数额的交通补助费。

（6）工作午餐

工作午餐是指企业为员工提供的免费或低价的午餐。有的企业虽然不直接提供工作午餐，但提供一定数额的工作午餐补助费。

（7）海外津贴

海外津贴是指一些跨国公司为了鼓励员工到海外去工作要提供的经济补偿。海外津贴的标准一般根据以下条件制定：职务高低、派往国家的类别、派往时间的长短、家属是否可以陪同、工作时期回国度假的机会多少、愿意去该国的人数多少等。

（8）人寿保险

人寿保险是指企业全部资助或部分资助的一种保险，员工一旦死亡后，其家属可以获得相应的经济补偿。

组织福利根据享受的范围不同，还可以分为全员性福利和特殊群体福利两类。全员性福利是全体员工可以享用的福利，如工作餐、节日礼物、健康体检、带薪年假等；特殊群体福利指供特殊群体享用的福利，这些特殊群体往往是对企业做出特殊贡献的技术专家、管理专家等企业核心人员，特殊群体的福利包括住房、汽车等项目。

知识拓展

401 K 条款（计划）是美国著名的养老计划，该条款为雇主和雇员的养老金存款提供了税收方面的优惠。职工可为养老设立专门的“401 K 账户”，职工在领取工资时自动将一部分工资存入账户，由雇主按照职工存款比例拿出一定资金存入职工 401 K 账户。对于账户上的存款，职工自己选择投资方式，可以购买股票、债券或进行专项定期存储等。

401 K 条款在美国公司和职工看来是最佳的养老金投资方式。自 20 世纪 90 年代以来，401 K 养老金计划这种个人退休账户制度正在逐步取代原有的退休金制度，成为一般美国百姓的首选。企业为员工设立专门的 401 K 账户，员工每月从其工资中拿出不超过 25%的资金存入养老金账户，而企业一般也按一定的比例（不能超过员工存入的数额）向这一账户存入相应资金。与此同时，企业向员工提供3～4种不同的股市组合投资计划，员工可任选一种进行投资。员工退休时，可以选择一次性领取、分期领取和转为存款等方式使用。

（二）经济性福利与非经济性福利

1. 经济性福利

经济性福利是涉及金钱的福利，包括：

1）额外收入。节假日加薪、节日礼物、可优惠实物分配、超时薪酬、超时加班费等。

2）住房性福利。以成本价向员工出售住房，房租补贴等。

3）交通性福利。为员工提供免费班车，为员工免费购买公共汽车月票等。

4）饮食性福利。免费供应午餐，午餐补助，有员工食堂或伙食补助等。

5）教育培训性福利。员工的脱产进修，短期培训，员工子女入托补助等。

6）医疗保健性福利。免费为员工进行例行体检、打预防针等。

7）带薪节假。节日、假日以及事假、探亲假、带薪休假等。

8）文化性福利。为员工祝贺生日，集体旅游，提供疗养机会，购置体育锻炼设施等。

9）金融性福利。家庭特困补助，家庭红白事慰问金、抚恤金，为员工购买住房提供低息贷款等。

10）其他生活性福利。洗理津贴、服装津贴或直接提供工作服。

2. 非经济性福利

非经济性福利旨在全面改善员工的工作生活质量，表现为服务或员工工作环境的改善，不涉及金钱与实物。主要包括：

1）法律保护性服务。例如，平等就业权保护（反种族、性别、年龄等歧视），是员工福利中增长最快的项目之一。

2）咨询性服务。免费为员工进行职业发展设计，为员工提供心理健康咨询或法律咨询等。

3）工作环境保护。例如，进行工作环境设计、工作扩大化、工作丰富化、弹性工作时间、缩短工作时间、扩大工作反馈渠道以及工作授权与工作团队等工作设计项目，企业内部提升政策、员工参与民主化管理等。

非经济性福利是一种广义的福利，有些福利已经超越通常所理解的狭义的福利范围，或传统的人事管理职能范围，但对企业人力资源管理具有相当重要的意义。

五、弹性福利计划

（一）弹性福利计划的含义

由于人的需求多种多样，组织提供的福利组合并非适用于每一个员工。在这种情况下，可能企业支付的福利成本很高，但提供的福利对有的员工没有价值。因此，组织在付给个人福利报酬时，可以实行灵活的福利计划，采取员工自愿选择项目的方式。

弹性福利计划又被称为“自助餐式的福利计划”，它起源于20世纪70年代，为员工提供了多种不同的福利选择方案，从而满足了不同员工的不同需要。这种福利计划一共可以划分为三种类型，即全部自选（全部福利项目均可自由挑选）、部分自选（有些福利项目可以自选，有些则是规定好的福利项目）以及小范围自选（可选择的福利项目比较有限）三种。但是，无论是哪一种弹性福利计划，都具有最重要的一个特征，就是弹性福利计划的个性化、可选性。

弹性福利计划非常强调“员工参与”的过程，让员工对自己的福利组合计划进行选择。但事实上，实施弹性福利制的企业，并不会让员工毫无限制地挑选福利措施，通常公司都会根据员工的薪水、年资或家庭等因素来设定每一个员工所拥有的福利限额。在福利清单中所列出的福利项目都会附一个金额，员工只能在自己的限额内享用自己喜欢的福利。而且每一种福利组合中都必须包括一些非选择项目，如社会保险、工伤保险以及失业保险等法定福利计划。

虽然很多企业是因为其他企业实施了弹性福利计划而被迫实施的，但是更多的企业却是有意无意地在从全面薪酬管理的角度来分析自己的福利提供行为。这是因为，推行弹性福利计划不仅能够提供最适合员工需求的福利组合，还能够更好地控制福利成本。弹性福利使得员工能够看清自己的权利和义务，同时也是提高组织福利成本的投资回报率的一种重要手段。企业在控制住福利的成本开支之后，可以将节约下来的钱投入到绩效奖励方面，从而增强对员工的激励性。此外，弹性福利计划通过提高员工的自主选择权，促进了员工和企业之间的沟通，强化了组织和员工之间的相互信任关系，从而有利于提高员工的工作满意度。

自助餐式的福利计划从本质上改变了传统的福利制度，从一种福利保险模式转变为一种真正的薪酬管理模式，从一个固定的福利方案转变为一个固定的资金投入方案（由员工的福利收益固定转变为企业的福利投入固定）。这就使得企业不再被福利所套牢，而能够根据具体情况来控制资金的支出。

（二）弹性福利计划的实施方式

企业可以采取多种方式实现从传统福利计划向弹性福利计划的过渡。简单的做法是适当降低基本薪酬，增加福利待遇的可选择性，复杂的做法则可以运行设计完备的福利选择系统。无论如何，只要员工有机会在一系列的福利计划之间做出选择，弹性福利计划就能够发挥作用。选择何种弹性福利计划方案取决于企业想要从弹性福利计划中获得什么。

1. 附加福利计划

附加福利计划是最普遍的弹性福利计划。实施这种弹性福利计划，在不降低原有的直接薪酬水平和福利水平的基础上，提供给员工一张特殊的信用卡，员工可以根据自己的需要自行购买商品或福利。发放给员工的信用卡中可使用的金钱额度取决于员工的任职年限、绩效水平，还可以根据员工基本薪酬的百分比来确定。与直接薪酬不同的是，信用卡中的金钱必须被全部花完，不能提取现金。从薪酬的角度来看，任何的附加福利计划都会提高组织的薪酬成本。但是，对那些直接薪酬低于市场水平而又想在劳动力市场上有一定竞争力的组织而言，这是一种很好的办法。

2. 核心福利项目计划

核心福利项目计划是每个员工享有的基本福利，弹性选择福利则附有价格供员工任意选择。例如，企业会按照最低限度水平为员工提供包括健康保险、人寿保险以及其他一系列企业认为所有员工都必须拥有的福利项目的福利组合，然后让员工根据自己的爱好和需要选择其他福利项目，或者提高某一种核心福利项目的保障水平。

3. 混合匹配福利计划

在可享受的总福利水平一定的情况下，员工可以按照自己的意愿在企业提供的福利领域中决定每种福利的多少，一种福利的减少意味着员工有权利选择更多的其他福利。当然，如果降低其他福利项目的水平仍然不能使某种特定的福利达到员工的满意，那企业就只能采取降低基本薪酬的办法了。

4. 标准福利计划

企业推出项目优惠水准不同的多种福利组合，员工可以在这些组合之间自由地进行选择，但是却没有权利来自行构建自己认为合适的福利项目组合。一种福利组合与另外一个福利组合之间的差异可能在于福利项目的构成不同，也可能是同样的项目构成，但是每种福利项目的水平之间存在差异。如果组合的成本不同，那些选择成本较小的组合的员工，实际上会遭受利益的损失。那些将福利管理外包给外部专业组织的企业经常使用这种弹性福利模式。

知识拓展

2008年4月初～5月15日，上海外服对4012名外企雇员进行了问卷调查。在所有问卷样本中，福利模块受重视程度位居第一，达30%，其后依次为职业发展、工作认可和工作生活平衡。福利模块中，50%以上的公司向员工提供饭贴、旅游和意外保险，而提供住房储蓄、住房贷款和股权/期权的公司最少。公司已提供的项目中，最受员工欢迎的前三项是住房补贴、商业医疗保险和住房储蓄。公司未提供的项目中，员工最期待的前三项是住房补贴、旅游和住房贷款（低息或免息）。

工作生活平衡模块中，公司已提供的前3项是弹性工作、员工休闲和公司内娱乐设施。最受员工欢迎的前3项是弹性工作、家庭温馨假期和健身卡。同时，这也是公司尚未提供的项目中员工最期待的3项。

职业发展计划模块中，公司已提供的项目中，最受员工欢迎的前3项是培训、全球派驻/国际委派机会和晋升机会。公司未提供的项目中，员工最期待的项目是晋升机会、培训和学历教育。

（三）实行弹性福利计划时应注意的问题

在实际实施弹性福利计划的过程中，员工往往无法享受到法律允许范围内所能够拥有的最大程度的自由选择权。因为这种做法会因为个别员工的特殊福利要求而大大提高公司的福利成本，而且某一员工可能到后来才发现自己在职业生涯的早期阶段做出一个并不明智的福利选择，此时企业赋予员工的这种自由度很大的选择权反而会招致员工的怨恨。因此，在实施“自助餐式福利计划”的时候，除了国家法律规定的必选福利项目之外，企业还应该限定某些员工必须选择一些福利项目。在这个基础上，员工可以做出进一步的福利选择。此外，为了保证福利计划的总成本不超出预算，在提供弹性福利计划之前，还需要进行组织内部的福利调查，给出员工一系列可供选择的福利项目，让员工确定自己的福利组合，组织不会提供那些只有少数人选择的福利项目。

当然，弹性福利计划也存在着一些问题，如弹性福利计划会增加企业在福利管理方面的难度，还会遭遇员工的“逆向选择”，甚至有些人认为弹性福利计划实际上是让员工承担了不恰当的风险。然而，无论如何，弹性福利计划正在得到越来越多的企业和员工的认可，并且得到了快速的发展。

第二节　员工福利的规划与管理

一、员工福利的规划

政府的政策法规、高层管理者的经营理念、企业的成本控制等都会对员工福利产生直接的影响，因此企业设计合理的员工福利规划，应该遵循以下步骤。

（一）了解国家立法

企业必须提供法律规定的福利项目，这是企业必须承担的福利成本。在总体薪酬水平一定的情况下，它不仅制约着弹性福利的弹性空间，对直接薪酬的水平高低也产生着制约作用，提高福利水平要以降低直接薪酬水平为代价。

（二）明确福利目标

规划员工福利应建立特定的目标，且该目标应该考虑企业的规模、企业所处的地区环境、企业的盈利能力及行业竞争对手情况等。最重要的是要与企业经营战略相一致，以及考虑企业的目标与薪酬策略等。既要考虑员工的眼前需要与长远需要，还要能调动大部分员工的积极性，吸引优秀人才，并将其成本控制在企业能力范围之内。

（三）开展福利调查

企业要想吸引和留住员工，保持在劳动力市场上的竞争力，就必须了解竞争对手所提供的福利组合、福利水平等情况。一般的福利调查所要得到的是市场上普遍存在的福利项目的形式、内容及其覆盖范围方面的信息。

（四）福利基金的筹集

员工的福利基金是企业依法筹集的、专门用于员工福利支出的资金。管理者在进行福利设计时，必须确定基金的来源渠道。不同国家与地区的企业有不同的资金来源，一般有三种典型渠道：按法规从企业财产和收入中提取，企业自筹，向员工个人征收等。我国企业也必须按照国家法令的规定来提取或兑现员工福利基金。

（五）对福利方案进行成本效益分析

企业在福利投资时，应进行成本核算。以员工对企业的重要性及工龄为基础，确定每一个员工福利项目的成本，当有多种方案可满足员工需求时，要进行成本效益的比较分析，选出既满足员工需要又经济有效的福利方案。

（六）福利的组织与实施

员工的福利在组织与实施过程中，应做好以下三个方面的工作：①利用各种有效的渠道宣传各项福利，做好福利沟通工作，了解员工的福利需要；②进行员工的福利调查，收集员工对企业各项福利项目的态度、看法与要求；③组织实施福利规划时要落实福利规划与预算，定期检查实施、反馈、改进情况，以增强员工对企业的认同感、增强企业的凝聚力。

二、员工福利的管理

福利管理在现代企业管理中日益受到重视，一方面是由于政府法律的不断完善，要求企业必须做出具体的福利计划以及对员工和组织做出承诺，另一方面是由于人们认识到福利的激励功能越来越重要。如果企业缺乏对福利的预算与管理，不仅会造成福利成本上升，企业效率低下，而且会使福利投资不利于企业业绩增加。因此，企业必须密切关注和加强福利管理。

福利管理的内容包括宣传企业的福利政策和内容、福利申请的受理与处理以及在环境变化时对福利进行监控和修订等。

（一）宣传企业的福利政策和内容

通常可使用《员工福利手册》，向员工介绍本企业福利的基本内容，享受福利待遇的条件和费用的承担。近年来，随着计算机的广泛使用，很多企业还在企业总的《员工福利手册》之外，为每个员工准备一本个人的福利手册，提醒个人在福利上所做的选择，享有的权利和分担费用的责任，便于个人查阅。还可以通过举办讲习班和员工个别谈话等方法，帮助员工做好福利安排和选择的细节工作。

（二）福利申请

当员工根据公司的福利制度和政策向公司提出享受福利的申请时，企业需要对这些申请进行审查，看其申请是否合理，即审查本企业是否实施了某种相关的福利待遇，以及该员工应当享受什么样的福利待遇等。这项工作通常费时多，且对任职人员的人际沟通能力要求较高。

（三）福利监控

福利领域的情况变化很快。企业要根据法律变化、外部市场的福利发展趋势和福利成本水平变化、员工福利需求变化等进行持续监控，并根据有关变化对本企业福利及时加以调整。

三、福利管理方式的创新

现代社会的福利管理，已经转变了传统管理的旧模式，将福利管理纳入企业目标和企业人力资源的开发，并与雇员的薪酬管理组成一个有机的报酬管理体系。

福利管理是一个越来越受到重视的问题，原因在于：一方面，许多国家的法律规定企业必须做出具体的福利计划并且对雇员及其组织做出承诺；另一方面，企业为了加强对雇员的激励，也把提高福利水平、加强福利管理作为调动雇员积极性的重要措施。与此同时，福利开支已成为雇员收入的一个重要组成部分，而且还呈上升趋势。但是在雇员福利管理中，也普遍存在一些问题。例如，福利开支增加了企业成本，许多经营状况不佳的企业已经通过削减福利开支等措施实施"成本抑制"计划。一些企业的雇主和雇员都没有对福利进行科学的预算和管理，造成福利成本上升、效率低下现象的发生。此外，改变福利的普惠性问题也越来越引起管理人员的注意，福利应将福利与雇员的业绩更紧密地结合起来，在保障普惠项目较多且达到一定的高水平的基础上，对一部分员工实行"特色项目"的差别对待。

现代企业在福利管理上进行的改革和创新，主要做法有如下几种。

（一）创建"一揽子"薪酬福利计划

许多企业不再将薪酬与福利管理分成互不搭界的两项管理工作，而是成为一个有机的组成部分。两种手段互相配合，共同围绕企业目标运转。例如，对一些适宜发放货币性奖励的，就采用货币支付的方式；反之就采用非货币，即福利支付的形式。对一些奖励性报酬，可以采取货币与福利并用的方式。

（二）灵活的福利提供方式

灵活方式又称"自助餐式"的福利管理方式，即雇员可以在多种福利项目中根据自己的需要进行选择。例如，单身汉不选择儿童保健，但可选择附加养老金福利；夫妻双方可以选择不同的福利项目，如一方选择子女保健，一方选择住房或休假。这种"自助餐式"的福利也可以分成两种类型，一种是基本保障型，人人必须拥有，如一些法律规定的福利，必须执行；另一种是各取所需型。

（三）降低福利成本，提高效率

提高福利服务效率，减少浪费，许多企业也进行了一些改革。例如，为了严格控制保健福利开支，可以采取以下几种措施：

1）兴办雇员合作医疗，弥补健康保险的不足。

2）通过其他的福利计划诱导雇员降低对健康保险的兴趣。

3）通过增大企业对门诊治疗费用的支付比重，降低雇员的住院比例。

本章小结

员工福利是用人单位为改善与提高员工的生活水平，提高员工的生活便利度，通过福利设施和建立各种补贴，向员工个人及其家庭所提供的实物给付或福利性服务，它在本质上属于员工激励机制的范畴，是组织招揽人才和激励员工并借此赢得竞争胜利的一种重要手段。本章阐述了员工福利的内涵、特点和意义，介绍了员工福利的种类，如公共福利、组织福利、经济福利、非经济福利、弹性福利计划等，简要介绍了员工福利的规划步骤与管理等内容。

复习思考题

一、单项选择题

1. 与基本薪酬相比，福利通常都有类似（　　）的特点。
   A. 可变成本　　B. 固定成本　　C. 人工成本　　D. 物资成本
2. 员工福利主要以（　　）为目标，旨在鼓励和刺激生产、工作的积极性。
   A. 鼓舞士气　　B. 节约开支　　C. 经济效率　　D. 增加产量
3. 无论是哪一种弹性福利计划，都具有最重要的一个特征，即它的（　　）和可选性。
   A. 不确定性　　B. 协商性　　C. 个性化　　D. 弹性化
4. （　　）是最普遍的弹性福利计划。
   A. 混合匹配福利计划　　B. 标准福利计划
   C. 核心福利项目计划　　D. 附加福利计划

二、多项选择题

1. 公共福利主要包括（　　）等。
   A. 养老保险　　B. 工作午餐　　C. 医疗保险
   D. 工伤保险　　E. 人寿保险
2. （　　）属于组织福利的范畴。
   A. 养老金　　B. 海外津贴　　C. 医疗保险
   D. 人寿保险　　E. 工伤保险
3. 以下（　　）等属于全员性福利。
   A. 住房　　B. 工作餐　　C. 健康体检
   D. 带薪年假　　E. 汽车
4. 以下属于经济性福利的是（　　）。
   A. 工作环境设计　　B. 脱产进修　　C. 缩短工作时间
   D. 打预防针　　E. 集体旅游

三、判断题

1. 员工福利具有工资、资金那样明显的直接激励力。　　（　　）

2．企业为员工提供的福利往往会有很强的时间性。（　）
3．员工福利虽然主要是一种组织的行为，但具有明显的社会意义。（　）
4．非经济性福利是一种广义的福利，对企业人力资源管理具有相当重要的意义。（　）

四、简答题

1．什么是员工福利？员工福利有什么特点？
2．员工福利有何作用？
3．公共福利与组织福利各有哪些具体种类？
4．经济福利与非经济福利的区别是什么？你认为两者之间哪个更重要？为什么？
5．什么是弹性福利计划？有哪些具体形式？
6．企业设计合理的员工福利规划，应该遵循怎样的步骤？

研究与提高

一、讨论与操练

1．以某个企业或其他组织为对象，设计一套员工福利方案。
2．讨论福利好就一定能够留住员工吗？
3．是否任何组织都适合采用弹性福利计划？为什么？
4．福利与薪酬有何关系？
5．福利待遇是否越高越好？
6．“高福利必然带来高绩效”，你是否同意此观点？为什么？

二、扩展阅读书目

李宝元，王长城．2012．现代组织薪酬管理学．北京：北京师范大学出版社．
岳龙华．2014．薪酬设计与薪酬管理．北京：中国电力出版社．
李志畴．2012．薪酬体系设计与管理实务．南京：凤凰出版社．
曾湘泉．2010．薪酬管理．北京：中国人民大学出版社．
彭剑锋．2011．人力资源管理概论．上海：复旦大学出版社．
刘伟，韦慧民．2013．薪酬管理．北京：北京师范大学出版社．
加里•德斯勒．2012．人力资源管理．12 版．刘昕，译．北京：中国人民大学出版社．

三、讨论案例

坦丁姆计算机公司的激励与福利制度

在美国加利福尼亚州（以下简称加州）北部硅谷地区有一个飞速发展的计算机公司，叫做坦丁姆计算机公司，由詹姆斯•特雷比格（James Treybig）于 1970 年创建。1980 年，该公司每年的销售量已达到 3 亿多美元，1985 年，其销售量已达到 10 亿美元以上。人们普遍认为，坦丁姆公司的管理是很有特色、极为成功的。

詹姆斯在斯坦福大学获得工程硕士学位后曾在得克萨斯仪器公司工作过几年，随后便自己在“硅谷”创建了坦丁姆计算机公司。

该公司一开始就以生产第二计算机继续工作系统而著称。第二计算机继续工作系统就是在一个信息或控制系统中使用两台计算机，在正常情况下，两台计算机都工作，如果其中任何一台出现故障的话，则另一台计算机就会自动地承担全部的工作，使工作不间断地继续下去。同时，对系统中的计算机数据和程序还有各式各样的保护措施。有了这种第二计算机继续工作系统，工作就可以畅通无阻，避免不必要的损失。例如，如果旅馆用的计算机系统出问题，就会因无法给顾客预先订房而蒙受巨大损失，银行也可能因其计算机系统出现故障而倒闭。但是，如果使用这种第二计算机继续工作系统，就可以随时排除各种障碍，使工作在任何情况下都可以顺利地进行。

坦丁姆公司地处加州“硅谷”高科技地区，竞争相当激烈。在这种环境下，公司面临着生存与发展的严峻挑战，又因为詹姆斯本人的管理天赋和实践，他创造了一套有效而独特的管理自己员工的方法。

詹姆斯为员工创造了极为良好的工作环境。在公司总部设有专门的橄榄球场地、游泳池、图书阅览室，还有供职工休息的花园和宁静的散步小道等。他规定每周五下午免费为员工提供啤酒，公司还经常定期举办各种酒会、宴会、员工生日庆祝会，同时还举办由女工为裁判的男员工健美比赛等活动，并通过这些活动倾听员工对公司的各种意见和建议；除此之外，他还允许员工有自行选择机动灵活的工作时间的自由。

詹姆斯也很注重利用经济因素来激励员工。他定期地在员工中拍卖本公司的股票，目前，几乎每个员工都拥有公司股票，这就大大地激发了员工为公司努力工作的热情。

詹姆斯还要求每个员工都要制订出一个了解公司、学会和掌握公司内部各种工作的具体计划，以及自己期望能得到的培训、进修和发展的五年战略计划。这样，每个员工都可逐渐了解公司、结合培训和进修逐渐学会和掌握公司及本行业中先进的科学技术，因此，员工对公司都有强烈的感情和责任心，平时不需要别人监督就能自觉地把工作做好，就能自觉地关心公司的利益和发展前途。因为公司的绝大多数员工都拥有公司股票，所以对公司的利益及成功都极为关心。

詹姆斯本人是一位极为随和、喜欢以非正式的身份进行工作的有才能的管理者，又由于他在公司内对广大管理人员、技术人员和工人中都平等地采用上述一系列措施，公司的绝大多数人都极为赞成他的做法，都把自己的成长与公司的发展联系起来，并为此而感到满意和自豪。

当然，詹姆斯也深深地知道，要长期地在人才竞争日趋激烈的环境下维持这样一批倾心工作的员工队伍确实不是一件容易的事情。公司在飞速地发展，而随着公司的扩大，其生产增长速度相应会放慢，也会出现一个更为正式而庞大的管理机构。在这种情况下，又应如何更有效地激励员工呢？这自然是他和公司的管理人员所共同关心的问题。

讨论题：

1．坦丁姆计算机公司采用了哪些有效的激励与福利方法？请剖析其激励与福利制度，说明其之所以能起到激励作用的原因。

2．与坦丁姆公司相比，目前我国企业所采用的激励与福利方法有何异同之处？不同之处产生了什么不同的结果？

3．你认为坦丁姆公司还可以采取哪些激励与福利方法？

第八章　薪酬支付、设计及其分类管理

学习提要

薪酬支付是薪酬管理的基本内容之一，薪酬支付的形式多种多样。在薪酬总额限定的情况下，合理的薪酬支付安排可以使薪酬的激励作用最大化。薪酬支付必须符合法定的标准，所以应在把握基本的符合法律规范的薪酬支付的基础上提高组织的薪酬支付技巧。

对于薪酬管理人员而言，薪酬制度的设计构筑，是其最重要的工作任务之一。整个制度的设计过程是一项系统的工程，涉及很多方面。

薪酬制度的设计要立足组织的实际状况，根据组织的目标、结构、市场条件、员工需要、预算、组织的生命周期发展阶段等，制定适合组织特性的薪酬战略，从宏观上对整个薪酬制度进行指引。另外，考虑到不同类型员工需求的不同，还应对其进行分类管理，从而保证更加有效的激励。

学习目标

- 理解薪酬支付的含义和原则
- 掌握薪酬支付的一般形式
- 掌握特殊情况下的薪酬支付
- 理解薪酬的构成模块
- 了解影响薪酬制度和薪酬管理的因素
- 理解薪酬设计的不同理论假设
- 掌握薪酬制度设计的一般步骤
- 掌握不同类型员工薪酬制度设计的步骤及技巧

关键词

薪酬支付　薪酬构成　薪酬定位　基于职位的薪酬模式
薪酬支付形式　薪酬支付原则　基于能力的薪酬模式
薪酬调查　长期激励　基于绩效的薪酬模式

导入案例

日本 IBM 公司的薪酬给付标准，是依据每一个职位标准来决定其薪酬金额。就非管理职位的薪酬而言，每年加薪一次，加薪的金额依年资别加薪与工作业绩加薪额两项合计而定。就拿一定加薪数额的平均值来说，年资别加薪额约占全部加薪总额的七成。而管理职位则无年资别加薪额，加薪数额完全依工作业绩而定。

日本 IBM 公司的给付制度，是依照雇员工作表现评价而定。因此，该公司不像其他许多的日本企业，完全不管雇员的工作种类，全凭年资评定薪酬多寡。例如，许多公司常以“大学毕业、服务年资、性别、家人数”为评定薪酬的基准，而日本 IBM 公司则并非一成不变地采用此标准。

所谓依工作内容评定金额的薪酬制度，其薪酬给付金额完全依雇员在公司中的工作内容及职务评价而定。当然，工作的价值还需通过进一步的职务分析，才能明确地标示出雇员的存在意义。

一般而言，以职务为中心职别、职位给付制度，在每年一次的调薪时，均以工作职别的各个种类审定雇员的工作表现，并依此决定调整金额幅度。不过，非管理职位雇员的调薪，年资仍是一个非常重要的因素。就薪酬比例而言，无需经过审核的自然调升金额占调薪总额的 2/3，而需经审核的工作业绩调升额只占调薪总额的 1/3。此种依雇员年工资、工作业绩来调整的制度，可以说是年资升迁制度的另一种变通方式。

薪酬额中，除本薪外，如房屋津贴、工作津贴及管理职务津贴增为每月固定支付项目。此外，还有一般企业的津贴项目，如加班津贴、加班伙食津贴、轮班津贴、非正常勤务津贴、紧急勤务津贴、值班津勤、出差津贴、休假期间工作津贴、特殊勤务津贴、交通津贴等。

在各项津贴中，最特别的是有关雇员调职赴任这项津贴，在这下达调任时，首先支付雇员一笔出差费，以做去调职地点实际勘察的往返旅费。若雇员携妻子前往，则其妻的旅费前亦由公司支付。

雇员迁居时的一切必需费用均由公司支付，而雇员在调职地的住宅费用，包括房屋的权利金、押金、礼金等亦由公司支付。此外，如电话移机费、子女转学杂项费用，亦由公司一并支付。同时，为让雇员能有充裕时间在新到职的地方找到理想住处，公司还特别备有 20 天的旅社居住费用。除上述各项费用外，公司还同时发放一笔赴任津贴，此津贴的数额凡有家属同往者为 55 万日币，只身前往赴任者为 30 万日币。

若雇员子女因就读学校问题无法随同雇员赴新任职地，则公司按月支付安家津贴 7 万日币，同时支付雇员每年 16 次的返家省亲费。此外，如雇员的海外出差津贴与有关日本 IBM 公司关系建业的海外执行勤各津贴，也比照日本国内赴任津贴的待遇办理。就上述各项津贴的支领对象而言，日本 IBM 公司每年约有数千外雇员可领到这类津贴。

平均年收入 700 万～800 万日币的高薪可以说是日本 IBM 公司强化雇员团结向心力的主要因素，更重要的是它带动了日本 IBM 公司整体的蓬勃发展，同时也充分反映出每位雇员的工作实力。

第一节　薪酬支付概述

一、薪酬支付的概念与原则

（一）薪酬支付

薪酬支付是按照既定的薪酬标准和计量的实际劳动量计算应付的工资，并向劳动者支付。狭义的薪酬支付又称工资支付，其内容主要包括如下内容。

1. 工资支付项目

工资支付项目一般包括计时工资、计件工资、奖金、津贴、补贴、加班工资、特殊情况下支付的工资。目前我国各类企事业单位工资支付的类别名目繁多。在不同性质的组织中，不同岗位的工资支付项目存在差异。例如，事业单位的工资支付项目包括职务工资、职务津贴、岗位津贴、地区补贴等；而某一商场营业员的工资支付项目为基本工资、加班工资两项。

2. 工资支付水平

工资支付水平又称工资标准，指按劳动合同规定的劳动者本人所在岗位（职位）相对应的工资标准。工资支付水平不低于法定的最低工资标准水平。

工资支付水平包括标准工资和非标准工资。标准工资是指按规定的工资标准计算的工资包括实行结构工资制的基础工资、职务工资和工龄津贴。非标准工资是指标准工资以外的各种工资。

3. 工资支付形式

工资支付形式可分为三种：货币形式、有价证券形式、实物形式。《中华人民共和国劳动法》（以下简称《劳动法》）规定工资应当以法定货币支付，不得以实物及有价证券替代货币支付。

4. 工资支付对象

用人单位应将工资支付给劳动者本人。劳动者本人因故不能领取工资时，可由其亲属或委托他人代领。

5. 工资支付时间

工资必须在用人单位与劳动者约定的日期支付。工资至少每月支付一次，实行周、日、小时工资制的可按周、日、小时支付工资。如遇节假日或休息日，则应提前在最近的工作日支付。

6. 特殊工资支付

对完成一次性临时劳动或某项具体工作的劳动者，用人单位应按有关协议或合同规定在其完成劳动任务后即支付工资。

（二）薪酬支付的原则

1. 具体工资形式与职位的特点相吻合

选择的工资形式要尽可能具有直接或间接地反映职工劳动量大小的基础。一般而言，产量主要取决于个人的努力程度，宜实行计件工资制；产量不是工人本身所能控制的，如流水线，宜实行计时工资制。

2. 工资收入与本人的工作效率直接相关

工资收入应该体现“按劳分配、多劳多得”的原则。劳动的计量包括以劳动时间或劳动产品及其他形式表现的劳动成果间接计量。

3. 工资形式简明易懂，便于计算

工资计算办法应当为全体员工所透彻了解。职工能够很快地计算出本人的工资所得，对自己所做的工作和应得的收入心中有数。

4. 工资的发放要及时

为了强化工资奖金的激励约束作用，应尽可能地在员工完成规定的标准工作之后马上发放工资，以便使员工对因工作好坏而受奖或受罚留下深刻印象，并在下一轮工作中进行调整。

5. 工资形式应具有相对的稳定性

工资形式一旦确定，就以制度的方法加以稳定。对工资制度的修改不能过于频繁，否则会降低员工对工资体系的信任感。一般而言，遇到技术装备、工资结构调整、物价发生重大变化等情况时，应及时进行调整。

二、一般情况下的薪酬支付

1. 薪酬支付形式

薪酬支付形式可分为三种：货币形式、有价证券形式、实物形式。其中计时工资、计件工资、津贴、补贴、加班工资及最低工资标准一般以货币的形式直接支付。而绩效工资如奖金、特殊情况下支付的工资及福利等可以采取有价证券形式和实物形式进行支付。

2. 薪酬支付对象

用人单位应将薪酬支付给劳动者本人。劳动者本人因故不能领取工资时，可由其亲属或委托他人代领。用人单位必须书面记录支付劳动者工资的数额、时间、领取者的姓名以及签字，并保存两年以上备查。用人单位在支付薪酬时应向劳动者提供一份其个人的工资清单。

3. 薪酬支付时间

工资必须在用人单位与劳动者约定的时间支付。如遇节假日或休息日，则应提前在最近的工作日支付。工资至少每月支付一次，实行周、日、小时工资制的可按周、日、小时支付薪酬。

对完成一次性临时劳动或某项具体工作的劳动者，用人单位应按有关协议或合同规定在其完成劳动任务后即支付薪酬。

4. 参加社会活动、休假、停工期间和破产时的薪酬支付

以下几种情况下劳动者薪酬支付处理如下。

劳动者在法定工作时间内依法参加社会活动包括：依法行使选举权或被选举权；当选代表出席乡（镇）、区以上政府、党派、工会、青年团、妇女联合会等组织召开的会议；出任人民法庭证明人；出席劳动模范、先进工作者大会；《中华人民共和国工会法》规定的不脱产工会基层委员会委员因工会活动占用的生产或工作时间；其他依法参加的社会活动。

劳动者依法享受年休假、探亲假、婚假、丧假期间，用人单位应按劳动合同规定的标准支付劳动者的工资。

非因劳动者原因造成单位停工、停产在一个薪酬支付周期内，用人单位应按劳动合同规定的标准支付劳动者工资。超过了一个薪酬支付周期的，若劳动者提供了正常劳动，则支付给劳动者的劳动报酬不得低于当地的最低工资标准；若劳动者没有提供正常劳动，应按国家有关规定办理。

用人单位依法破产时，劳动者有权获得其工资。在破产清偿中用人单位应按《中华人民共和国企业破产法》规定的清偿顺序，首先支付欠付本单位劳动者的工资。

5. 加班加点工资

劳动者根据企业、事业、机关行政方面的命令和要求，在法定节日和公休假日内进行工作，称为加班；在标准工作日以外进行工作称为加点。加班加点工资是指因加班加点而支付的工资。

《劳动法》第 44 条规定，劳动部关于印发《对〈薪酬支付暂行规定〉有关问题的补充规定》的通知（劳部发〔1995〕226 号）具体规定，有下列情形之一的，用人单位应当按照下列标准支付高于劳动者正常工作时间工资的工资报酬：

其一，安排劳动者延长工作时间的，支付不低于工资的 150%的工资报酬。

其二，休息日安排劳动者的工作又不能安排补休的，支付不低于工资的 200%的工资报酬。

其三，法定休假日安排劳动者工作的，应另外支付不低于工资的 300%的工资报酬。

关于加班加点二资的基准，劳动部《薪酬支付暂行规定》（劳部发〔1994〕489 号）为“劳动合同规定的劳动者本人日或小时工资标准”。

实行计件工资的劳动者，在完成计件定额任务后，由用人单位安排延长工作时间的，应根据上述规定的原则，分别按照不低于其本人法定工作时间计件单价的 150%、200%、300%

支付其工资。

经劳动部门批准实行综合计算工时工作制的，其综合计算工作时间超过法定工作时间的部分，应视为延长工作时间，并应按上述加班加点工资的规定支付劳动者延长工作时间的工资。

实行不定时工时制度的劳动者，不执行上述规定。

三、特殊情况下的薪酬支付

（一）各种假期的薪酬支付

各种假期的薪酬支付包括因病、工伤、产假、计划生育假、婚丧假、事假、探亲假、定期休假、停工学习、执行国家或社会义务等原因按计时工资标准或计时工资标准的一定比例支付的工资。

1. 病假工资或疾病救济费

工人、职员疾病或非因工负伤停止工作连续医疗期间（“医疗期内”在6个月以内者），应由企业行政方面或资方按下列标准支付病伤假期工资：本企业工龄（连续工龄）不满2年者，为本人工资60%；已满2年不满4年者，为本人工资70%；已满4年不满6年者，为本人工资80%；已满6年不满8年者，为本人工资90%；已满8年及8年以上者，为本人工资100%。超过6个月时，病伤假期工资停发，改由劳动保险项下按月付给疾病或非因工负伤救济费：本企业工龄不满1年者，为本人工资40%；已满1年不满3年者，为本人工资50%；3年及3年以上者，为本人工资60%。按劳动部关于印发《关于贯彻执行〈中华人民共和国劳动法〉若干问题的意见》的通知（劳部发〔1995〕309号）规定：“在规定的医疗期内由企业按有关规定支付其病假工资或疾病救济金，病假工资或疾病救济金可以低于当地最低工资标准支付，但不能低于最低工资标准的80%。”

合同制工人，在规定的医疗期内，与上述固定工的工资待遇相同；农民合同制工人在规定的医疗期内，其工资待遇与城镇合同制工人相同。

相关事业单位，按国务院《关于发布〈国家机关工作人员病假期间生活待遇的规定〉的通知》（国发〔1981〕52号）的规定：工作人员病假在两个月以内的，发给原工资。超过两个月的，从第3个月起按下列标准发给病假期间工资：工作年限不满10年的，发给本人工资的90%；满10年的工资照发。病假超过6个月的，从第7个月起按下列标准发给病假期间工资：工作年限不满10年的，发给本人工资的70%；满10年或10年以上的，发给本人工资的80%；1945年9月2日以前参加革命工作的人员，发给本人工资的90%。省、市、自治区和国务院各部门授予劳动英雄、劳动模范称号的，病假期间的工资，经批准，可以适当提高。1949年年底以前参加革命工作的行政公署副专员及相当职务或行政十四级以上的干部，1945年9月2日以前参加革命工作的县人民政府正副县长及相当职务或行政十八级以上的干部，1937年7月6日以前参加革命工作的工作人员在病假期间的工资照发。

2. 工伤停工留薪期内工资福利待遇

1953年《劳动保险条例》规定：“职工因工负伤，在医疗期间，工资照发。”自2004年

1 月 1 日起施行的《工伤保险条例》规定："职工因工作遭受事故伤害或者患职业病需要暂停工作接受工伤治疗的，在停工留薪期内，原工资福利待遇不变，由所在单位按月支付。停工留薪期一般不超过 12 个月。"

3. 产假期间待遇

《女职工劳动保护规定》中规定："产假（包括流产产假）期间，工资照发。不得在女职工怀孕期、产期、哺乳期降低基本工资。"

关于产假工资，即生育津贴，劳动部印发《企业职工生育保险试行办法》（劳部发〔1994〕504 号）第 6 条最新规定为："产假期间的生育津贴按照本企业上年度职工月平均工资计发，由生育保险基金支付。"这一规定只限于在实行生育保险基金统筹范围内的企业实行。

4. 婚丧假工资

按《关于国营企业职工请婚丧假和路程假问题的通知》（〔80〕劳总薪字 29 号）规定："职工本人结婚或职工的直系亲属死亡，由本单位行政领导批准，酌情给予 1～3 天的婚丧假。如结婚双方不在一地工作，直系亲属死亡在外地需要本人前去料理的，可根据路程远近，另给予路程假。在批准的婚丧假和路程假期间，职工的工资照发。"

北京市劳动局发布《北京市劳动局关于国营企业职工请丧假范围有关问题的通知》（〔87〕市劳险字第 66 号）通知为：女职工的公婆死亡时和男职工的岳父母死亡时，经本单位领导批准，可酌情给予 1～3 天的丧假。

5. 探亲假工资

探亲假工资指职工经领导批准，按有关规定享受探亲假期间所领取的工资。按 1981 年 3 月 14 日《国务院关于公布〈国务院关于职工探亲待遇的规定〉的通知》（国发〔1981〕36 号）规定："职工在规定的探亲假期和路程假期内，按照本人的标准工资照发工资。"

6. 事假工资

对企业工人的一般事假，按照 1959 年 6 月 1 日《对企业单位工人、职员加班加点、事假、病假和停工期间工资待遇问题的意见》（中劳薪字第 67 号）通知的意见，由于工人在进行加班加点工作的时候可以享受加班加点工资待遇，因此，一律不发给工资。对企业的行政管理人员、工程技术人员，由于他们不享受加班加点工资待遇，因此，他们请事假每一季度在两个工作日以内的，工资照发；超过天数不发工资。

目前，因私事假是否支付薪酬，企业可以自主决定。

机关事业单位的职工与企业不同，因不发加班加点工资，请事假的工资照发。1955 年 1 月 8 日，北京市人民政府《修正北京市人民政府请假规则》规定："全年事假合计，一般不得超过 15 天。超过 15 天的，可以酌情扣除其超出假期应领的工资、津贴。"

（二）关于特殊人员的薪酬支付

1）劳动者受处分后的薪酬支付：劳动者受行政处分后仍在原单位工作（如留用察看、降级等）或受刑事处分后重新就业的，应主要由用人单位根据个人情况自主确定其工资报酬。

2）学徒工、熟练工、大中专毕业生在学徒期、熟练期、见习期、试用期及转正定级后的工资待遇，由用人单位自主确定。

3）新就业复员军人的工资待遇，由用人单位自主确定；分配到企业的军队转业干部的工资待遇，按《国务院、中央军委关于确定军队转业干部工资待遇问题的通知》（国发〔1995〕19 号）的规定执行。

第二节　薪酬设计

一、薪酬构成模块

（一）薪酬的含义

1. 对薪酬概念的多角度审视

传统薪酬理论认为，薪酬是指雇员作为从业/雇用关系的一方从组织/雇主那里所得到的各种货币收入、各种服务和福利等物质收益的总和。20 世纪 90 年代以来，西方国家又提出全面薪酬概念，全面薪酬拓展了雇员所得收益的内容，既包括员工所得的物质收益（称为外在薪酬），又包括员工所得的心理收入和发展等精神收益（称为内在薪酬或相关性收益）。

从字面理解，薪酬的意思是平衡、弥补、补偿。然而对不同的群体，它则有着不同的含义。对雇员而言，薪酬是雇员所提供的服务的交换或者是对其圆满完成工作的一种回报，并且个人在工作中所得薪酬往往是其收入和经济安全的主要来源；对雇主而言，薪酬是其所投入并希望借此获得利润的生产性资本；对管理者而言，薪酬一方面是企业人工成本的主要构成部分，另一方面它也是影响雇员工作态度、工作方式以及企业业绩的重要因素；对社会而言，薪酬是国民收入分配和社会消费基金的重要组成部分，也是评判社会公正和进步程度的重要尺度。

2. 薪酬：经济学与管理学的不同视角

19 世纪以来，薪酬问题一直是经济学和管理学关注的热点问题，当然经济学家更习惯把薪酬称为“工资”。经过从古典经济学到现代经济学的发展，西方经济学领域对工资的研究已相当系统和深入。

从经济学的视角来研究薪酬问题，主要将薪酬看作是员工在劳动力市场上的价格。经济学家们从边际生产率等概念进行分析，认为薪酬水平取决于劳动力市场上供求双方的均衡。供给和需求的均衡就产生了劳动者应该得到的工资水平。这种工资决定理论的重要前提是，劳动者所提供的劳动都是同质的、无显著差异的，而他们之间报酬的差异，则主要取决于劳动力市场因素的差异。因此，这种理论很难对企业薪酬管理的实践进行有效的指导，更无法解释那些因为非市场因素而造成的工资水平的差异。

管理学的视角作为一种较为新颖的思考企业薪酬问题的视角，则更为关注薪酬管理对企业战略目标的支撑。它将薪酬体系看作是帮助企业获取竞争优势的一种有效的工具。同时，也更加注意现实环境中复杂多变的因素。因此，管理学对薪酬的研究更加贴近现实世界，更具有可操作性。

（二）薪酬的构成

薪酬是个集合概念。一般而言，企业付给员工的劳动报酬并不仅仅局限于支付工资或薪水，现代企业支付给员工的报酬实际是一个工资包，即所谓的整体薪酬。通常会包括以下这些内容：

1）工资或薪水，这部分是劳动报酬的主体。

2）奖金、奖励工资（如第 13 个月工资）、分红、员工持股计划。

3）各种津贴、补贴，津贴是对员工在特殊劳动条件和工作环境下付出的特殊劳动消耗的补偿。

4）工资升级或晋升加薪。

5）由公司支付福利，如带薪休假、健康险或人寿保险等。

6）各种法定福利，如企业为员工缴纳的养老保险金、医疗保险金等。

7）企业为员工提供的职业发展的机会和专业培训等。

8）额外的福利，如企业为员工提供的宿舍、供员工和其家属使用的汽车、移动电话等。

需要说明的是，不同企业之间的薪酬构成差别很大，这取决于企业所在的行业、地区、企业自身的规模等因素。但万变不离其宗，不同企业的薪酬构成，通常都可以纳入到如图 8-1 所示的基本归类中。

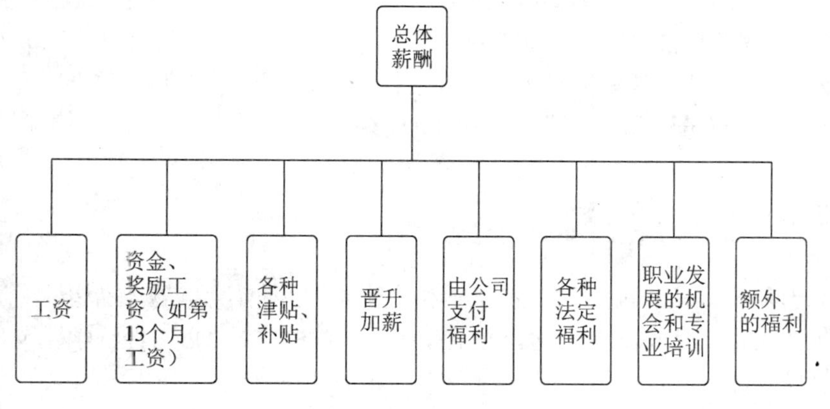

图 8-1　企业薪酬构成

（三）影响薪酬制度和薪酬管理的因素

采取怎样的薪酬战略对企业的整体战略进行支撑、确定何种程度的薪资水平、安排何种的薪酬结构，这些问题通常会受到很多因素的影响。

1. 社会制度因素

社会制度因素主要有企业的所有制形式、社会的经济体制以及国家的法律法规等，另外，雇主协会以及工会的力量对比，还有社会公认的价值体系等也需纳入考虑的范围。

2. 宏观经济运行因素

宏观经济运行因素包括国民经济和世界经济发展的态势、经济周期的不同阶段、市场的景气程度和竞争压力、劳动力市场的供需状况、通货膨胀率等。

3. 社会生产力水平

社会生产力水平经济技术发展状况、国内生产总值（gross domestic product，GDP），尤其是人均国内生产总值水平，生产要素的边际生产率等。

4. 企业自身因素

企业自身因素包括企业的经营战略、经济效益和支付能力，组织的经营管理水平、技术水平和竞争力，企业文化和经营者的理念，企业制度形式等。

5. 雇员因素

雇员因素包括雇员的需要、年龄、工龄、学历、专业技能、劳动态度、工作能力甚至性别、种族等。

6. 劳动和工作本身的性质和特点

由于工作种类的不同，劳动本身也因此存在着质和量的差别，另外如工作环境、工作压力等因素也需考虑在内，这些因素都将直接制约薪酬的分配状况。

二、薪酬设计流程

（一）薪酬设计的理论假设

实践中的薪酬设计方法有很多种称谓，事实上归纳起来，有四种基本的模式，即基于职位的薪酬模式、基于能力的薪酬模式、基于绩效的薪酬模式和基于市场的薪酬模式。这些模式的不同取决于不同的理论假设。

在人力资源管理的实践中，员工对于企业的价值和贡献，通常通过员工的绩效来衡量，而绩效的产生，则可以通过一个投入产出模型来概括。

企业在对员工付酬时，最直接的方法是通过衡量员工的绩效，来确定员工的薪酬。现实的问题在于，一些职位的绩效难以直接衡量，如高科技企业中负责产品开发的员工和进行基础科学研究的学者等，对于他们，单一使用基于职位的薪酬体系无法满足员工的需求并保持组织的活力，因此，在这种情况下，人们转而使用绩效产生的投入和过程要素来确定员工的报酬。绩效产生的投入包括员工投入的知识、技能还有能力等，如果对这些因素来付酬，则产生了基于能力的薪酬体系；另一方面，如果对绩效产生的过程来付酬，便成为了基于职位的薪酬体系；若直接对绩效付酬，则是基于绩效的薪酬体系。如果跳出组织内部的角度来思考员工的价值，我们还可以根据市场价值来对员工付酬，这就是基于市场的薪酬体系。需要说明的是，基于职位和基于能力的薪酬体系始终是最主要的薪酬设计模式，而其他几种应用范围则相对较窄。

（二）薪酬设计的三种途径

以上四种模式就其实现的具体途径而言，大致可分为三种情况。

1. 经验式薪酬设计

这种薪酬设计方法，通常用于中小企业或者企业的初创阶段，员工的薪酬设计完全由老板根据市场行情，凭借经验进行估计和制定。

2. 集体谈判

集体谈判是指员工代表（通常是工会代表）和单位行政部门或者雇主之间就劳动条件的改善和劳动关系的处理问题进行的谈判制度。集体谈判目前在我国被称为“集体协商”。当谈判达成一致时，双方达成的协议称为集体合同。我国于 2000 年 11 月 8 日开始实施的《工资集体协商试行办法》中明确写到，订立集体合同的，工资协议作为集体合同的附件，与集体合同具有同等效力。企业和职工任何一方不得擅自变更或解除工资协议。

3. 专家设计

出于专业性和客观性的考虑，有些规模较大的企业以及经历过高速发展已进入发展平稳期的企业会选择聘请外部薪酬专家来对企业员工的薪酬体系进行设计。此种方法也存在缺点，如专家对企业情况了解不够透彻，且专家设计通常成本较高等。

（三）薪酬设计的程序

1. 工作/职位分析

职位分析是人力资源管理的一项核心基础职能，通常是指应用系统方法，收集、分析、确定组织中职位的定位、目标、工作内容、职责权限、工作关系、业绩标准、人员要求等基本因素的过程。它是确定薪酬结构的基础。

2. 岗位/职位评价

职位评价是确定职位相对价值的过程，准确的职位评价是确保薪酬体系公平性的重要基础。著名的薪酬专家米尔科维奇对职位评价的定义是：职位评价是一个为组织制定职位结构而系统地确定每个职位相对价值的过程。这个评价是以工作内容、所需技能、对组织的价值、组织文化以及外部市场为基础的。这个定义既肯定了职位价值的相对性，同时也将职位内容、职位贡献以及外部的市场特征联系起来，反映了职位评价的重要性。

3. 薪酬调查

职位评价确定了企业中不同职位的相对价值，在企业内部形成职位等级。而薪酬调查的作用则在于，企业借此获取所在市场的薪酬水平，从而确定自身的相对位置。此外，在新员工招聘过程中，薪酬调查结果也可以发挥有力的论证作用。

薪酬调查主要内容包括薪资增长状况、不同薪酬结构对比、不同职位和不同级别的职位薪酬数据、奖金和福利状况、长期激励措施等。

在薪酬调查结果已获得，使用调查数据时，应注意检查该数据的形成过程，包括被调查企业的一般情况和调查问卷的设计、统计方法等，以避免出现过大的误差。

4. 薪酬分析和评价

这一过程需要对工作分析、职位分析和薪酬调查的信息进行汇总、归纳，根据各个因素各自对组织贡献的相对价值赋予权重，从而排列出组织支付的薪酬要素的序列表。

5. 薪酬结构设计

薪酬的结构包括纵向和横向两个维度。前者主要指组织内各个不同职位、不同能力员工的薪酬等级和标准；后者则指构成外在薪酬的各种薪酬形式如基本薪酬、激励薪酬、福利津贴的比重。另外，不同支付理念的薪酬模式在薪酬结构的设计上步骤有所不同。

6. 薪酬定位

薪酬定位是指参考薪酬调查的数据，依据组织的薪酬战略、发展阶段、经济状况和对影响薪酬水平的因素的分析，确定组织的薪酬水平，包括组织的整体薪酬水平（薪酬总额）和各个岗位职位的薪酬水平。

具体操作时，应将职位评价值与组织计划用于分配的利润总量挂钩，年度薪点值等于工效挂钩方案考核兑现的可分配薪酬总量除以企业职位薪点总数。员工职位薪酬等于本人的职位薪点数乘以企业的年度薪点值。

7. 特殊部门和岗位的薪酬设计

对组织中一些有突出重要性的职位或工作性质比较特殊职位，其薪酬设计需要特别考虑。

这个内容在后面会有详细介绍。

8. 制定相关的政策文件，形成规范化的薪酬管理制度

对整个薪酬制度设计的成果进行系统化的整理，以形成组织的薪酬方案和实施细则，从而保证组织薪酬管理的有序进行。

知识拓展

信和公司是一家合资公司，公司成立于 1995 年，目前是中国最重要的中央空调和机房

空调产品生产销售厂商之一。目前有员工300余人，在全国有17个办事处，随着销售额的不断上升和人员规模的不断扩大，企业整体管理水平也需要提升。

公司在人力资源管理方面起步较晚，原有的基础比较薄弱，尚未形成科学的体系，尤其是薪酬福利方面的问题比较突出。在早期，人员较少，单凭领导一双眼、一支笔倒还可以分清楚给谁多少工资，但随着人员的激增，只靠过去的老办法显然不灵，这样做带有很大的个人色彩，公平性、公正性、对外的竞争性就更谈不上。于是公司聘请普尔摩公司就其薪酬体系进行系统设计。

普尔摩公司管理顾问经过系统的分析诊断就公司现在的薪酬管理所存在的问题进行整理，认为该公司在这方面存在的主要问题有：一是在薪酬分配原则不明晰，内部不公平。不同职位之间、不同个人之间的薪酬差别，基本上是凭感觉来确定。二是不能准确了解外部特别是同行业的薪酬水平，无法准确定位薪酬整体水平。给谁加薪、加多少，老板和员工心里都没底。三是薪酬结构和福利项目有待进一步合理化。固定工资、浮动工资、奖金的比例到底如何？如何有效地设立保险和福利项目？这些问题都需要细化。四是需要建立统一的薪酬政策。

普尔摩公司管理顾问认为：解决薪酬分配问题，需要一系列步骤，首先需要有职位说明书以作为公司人力资源管理的基础；其次，在职位说明的基础上，对职位所具有的特性进行重要性评价，依据国际上被广泛使用，是最权威的评估方法之一对该公司的职位等级进行评定，最终形成公司职级图。再次，公司委托专门的薪酬调查公司就同行业、同类别、同性质公司的薪酬水平进行调查，获得薪酬市场数据。另外，依据公司职级图、薪资调查的数据，公司的业务状况以及实际支付能力，对公司的薪酬体系进行设计，此项工作内容包括制定薪酬结构、制定不同人员的薪酬分配办法和薪酬调整办法、测算人力成本等，最后形成公司可执行、公布的薪酬政策，既体现了薪酬分配政策的公平性，也消除了员工之间的猜疑，增强了其工作热情。

第三节　各类人员的薪酬管理

组织通过向员工支付薪酬，一方面是对其进行有效激励；另一方面也是对员工价值的一种肯定。但各类组织人员，由于其职位对于组织重要性的不同，加之其各自工作性质的差异，绩效结果易于衡量的程度的不同，因此对不同类型组织人员的薪酬设计乃至薪酬管理需要有不同的策略和侧重点。

一、销售人员的薪酬管理

（一）销售工作的特点

销售人员工作在市场前线，承担着推广组织的产品和服务、为组织开拓新市场等重要职责，其工作效率对组织的生存发展具有至关重要的作用。在对此类员工的薪酬结构进行设计时，需要充分考虑营销工作的特点。这些特点具体归纳如下。

1. 工作性质较为灵活

销售人员在营销职能之外，还需要对顾客口味的变化做出敏感快速的反应，并且及时给相关部门提供反馈，这就要求销售人员与客户良好互动，发挥高度的主动性，能够灵活地调整自己的工作时间。因此，在营销领域，基于绩效的薪酬设计方法应用程度相当高。

2. 工作绩效较为直观

通过考察销售人员一定时期的销售额、货款回收率、市场占有率、顾客满意率等量化指标，可以有效地对其工作绩效进行衡量。

3. 工作绩效易于波动

由于销售工作受市场内外各种因素的影响很大，如经济周期性所导致的市场供求关系的变化、销售的季节性变化、宏观经济的景气程度等，这些因素很大程度上非人力可以控制，因此销售人员工作业绩的波动在所难免。

（二）影响销售人员薪酬体系设计的因素

1. 组织战略

组织的战略计划决定着哪种销售行为重要。因此，在设计销售人员的薪酬体系时，需要把组织对销售人员行为的期待和组织的战略紧密结合 ，明确什么行为是组织鼓励的，什么行为是组织极力避免的。使营销人员了解什么时候，组织需要加强售后服务，而另外一些时候，组织则强调扩大销售额。明确了任务后，他们的工作才可以有的放矢。

2. 竞争对手的措施

为了达到外部公平性的实现，组织在选择自身的薪酬水平时，必须关注其竞争对手目前的薪酬状况，尤其在双方处于争夺潜在的顾客的情况下。

3. 待售产品

待售产品或服务的性质也会影响到薪酬体系的设计。那些市场销路较差，风险较高的产品，在对其销售的过程中，必然会遇到较多的障碍，在设计这部分销售人员的薪酬时，需要加大基本工资的部分，以把销售人员所面对的不确定性降低到一定程度，有效地对其进行激励。

（三）销售人员的薪酬形式

1. 纯薪水/固定薪酬制

纯薪水制指向营销人员支付固定的报酬，即报酬和销售数量、销售额等反应绩效的指标不挂钩。这种形式适合于产品或服务销路良好的企业。

纯薪水制的优点在于，由于薪水不随绩效波动，员工有较好的安全感，收入比较有保障；

操作起来较为简便，易于计算；可以使组织很方便地对营销人员进行地区间的调动。但其缺点也很明显，无法有效地为员工提供激励，可能会挫伤员工的工作积极性和主动性。

2. 纯提成/佣金制

佣金制在销售人员这一群体中应用很广泛。佣金制即根据销售人员销售成果或销售数量，按一定比例提成给予佣金，但不提供固定的薪水。提成的比例可以固定，也可以根据销售状况和企业的营销战略等来选择累进或累退。此外，佣金的支付除了要考虑销售额外，还需考虑销售工作的难度、货款回收率、客户满意率等因素。

佣金制的不足在于与短期业绩联系密切，长期联系不够，易于造成一些销售人员不关心组织的整体长远利益；使销售人员的调岗困难重重，尤其是指派销售人员到不同地区或从事不同产品的营销时，因直接影响到个人利益，矛盾较大；过度的内部竞争还会降低销售人员对于企业的认同感和忠诚度。

3. 薪水＋佣金制

这种报酬形式由两部分组成，一部分是固定的基薪，通常占总薪酬的50%左右，另外一部分是浮动的佣金。这种混合型的报酬形式既避免了收入水平的过大波动，又有效调动了销售人员的工作积极性，是目前使用最为广泛的一种营销人员薪酬形式。

4. 薪水＋奖金制

这种报酬形式用奖金代替了上面的佣金部分。奖金和佣金的区别在于，奖金必须达到一定的记奖指标才能获得，而佣金则直接与销售量或者销售额挂钩。

5. 薪水＋佣金＋奖金制

这种薪酬制度的特殊性在于，它将佣金制和奖金制结合在一起。营销人员除了按时获得基本薪酬外，每个月还能获得按销售额固定比例提取的佣金。此外，每个季度、半年或一年，他们还可以根据本人的营销目标实现率来获得一定比例的奖金。

二、专业技术人员的薪酬管理

全球最大互联网设备供应商之一的思科公司总裁约翰·钱伯斯（John Chambers）曾说："一位A＋级的员工加上5位A级的工程师可以超过200位普通工程师。"专业技术人员在高科技企业中的重要性由此可见一斑。

专业技术人员，指在企业中拥有并运用知识创造价值的员工，他们和普通员工的区别在于，这一群体拥有技术这一新型资本，同传统意义上的资本所有者——企业家一样，同时具有对剩余价值的所有权。这就使得他们由原来的附属关系，变成了分工合作的关系。因此，为了有效地对这一群体进行激励，需要重新构造适应专业技术员工特点的薪酬制度。

（一）专业技术人员的个性和工作特点

这一群体的个性特点可归纳如下：①具有较强的工作自主性和独立性。在组织中，一般不愿意受制于他人，甚至是领导。②对工作的可控性要求很高，往往希望企业能够为其提供一个相对自由的工作空间。③具有较强的流动意愿。对于专业技术人员而言，一个很关键的问题就是要不断提升自身的知识技术水平，适应竞争的需要。因此，不断寻求更适合自己发展和提高的环境，是其必然选择。他们的忠诚更大程度上是对于职位而并非企业。④这一群体通常有着更强的成就欲望和自我激励性。他们关注的目标，不再局限于个人收入，自身的发展、社会的尊重等，都是他们看重的因素。

专业技术人员的工作特点主要有：①工作过程难于监控。其工作通常具有很大创造性，因此，工作过程很不确定，既包括时间上的，也包括方式方法上的。因此，如何对其工作进行有效监控成为首要问题。②工作绩效难于考核。许多工作成果，是整个技术团队共同努力的成果，难以对单个技术人员的绩效进行考核。

（二）设计专业技术人员薪酬体系时需要考虑的因素

薪酬体系的公平性和内容如何将直接影响到专业技术人员的工作满意度，进而影响到他们的工作积极性和对企业的忠诚度。有些人简单地认为，只要为专业技术人员提供高薪，就可以换来这一核心员工群体的忠诚，事实远非这样简单。只有差异化的薪酬水平以及多元化的价值分配，才能赢得专业技术人员对企业高层次的忠诚并有效激励他们工作。

1. 实行多元化的价值分配机制

价值分配可以分为货币性价值分配和非货币性价值分配，前者一般指的是员工所获得的薪酬，而后者则指由工作所带来的社会的声望、职位的晋升以及自身获得的培训和成长的机会等。单一的价值分配无法满足专业技术人员的需要，他们除了需要获得和其自身贡献相符合的薪酬外，还格外关注自身的成长、工作的成就感、满意度，晋升机会等，尤其是晋升机会，因为专业技术人员的晋升不但是其外在薪酬提高的主要途径，而且是肯定其工作价值，提高其在组织中地位，实现其自我价值的主要途径。

2. 长期激励政策的运用

专业技术人员作为组织中的核心员工，掌握着企业的核心技术及重要资源，其替代成本相对较高，为了避免专业技术人员频繁流动为企业带来的损失，增加员工的稳定性，企业应该建立长期的激励制度，以增强自身的吸引力和凝聚力，起到稳定专业技术人员的作用。长期激励需要对员工收入的时间结构进行调整。目前比较常用的长期激励方式包括：股票期权、补充养老保险等，企业可以根据自身的发展战略和具体情况进行选择。

（三）专业技术人员的薪酬设计方法

1. 双重职业发展路径

双重职业发展路径提供的是在组织中发展的两种不同路径，每条路径反映着对组织使命的不同贡献。第一条为管理晋升路径，通过监督或指导责任的加重而获得晋升机会。管理阶梯一方面为专业技术人员提供了由技术、技术管理、职能管理到高层管理这样的发展路径，另一方面也为专业技术人员提供了扩展专业能力之外的能力，从而提高工作满意度和忠诚度的路径。第二条为技术晋升阶梯，是通过专业贡献的增大而获得晋升机会，而且这种专业贡献不以监督、管理员工为主要内容，着重鼓励专业技术人员提高自身的专业技术能力而获得组织认可，体现个人价值。

2. 专业技术人员的事业成熟曲线

学历和工作年限、工作能力是衡量专业技术人员技术水平高低的重要因素，在专业技术教育和训练水平一定的情况下，工作经验年限是专业技术人员技术水平的一个重要决定因素。因此，在实践中，通常根据专业技术人员的事业成熟曲线来确定专业技术人员的薪酬水平。事业成熟曲线反映的是专业技术人员报酬与劳动力市场上的工作年限之间的关系，实际上就是从动态的角度说明了专业技术人员的技术水平随着工作时间发生变化的情况，以及与技术人员的薪酬变化之间的关系。专业技术人员的事业成熟曲线在初始阶段发展很快，呈现快速上升态势，随着员工知识的逐渐老化和创造力的减弱，曲线开始变得平缓，最后会相对稳定在一定的水平上，甚至出现跟不上新技术发展而导致技术落后的情况。

（四）专业技术人员的几种薪酬模式

1. 单一化高薪资模式

对于那些从事基础科学研究的专业人员，如大学老师、科研单位工作者等，这种薪资模式使用较多。基础科学的研究一般难以量化，并且短期内比较难以看到明显的收益，出于对专业人员从前人力资本投资的考虑，仍然应该向其支付较高的薪资，只是奖金部分一般较少。

2. “较高薪资＋奖金”模式

由于单一的高薪资模式不足以使专业人员的薪水维持在一个较高的水平，因此，有些组织也会采用“高薪资＋奖金”的模式。奖金一般仍以职位等级和固定薪资为依据，按照固定薪资的一定比例发放。这种模式的缺点在于激励作用仍然较弱。

3. “较高薪资＋科技成果”提成模式

对于一些从事新产品开发的研发人员而言，激励在这种情况下尤为重要。有些组织会采用较高薪资＋科技成果提成的模式，即按研发成果为组织创造经济效益的一定比例提成，如按产品利润、产品销售总额提成等。这种模式的激励效果相当明显，但成本较高。

4. “薪资＋股权激励”模式

出于降低技术人员离职率，增强长期激励的考虑，有些组织对专业人员实行薪资＋股权激励的模式，如采用股份优先购买权、技术入股、期权制等各种方式。这种薪酬模式的优点很明显，既保证了足够的激励，又加以有效的约束，尤其适合高新技术企业和上市公司采用。

三、外派员工的薪酬管理

（一）外派员工的界定

一些有跨国业务的企业，通常会选择向目标市场外派员工，负责所在国分公司的运作。外派员工通常是指那些因为短期使命而被派至国外工作的员工。外派员工可以包括两部分员工：一是母国外派员工；二是第三国外派员工。前者是指由本国直接派往目标市场所在国家工作的员工；后者则指因为工作需要，暂时为其他国家的企业在第三国工作的员工。

（二）外派员工的薪酬政策

针对外派国家的特点和外派员工的特性，不同的企业通常会制定不同的薪酬制度，以充分发挥对这一群体的激励作用。此外，还需参照企业发展阶段的特点，调整外派员工的薪酬政策。在企业初涉海外市场时，外派员工主要来自于母国，使员工完成工作任务是激励的首要目标，这时应实行稳定的薪酬政策，以增强员工的稳定性。随着企业海外业务的成熟，薪酬制度应加大对外派员工激励的部分，增强其工作的主动性，不仅仅是保证其按时按量地完成工作任务，还要为员工提供更为完善的职业生涯发展通道，使员工和企业获得同步成长。

（三）外派员工的薪酬模式

外派员工的总薪酬可由四个部分组成：基本工资、消费津贴、激励性薪酬及非货币形式报酬等。

1. 基本工资

基本工资的确定有三种方法。

（1）母国基准法

母国基准法即按照公司国内同级职务的工资水平，对海外员工发放基本工资。这样做的好处是：①不同国家间的工作轮换容易进行；②方便他们返回国内工作；③使得企业内部做相同工作，所在国不同的员工工资水平较为一致。

（2）所在国基准法

所在国基准法即按照所在国的工资水平对海外员工进行支付。如果东道国的工资水平较高，则高薪资对于海外员工会造成很有效的激励，但若情况相反，员工的工作积极性很可能遭到挫败。

（3）折中法

由于母国基准法和所在国基准法各自的局限性，一些企业采取了将二者混合使用的折中法，即将母国工资的数额乘以一定比例来确定一个基准额，然后根据所在国工资的一定比例来确定提高的比例，两者相加，便是外派人员的基本工资。实践中，折中法的应用范围较前两者更为广泛。

2. 消费津贴

消费津贴指企业在按照国内规定确定外派员工工资的同时，向员工提供一套消费津贴，对员工某些额外消费（由于外派所引起）进行奖金补偿，最主要的消费津贴包括商品与服务津贴、住房津贴、个人所得税津贴和教育津贴等。

（1）商品与服务津贴

为了补偿所在国较高的物价水平为外派员工带来的经济损失，企业需向外派员工提供消费津贴或商品与服务津贴。具体的津贴额将参照专业咨询公司提供的信息加以计算得到。

（2）住房津贴

大部分国际公司为外派人员提供房补或提供公司自己拥有的住房。有些公司按房租实际水平向员工发放津贴，另外一些公司则支付给员工一定数额的津贴，让员工自行寻找住房。员工可以选择降低居住标准从而获得津贴剩余，或者自行补交房租和津贴的差额，选择更好条件的居住环境。无论采取哪种形式，公司都需要准确判定住房津贴的水平。

（3）个人所得税津贴

不同的国家在个人所得税的征收方面有着不同的规定。美国是发达国家中唯一一个对其公民在其他国家所得收入进行征税的国家，即使公民在所在国已经纳税；而其他国家的公民多是根据居住地和收入来源进行征税的。目前跨国公司通用的做法为，如果外派国家的税率高于母国，公司将补足其中的差额；若情况相反，公司将保留这部分剩余，可采取定期扣除员工部分工资的方式。

（4）教育津贴

当外派员工需要带其配偶和子女一同前往外派国时，公司将承担更多的责任，员工子女的教育津贴便是一部分。如果外派国和本国语言相异，多数外派员工希望他们的子女掌握本国语言，这部分教育就需要额外的费用，这些额外的支付都需要公司来补偿。因此，同住房津贴一样，目前大多数公司都提供教育津贴，无论其外派员工的基薪根据哪国的制度确定。

3. 激励性薪酬

激励性薪酬又称外派奖金，一般按照基薪的一定百分比与工资一同发放，也有部分公司将该部分的薪酬确定为一个总额，分别在外派工作开始和结束的时候分两次发放，称为工作变动资金。

4. 非货币形式报酬

一些非货币的报酬方式，可以看作企业为外派员工提供的额外支付，如职务的提升、上级的器重、更好的个人发展机会等。随着知识经济的到来，社会的进一步发展，非货币报酬将起到越来越重要的作用。

由以上分析，可以大致总结出外派员工薪酬制度设计的通行做法，主要有：①以母国或外派国薪酬水平确定外派员工的基薪；②如果子公司所在国的物价水平高过国内，则向员工支付消费津贴；③向外派员工提供基薪以外的激励性奖金，作为对其接受并从事外派工作的奖励；④提供丰富的非货币形式报酬，加强激励。

四、管理人员的薪酬管理

（一）管理人员的界定

通常，人们把管理者理解为企业经营管理的最高责任人，但是，在企业中管理者的薪酬激励对象一般并不仅限于企业最高责任人，即不限定于一个人。从企业总体上看，经营层即企业经营的最高责任群体对企业兴衰的影响要远远大于作为一个人的最高责任者。因此，这里我们把管理人员的概念扩展到公司中各级主管人员这一更大的群体中。

针对管理人员而设计的薪酬制度，应当力求在股东利益最大化和管理人员薪酬政策之间建立起联系。首先，公司应该深入研究对组织战略能够做出有效支撑的各级管理人员的素质要求和任职资格，然后才可以着手制定用于吸引、保留和激励这一群体员工的薪酬方案。其次，公司还有必要研究竞争对手的薪酬制度，准确定位自身薪酬水平，选择合适的薪酬战略，从而保证管理人员薪酬制度的外部竞争性和内部一致性，避免由于薪酬原因而导致管理人员的高离职率。

（二）管理人员薪酬制度的设计步骤

管理人员薪酬制度的设计步骤具体如下：

1）公司应该确定管理人员薪酬制度的支付基础，可以是基于职位，也可以是基于个人绩效，又或者是基于团队的绩效或公司整体的绩效，具体的选择需要根据公司的战略以及以往的经验等。

2）薪酬制度对公司长期战略和短期战略支撑的平衡，也是需要考虑的方面。

这里需要说明的是，公司中一些高级管理人员的薪酬远远不是人力资源部单独负责的事情，在发达国家很多大公司董事会都设置了专门的薪酬委员会，来确定高级管理人员薪酬。目前我国企业的实践中，在明确了管理人员的薪酬支付基础后，通常会组织公司高层主管就制定管理人员的薪酬制度进行讨论，从宏观上对薪酬制度的方向进行把握。

3）制定出较为明晰的薪酬策略，并计算依照此策略发放薪酬的总成本，与改动前的总支付成本进行比较。

4）将新的薪酬制度在公司内部公布，与各级员工进行充分沟通，积极听取他们的反馈意见，认真将这些意见加以记录并整理，用于对管理人员薪酬制度进行不断的补充和完善。

5）验证管理人员薪酬制度是否与公司的其他战略相一致，验证后可试投入使用，并根据需要进行修正。

（三）管理人员总体薪酬方案的设计

上文提到，将管理人员的概念扩展到公司中各级主管人员这一更大的群体中，但在这一群体内部，由于各级管理人员所承担的职责不同、任务不同，针对其特性制定的薪酬方案也有所不同。

1. 总裁的薪酬

1998 年，美国上市公司的总市值已经超过 60 000 亿美元，占美国当年 GDP 的 70%以上，这些上市公司经营状况的好坏和管理效率的高低直接影响美国经济的整体态势。由于上市公司所有权和经营权的分离，在股东和公司高级管理人员之间产生了一种称为委托代理的关系。伴随着委托代理关系的出现，委托者和代理经营者的利益冲突也不可避免地显现出来。

代理经营者的行为通常从个人利益出发，而不是从他人或公司利益出发。因此，当公司所有权不属于代理经营者时，代理者和委托者在关于产品研发、产量及财务决策上会存在不同的目标。如果经营者同时也是公司的所有者，当然这种矛盾就不存在了。同样，如果经营者是公司的创办者并且仍然在公司中持有大量股份，那么也可以假设经营者的利益与公司的利益有高度的一致性。

总裁的薪酬制度是随着现代企业制度和经理阶层的出现而发展起来的，由于目前主要在西方得到了广泛采用，因此，这里以美国通行的做法为例进行介绍。

高级管理人员的薪酬结构和薪酬水平大多由各公司董事会的薪酬委员会决定。薪酬委员会一般由 3 或 4 名董事组成，这些薪酬委员会的成员多为外部董事，他们无权参加公司普通员工和高管的薪酬福利计划，因此，立场比较中立。美国公司经营者的报酬由五个部分组成。

（1）基本工资

在决定总裁的基本工资时，一个非常重要的影响因素是保持竞争力，此外，虽然正规的职位评价仍然发挥作用，但薪酬委员会的态度可能影响更为直接。通常，薪酬委员会首先确定公司的主要竞争对手，然后找出竞争对手最高与最低工资之间的中间点，参考这一中间点制定本公司总裁的薪酬水平。

（2）奖金

奖金是总裁报酬的重要组成部分，有时可占到经营者报酬总额的 1/4。它是一种短期激励，数目易于变动，主要用以激励总裁去创造更好的业绩。董事会一般根据经营者短期绩效，如上一年的利润增长率确定奖金额，进行支付。

（3）长期激励

长期激励与短期激励的根本区别是奖励时间的差异，长期激励的时间一般是 3～5 年，也可能在 5 年以上。长期激励为薪酬水平的不断升级提供了一个畅通无阻的通道。当全体员工的股票期权方案中包含有持股绩效福利时，长期激励薪酬就成为经营者与一般员工之间的桥梁。由于以上这些优点，长期激励薪酬已经成为当今美国最流行的主管人员激励方式。

在制定长期薪酬方案之前，需要仔细考虑公司的总体战略。合理的薪酬方案和组织战略之间应该有很好的契合，所以只有明确了公司特定经营目标后，才可以着手制定人力资源需要的长期激励方案。尽管针对企业经营者的激励计划设计灵活性较大，但实际上所采用的长期激励方案常用以下三种形式：①基于市场的方案，即将激励报酬机会与公司的普通股票价格挂钩的一种方案；②绩效方案，即将长期激励和公司的绩效目标挂钩的一种方案；③综合方案，将前两种方案混合，同时考虑公司绩效和外部绩效因素。

（4）福利

和普通员工一样，公司高级管理人员也享受福利待遇，但他们的福利通常比大多数其他员工高得多。除了主要福利外，还享受额外的人寿保险、医疗健康津贴、补充养老保险、带薪度假等特殊福利，有时这部分也被称为“经理津贴”。

（5）津贴

“额外津贴”或称“特权”，有可能是为其提供更为舒适的办公环境，或者是在企业外部为经理的工作提供良好的服务等。这些特权和经营者的工作业绩没有直接联系，因此，激励作用较弱。

2. 一线管理人员

如果把一个企业比做一个人，高层管理者就是大脑，要思考企业的方向和战略；一线管理者就是脊梁，要去协助大脑传达和执行命令到四肢——基层。一线管理人员在工作中时时面对来自两方面的矛盾：上级管理者关注产出，而普通员工关注报酬。因此，如何平衡二者的矛盾冲突，是一线管理者首要需要解决的问题。为了更好地激励一线管理者，使其担当好矛盾协调员的角色，必须给他们提供恰当的激励措施。例如，如果一个设计不合理的薪酬制度，使得一线管理人员的下属的报酬比管理者还要高，那么管理者缺乏动力去承担工作也是很自然的结果了。针对此类状况，有效的措施就是提高一线管理人员的基本工资，确保其高过下属中工资最高的标准。此外，还要适当加大浮动工资的比例，以提供有效激励。

知识拓展

2010 年，美国第二大证券公司摩根士丹利开始调整其高管的薪酬支付方式，计划递延支付其 30 位顶级高管 65%的年终奖金，以缓解外界对其巨额薪酬的如潮批评。

据悉，高管薪酬总额的 1/5 将与摩根士丹利的业绩挂钩，余下部分将由大摩的股票和现金组成，并且在 3 年内不会得到全额支付。

此前，包括高盛集团公司在内的银行已经改变了它们向员工支付薪酬的方式，以回应股东和监管机构对其薪酬应与公司业绩相挂钩的要求。

当前，华尔街的薪酬问题已经成为众矢之的，若无政府在危机时出手相助，各大公司在去年时就已濒临倒闭。如今随着金融环境好转，公司利润有所增长，华尔街的巨额薪酬被外界普遍视作“独享救市成果”的行为，也正因为如此，各大公司正在尝试控制奖金发放，在平息外界抨击声浪的同时，也尽量满足员工的需求，保持各自在人才领域的竞争力。

美国监管当局一直在寻求对接受政府纾困金的企业进行薪酬限制。10 月 22 日，“薪酬沙皇”肯尼斯·范伯格（Kenneth Feinberg）大幅削减了 7 家公司高管的 2009 年度现金报酬，其中包括花旗集团和美国银行公司，使得这些公司纷纷以股票形式发放奖金。

本章小结

对于企业而言，如何设计组织的薪酬制度至关重要。好的薪酬制度，可以有效地对员工进行激励，增强员工的工作主动性，提高工作效率，而不合理的薪酬制度成效则相反。本章重点介绍了薪酬的构成以及一般薪酬制度的设计流程，同时还针对不同类型的员工给出了不同的薪酬制度设计框架，同时介绍了薪酬支付的含义和原则、薪酬支付的一般形式、特殊情况下的薪酬支付等内容。

复习思考题

一、单项选择题

1. 经验式薪酬设计一般用于（　）。
   A. 企业的平稳发展阶段　　B. 企业的初创阶段
   C. 企业业务扩张阶段　　D. 以上选项都不对
2. 职位评价是指（　）。
   A. 应用系统方法，收集、分析、确定组织中职位的定位、目标、工作内容、职责权限、工作关系、业绩标准、人员要求等基本因素的过程
   B. 确定职位相对价值的过程
   C. 企业获取所在市场的薪酬水平的过程
   D. 以上选项都不对
3. 薪酬调查的内容主要包括（　）。
   A. 薪资增长状况、不同薪酬结构对比
   B. 不同职位和不同级别的职位薪酬数据
   C. 奖金和福利状况、长期激励措施
   D. 以上选项均包括
4. 若企业的薪酬政策线高于市场薪酬线，那么企业所采用的薪酬政策则属于（　）。
   A. 领先型　　B. 匹配型　　C. 拖后型　　D. 一般型
5. 影响销售人员薪酬体系设计的因素有（　）。
   A. 组织战略　　B. 竞争对手的措施
   C. 待售产品　　D. 以上选项均包括

二、多项选择题

1. 薪酬定位是指（　）。
   A. 参考薪酬调查的数据，确定组织的薪酬水平
   B. 具体包括组织的整体薪酬水平和各个岗位职位的薪酬水平
   C. 需要参考组织的薪酬战略、发展阶段、经济状况等因素
   D. 具体操作时，应将职位评价值与组织计划用于分配的利润总量挂钩
   E. 确定公司竞争性薪酬政策的过程
2. 销售人员的薪酬有（　）模式。
   A. 纯薪水/固定薪酬制　　B. 纯提成/佣金制
   C. 薪水＋佣金制　　D. 薪水＋奖金制
   E. 薪水＋佣金＋奖金制

3．薪酬调查的对象通常包括（　　）。

A．与本企业竞争从事相同职业或者具有相同技术的员工的企业

B．与本企业在同一地域范围内竞争员工的企业

C．与本企业在同一产品或服务市场展开竞争的企业

D．不同大小的组织要进行平衡，但不包括过分小的企业

E．应包括一些规模相当小的企业

4．关于长期激励的说法，正确的是（　　）。

A．长期激励与短期激励的根本区别是奖励时间的差异

B．长期激励的时间一般是1～2年

C．长期激励方案的制定需要充分考虑公司的总体战略

D．支付长期激励有助于降低员工离职率

E．长期激励计划对参与者的资格通常存在要求

5．薪酬结构设计所要达到的目标有（　　）。

A．支持组织的工作流程和技术特点

B．使薪酬体系能够整合到组织的结构中去

C．贯彻公平原则，合理拉开不同员工的薪酬收入差距

D．促使员工的行为与组织的目标和价值观相一致

E．使每个员工获得与其对组织贡献相一致的报酬

三、判断题

1．薪酬设计应该遵循内部一致性、外部竞争性的原则。（　　）

2．薪酬机构指同一组织内部不同职位或不同技能薪酬水平的对比关系，与不同薪酬形式占薪酬总额的比例关系。（　　）

3．职位评价的主要任务是确定职位的相对价值。（　　）

4．短期激励比长期激励对降低员工离职率更有效。（　　）

5．奖金属于一种长期激励。（　　）

6．薪酬调查的作用在于借此获取组织所在市场的薪酬水平，从而确定自身的相对位置。（　　）

7．销售类员工的绩效比技术类员工的绩效易于考核。（　　）

8．职位工资是根据员工所掌握的与工作相关的技能而决定员工报酬的工资方案。（　　）

9．薪酬调查可采取问卷调查、网络调查、电话调查等方式。（　　）

10．薪酬调查的结果为薪酬调查报告。（　　）

四、简答题

1．什么是薪酬？薪酬一般由哪些要素构成？

2．如何分别从经济学和管理学的角度来理解薪酬？

3. 你理解的影响薪酬制度和薪酬管理的因素有哪些？
4. 薪酬设计的一般程序是什么？
5. 销售类员工的薪酬制度设计应注意哪些问题？
6. 再设计专业技术人员的薪酬体系时应考虑哪些因素？
7. 你对长期激励如何理解？应用长期激励的过程中有哪些需要特别注意的地方？
8. 如何设计与企业特性匹配的总裁薪酬制度？
9. 薪酬支付的含义及原则是什么？
10. 试述一般情况下的工资支付。
11. 试述特别条件下的工资支付。

研究与提高

一、讨论与操练

1. 如何设计以职位为基础的工资体系？
2. 你如何看待目前部分企业实行的经营者年薪制？
3. 如何对外派员工进行有效的激励？
4. 如何对一套薪酬管理制度进行评价？
5. 如何确定企业薪酬调查的对象？标准是什么？
6. 试对短期激励和长期激励的异同、适用范围进行比较分析。
7. 工资支付应该注意哪些要点。

二、扩展阅读书目

周斌. 2006. 现代薪酬管理. 成都：西南财经大学出版社.
赵淑芳. 2013. 薪酬管理实务手册. 北京：清华大学出版社.
李宝元，王长城. 2012. 现代组织薪酬管理学. 北京：北京师范大学出版社.
岳龙华. 2014. 薪酬设计与薪酬管理. 北京：中国电力出版社.
李志畴. 2012. 薪酬体系设计与管理实务. 南京：凤凰出版社.
曾湘泉. 2010. 薪酬管理. 北京：中国人民大学出版社.
彭剑锋. 2011. 人力资源管理概论. 上海：复旦大学出版社.
刘伟，韦慧民. 2013. 薪酬管理. 北京：北京师范大学出版社.
加里•德斯勒. 2012. 人力资源管理. 12版. 刘昕，译. 北京：中国人民大学出版社.

三、讨论案例

案例一　中远公司营销人员薪酬方案

中远公司营销人员薪酬方案的基本模式为：基本工资＋佣金制＋奖金制。

1. 基本工资

一般营销人员试用期一律执行 650 元/月的试用工资，试用期原则上不得少于 3 个月，经总经理批准，对业绩突出者可适当缩短试用期，但最低不得少于 1 个月。

一般营销人员试用期满后基本工资为 800 元/月，市场营销部副经理 1200 元/月，市场营销部经理 1600 元/月，营销副总经理 2500 元/月。

2. 佣金制

以到账销售款为提成基数，以销售单价设定提成比率。

产品销售价格以公司指导价为基础，市场营销部（经理）的价格浮动权限为－2.5%～＋5%，营销副总经理的价格浮动权限为－5%～＋10%，超出权限范围的定价必须上报上级主管领导批准；擅自越权定价者，给公司造成损失的应赔偿损失，同时处以所签项目佣金的 50%的罚款。佣金提成比例根据销售难易程度、产品类别、员工级别区别对待。

1）营销部员工（包括普通员工和营销部经理、副经理）。

建材产品：凡利用 2005 年 1 月 1 日前公司拥有的市场渠道进行的销售，提成比例为 8%；凡自行开拓新市场进行的销售，提成比例为 11%。

其他产品：提成比例为 8%。

2）营销副总经理。按营销部员工相应提成比例下浮一个百分点执行。

3）其他管理人员。其他管理人员在做好本职工作的基础上，可充分利用业余时间进行营销活动，但不得与营销人员现有营销领域发生冲突，有能力者可向总经理申请转为营销人员。其他管理人员的提成比例参照营销部员工，若其营销活动影响到本职工作，或给专职营销人员造成障碍者，根据情节轻重给予相应处罚，严重者赔偿损失直至开除。

3. 奖金制

中远公司在佣金制的基础上，为了强化对营销人员尤其是绩效优异者设计了超额销售利润奖励和市场拓展奖励。

（1）市场开拓奖

凡首次进入公司从未涉足的市场领域，除按规定提取佣金外，首次销售额在 2 万（含）～10 万元（不含）以内的，一次性给予 5000 元奖励；10 万（含）～20 万元（不含），一次性给予 8000 元的奖励；20 万元（含）以上，一次性给予 1 万元的奖励；奖励在首笔销售款到账后兑现，若最终销售额与奖励规格有差异，按实多退少补。其他管理人员开拓新市场也按本条执行。

（2）利润贡献奖

年终计算公司的销售利润总额，以此为依据计算营销人员人均月销售利润，统计各营销员实际月均营销利润，超出平均利润者给予超额销售利润奖励，以其年度利润超额部分的 10%作为利润贡献奖，低于人均月销售利润标准的营销人员不予奖励。本部分奖励只针对营销人员，销售利润只统计营销人员。

1）计算方式具体计算方法为

$$\text{公司营销人员销售总利润}\ a=\text{营销人员销售额}-\text{相应进货成本}-\text{营销人员佣金} \quad (8\text{-}1)$$

$$\text{营销人员人均月营销利润}\ b=\frac{a}{\text{各营销人员工作月数加总}} \quad (8\text{-}2)$$

$$营销人员实际月均营销利润c=\frac{该员工个人销售利润总额}{该员工实际工作月数} \quad (8\text{-}3)$$

当营销人员实际月均营销利润 c 大于公司营销人员人均月营销利润 b 时给予利润贡献奖，奖金的计算方法为

$$利润贡献奖=（c-b）\times 该营销人员当年实际工作月数\times 10\% \quad (8\text{-}4)$$

2）支付方式。延期支付。

延期时间：暂定 1 年，即 2005 年度的利润贡献奖在 2007 年 1 月兑现。

兑现条件：

① 2007 年 1 月在岗在编营销人员。

② 期间没有任何违纪违法行为。

兑现方式：

① 若 2006 年度未能获得利润贡献奖，则 2005 年度利润贡献奖按实际计算数额发放。

② 若 2006 年度获得利润贡献奖，但奖金低于 2005 年度，则 2005 年度利润贡献奖按实际计算数额的 110%发放。

③ 若 2006 年度获得的利润贡献奖高于 2005 年度，则按以下公式计算。计算公式为

$$发放系数A=\frac{2006年度利润贡献奖金}{2005年度利润贡献奖金}\times 10\%+110\% \quad (8\text{-}5)$$

$$2005年度利润贡献奖实际发放额=2005年度利润贡献奖计算额\times 发放系数A \quad (8\text{-}6)$$

讨论题：

1．营销人员的工作有哪些特征？这些特征对营销人员的薪酬管理有什么影响？

2．营销人员薪酬方案有哪些基本类型？说明每一种类型的优点和缺陷。

3．中远公司的营销人员薪酬方案有什么特点？分析其激励效应的主要来源。

4．中远公司区别设计佣金提成比例的依据是什么？在佣金制的基础上在设计奖金制有利弊？

案例二　加班费的烦恼

最近，深圳 M 公司的厂长在为加班费控制问题所烦恼，这是老问题了，管理层曾尝试过改革，但似乎效果不佳，如何科学合理地处理加班费用已经成为影响员工工作效率的关键问题。

深圳 M 公司是美国 FL 公司在中国深圳投资的全资子公司。业务发展速度快，公司主要客户群为发展迅猛的电信、IT 行业的世界知名企业，如微软、CISCO 等，为其提供电子产品方面的 EMS 服务，业务发展速度快。随着业务的发展，深圳 M 公司由初创时 200 多名员工的规模发展到目前拥有 50 余条生产线，4000 多名员工的生产厂家。

深圳 M 公司中高层管理人员大多由外籍员工、中国香港籍员工担任，中国内地员工多为各部门技术骨干，如工程师、高级工程师、各类主管等，能够升任部门经理的很少。原因是多方面的，有高级管理层对中国内地员工的成见，有中国内地员工的素质问题（如英语沟通能力），也有客观因素（如出入境的不方便）等。

外籍员工、中国香港籍员工的薪资结构遵循国际惯例和总公司的传统，中国内地员工则

比较特别，以工程师为例，月基本工资为 3000 元，各种补贴总额在 500 元左右，剩下的机动收入就是加班费，加班费按照国家劳动法的规定发放。与深圳市其他同类企业相比，M 公司的加班费在其薪资结构中占据更大的比重，如华为、中兴通讯、南太等公司工程师人员的月基本工资在 4500 元人民币左右，加上其他补贴，月收入约 5000 元，加班费固定，多为 10 元/小时，甚至没有。在 M 公司，加班费成为工程师月收入的重要组成部分。

M 公司成立时，工厂设在蛇口工业区内，大部分中国内地员工已经结婚，下班后有许多家庭事宜处理，不存在“混”加班费的问题，公司对加班时间也没有控制。随着公司规模的不断扩大，蛇口工业区已经不适合公司的发展，地皮费用开销也很大，因此，公司将工厂迁出特区管理线。这极大影响了员工的来源结构，员工多为外地大学生，大多数单身，下班后没有其他事情可做，大部分愿意留在公司继续工作，月人均加班时间超过 120 小时，加班费远高于他们的基本工资。公司里逐渐形成一种“加班文化”，员工有事儿没事儿泡在公司里，白天能完成的工作也要拖到晚上干。

厂长召集各部门经理对此进行专门讨论研究，人事部经理提出“再招聘些员工，同时规定不准加班”。厂长表示反对：“多招一个人的成本大于加班费，不合算”。其他部门经理也提出各种意见。确实有混加班费的问题，但也有真正的加班，况且现在订单这么多，限定不许加班不太现实。最后，会议决定：按照职务级别确定加班时限，技术员每月可以加班 100 小时，工程师每月 80 小时，高级工程师每月 50 小时。

新的加班制度出台后，表面上加班费用降下来了，但出现一个有趣的现象，无论任务多少，每当月末结卡时，员工的加班时数不多不少正好是其各自的时限。员工认为，在 M 公司，加班费本来就是构成工资的关键，按照市场薪资，同样的岗位，要高出 M 公司两三千元，不加班差距就更大了。甚至有人说：“无论如何也不能加超，管它生产线上忙不忙！白白贡献对我也没什么好处。你瞧人家美国公司怎么激励加班？为了及时完成订单，FL 美国公司什么办法不用，定时提供免费冰淇淋、免费晚餐、安装按摩椅、每周还为加班人员举办抽奖活动等，同是一家公司，为什么我们会是另外一套？”

问题仍然得不到解决，厂长再次召集各部门经理商议对策，计划再次压低加班时数，但遭到所有部门经理的反对，厂长感到有些意外，部门经理们的理由是：限定加班时间的策略已经成为一项耗费精力的无效工作了，如果限制加班，订单少时，员工收入低，情绪不稳，总想跳槽；订单旺季，又不得不逼着员工加班，但加班时限又远远不能满足需要，这样一来，公司和员工都很疲惫。

会议上，各层经理们议论纷纷，怨声载道，讨论依然在进行。

讨论题：

1．M 公司加班费问题的症结何在？

2．我国《劳动法》关于加班问题是如何规定的？

3．请提出一个能解决 M 公司加班费问题的合理方案。

第九章　薪酬诊断与评估

学习提要

企业要想在市场竞争中获得竞争优势，就必须为员工提供合理的薪酬。通过对组织薪酬系统的诊断及评估，提高员工的薪酬满意度和对组织的归属感，是企业人力资源管理的一项重要任务。

学习目标

- 了解薪酬体系的内涵
- 能够设计并运用薪酬满意度调查问卷
- 掌握人工成本与薪酬使用效益的定性与定量分析
- 了解影响薪酬总额确定的基本因素
- 掌握薪酬总额预算控制的基本方法
- 了解薪酬的基本构成形式
- 掌握薪酬水平的影响因素以及不同阶段企业薪酬水平策略的选择
- 了解薪酬增长的相关指标计算，掌握薪酬增长的影响因素以及薪酬增幅控制的基本手段

关键词

薪酬体系　薪酬满意度　人工成本　薪酬使用效益
薪酬总额　薪酬水平　薪酬构成　薪酬增幅

导入案例

在经营实践中，有些企业的基础人力资源管理非常薄弱，他们在咨询方面的需求主要集中在岗位职责明晰、薪酬管理体系和绩效管理体系的设计等方面。其中，薪酬管理体系的设计方案是最容易在咨询结束之后落实并对企业产生实际效用的。通常在诊断阶段，会发现这些企业在薪酬管理方面普遍存在一些共同的问题亟待解决，归纳后主要是以下几点。

1. 薪酬战略缺失

在管理基础薄弱的企业中，制定有切实可行的企业战略的企业很少，拥有符合企业战略和企业现状的人力资源战略、薪酬战略的企业更是少之又少。领先、跟随、滞后的薪酬战略，分别适应于企业的不同阶段和不同类型，而这些企业并不了解在企业发展的不同阶段运用不同的薪酬战略。

2. 薪酬理念缺乏

薪酬理念明确了企业在薪酬管理方面所倡导的价值导向，是薪酬体系的灵魂，它指明了公司到底为何种行为和何种业绩进行付酬。在大多数管理基础薄弱的企业中，不知应该对何种价值付酬，薪酬理念缺乏。这些企业通常的做法是按照行政级别、学历和在企业的工作年限来进行价值分配，而对职位所承担的责任和风险、员工的技能水平、员工的能力等产生绩效的真正关键因素，没有做到应有的重视。

3. 职位价值没有量化、薪酬的内部公平性不足

在很多管理基础薄弱的企业中，薪酬的内部不一致方面存在的问题比薪酬的外部竞争性方面存在的问题更为严重。通常来讲，企业老总们往往只注重了薪酬设计结果的公平，而忽视了对薪酬界定的程序公平的关注。

4. 薪酬结构失衡

薪酬结构失衡主要有两种体现：第一种是薪酬结构的失衡。如福利这一薪酬要素往往没有引起足够的重视。薪酬结构失衡会使企业的薪酬体系在运行过程中缺乏足够的灵活性，无法满足多数员工在薪酬方面的不同需求，特别是对员工的短、中、长期激励的组合效果产生影响。第二种是各类人员的薪酬单元组合比例失调，如固定工资比例过高，绩效工资比例过低，容易导致薪酬的激励作用无法有效发挥。

5. 职业发展通道缺乏，导致升薪通道单一

在大多数管理基础薄弱的企业内，员工的职业发展通道缺乏，薪资晋升渠道不畅，不利于员工的有效激励。另一种后果是由于我国的“官本位”意识较为浓厚，人们一般以管理“职业锚”或“官阶”的大小判断他们对企业贡献的多寡。因此，企业内的管理岗位成为各级各类员工的生涯发展目标，这对企业的长远发展是极为不利的。

6. 薪酬没有“动”起来，薪酬和绩效表现关联性不强

造成薪酬静态化的一个重要原因是企业的绩效管理水平较低，没有科学的依据来让薪酬“动”起来。动态薪酬静态化最常见的一种形式是绩效工资和奖金的发放没有和绩效考核结果挂钩，导致“干多干少一个样”、“出工不出力”现象的发生，严重影响了员工的工作积极性。另外一种常见的现象是动态薪酬的发放虽然与绩效考核结果挂钩，但是绩效考核结果不是实际绩效的真实反映，使得动态薪酬的发放流于形式，无法有效发挥激励作用。

7. 对金钱之外的其他激励手段关注得不够，忽视薪酬体系中的“精神价值”

在大多数管理基础薄弱的企业中，老板认为薪酬就是钱，这是一种很典型的而且也是很原始的薪酬管理观念，因而员工的人格得不到尊重，优秀的人才得不到重视和发展。依据马斯洛需求层次论，钱只能满足生理、安全和部分社会型的需求，尊重和自我实现的需求往往不能通过金钱得到满足。

8. 薪酬激励不及时

当员工通过自己的努力做出杰出的业绩，这时如果直线经理不运用包括薪酬激励在内的激励手段，对员工的行为进行及时的肯定，这会极大地挫伤员工的积极性。同样的奖励几个月后发放，其作用将大打折扣，对其他员工的示范作用也将会降低。当员工做出一个公司所倡导的、所鼓励的行为时，他会一直关注公司管理层的行为，如果他的行为得不到及时地激励的话，将极大影响其工作的主动性和热情。

从以上分析可见薪酬诊断能够把握员工士气，通过分析员工薪酬水平和劳动力市场工资率的关系，结合公司战略发展，及时地调整薪酬战略和薪酬水平，并为公司薪酬改革提供重要的参考依据。

第一节 薪酬诊断

一、薪酬体系的诊断分析

企业要想在市场竞争中获得竞争优势，就必须要为员工提供合理的薪酬。因为能否制定出具有竞争力的薪酬体系，对于吸引、维系和激励优秀人才为组织服务，提高员工的工作满意度和对组织的归属感，促使员工完成组织的目标至关重要。

（一）薪酬体系：实践中的两难境地

设计与管理薪酬体系是一项困难的人力资源管理任务，该领域的理论与实践的矛盾也比较显著。科学合理的薪酬体系，有利于组织与员工的良性循环；而如果体系失灵，那么将使员工失去工作热情。

对员工个人而言，他们既希望获得一些外在报酬，如晋升、薪水、福利、津贴、奖金和股票期权等，也希望得到内在报酬，如对工作的胜任感、责任感、受重视、有影响力、共同成长和富有价值的贡献等。员工会通过评估上述两类报酬来判断自己的努力是否得到组织的充分回报。而企业通常倾向于注重外在报酬，因为这类报酬比较容易定性、衡量，并且易于在不同个人、工种和组织之间进行比较。相反，内在报酬则难以进行清晰的定义、讨论、比较或谈判。例如，工会和管理层的谈判就很少涉及这些内在报酬，但恰恰是这些无形报酬上的问题，经常导致管理层与劳工间的冲突：员工有时会以要求提高外在报酬的（特别是收入）的方式来弥补他们对内在报酬不足的不满。

为了使员工对薪酬满意和激励员工，当今组织建立了多种多样的薪酬体系，都试图把影响员工满意度和激励效果的各种因素考虑在内。为了使员工满意，组织必须决定如何根据劳动力市场适时调整其薪酬水平，这些决定对成本-效率（预期成本与预期收益之比）有显著影响。成本-效率越高，在薪酬问题上的冲突也就越多。薪酬体系实践中的难度还体现在选择何种工作评价系统以客观地鉴别各种工作对整个组织的贡献，以及薪酬是否应与绩效挂钩等方面，这些决策对员工满意度、离职率和激励作用产生着巨大的影响。

美国管理者强调按个人绩效付酬。研究表明，员工更满意于那些依据绩效发放的薪酬[①]。按绩效计酬强调的是个人主义的理念，它无疑与美国文化有关。然而，也有证据表明，在不少组织里，收入并非基于绩效。例如，《幸福》杂志排名前500家的美国大公司中，42%的公司没有使用正式体系来评估专业人员和技术人员的绩效；41%的公司对蓝领工人使用单一薪酬制。工资的增加依靠全面调查、提升或者主观的绩效评判来实现[②]。在不存在正式评估体系的条件下，员工不可避免地会对薪酬决策的平等性怀有疑问。有关调查还显示，在最高管理层，公司规模（通常以销售额来衡量）是决定最高行政人员收入的主要因素，其他行政人员的工资采用由上而下建立的工资级差来决定。公司业绩（如每股盈利）与首席行政官员的薪酬水平并没有直接的联系。

即使在已建立绩效薪酬体系的公司里，在体系的原定目标与实际执行状况之间也存在着巨大的差异。为激励雇员而精心设计的、复杂的绩效薪酬体系，往往以显著的缺陷而告终：它们或者无法激励员工，或者带来无法预料的、紊乱的行为。在另外一些情况下，企业选择的绩效标准可能取决于不受企业控制的外界力量的影响，或者绩效可能因为相互依赖关系而受到个人与部门的负面影响。例如，通货膨胀可能将业绩的提升抵消；或者提薪所依据的绩效标准存在问题。

薪酬体系的实践表明：许多薪酬体系通常都无法满足那些理论研究中提出的条件。人们对有缺陷薪酬体系的反应经常是设计一套新的更好的体系。这种思维引发了其他一些有趣的体系的产生，其中某些获得了相当的成功。但在大多时候，组织在依赖薪酬开创人力资源目标时应保持谨慎。过去，管理者和薪酬专家经常强调，如果好的体系能得以建立，那么它将能解决大多数的问题。但实践活动表明并非如此——在如何向个人支付薪酬这个问题上，永远不可能有标准答案。因为薪酬与感知及价值观紧密相系，很多的冲突也缘于此。

（二）薪酬体系的诊断与再造

1. 薪酬体系的诊断

薪酬体系的诊断过程是了解和分析组织薪酬体系方面存在问题的过程。通常，因薪酬体系设计不良引起的困扰有如下几种：

1）不知何时能调薪、晋升，员工看不到未来。

2）为什么在遇到调薪情况时，有的人调薪，有的人调职等。

3）是否只有升任管理职位，才能获得比较高的薪酬。

4）虽然奖金、工资水平都不错，但员工仍然抱怨薪酬偏低，担心“奖金”消失。

5）主管忙于应付薪酬体系产生的问题，影响了本身的核心业务。

---

① Edward E Lawer. 1971. Pay and Organizational Effectiveness: A Psychological View. New York: McGraw-Hill.

② William J Kearney. 1979. “Pay for Performance? Not Always” Compensation Review.

综合以上困扰，对薪酬体系的诊断可从以下方面着手：

1）是否有规范的薪酬计划。

2）是否有全面合理的薪酬要素。

3）薪酬结构与水平的确定是否符合内外部公平。

4）是否确保每个员工都能了解薪酬计划的基本内容。

5）薪酬计划的修整是否考虑了员工反馈意见。

6）薪酬计划是否考虑了现实可行性与未来的调整空间。

不同的组织可以根据所处的具体发展阶段、经济规模、员工规模、产品市场竞争状况、人才市场供需情况以及资本市场状况等，将各诊断项目细化为若干具体要求。例如，在创业阶段的组织就不必硬性要求有规范的薪酬计划，但要强调确保每个员工都能了解薪酬计划的依据与内容。

2. 薪酬体系的再造思路

为了能够适应新的国际竞争环境，企业必须摒弃已成惯例的薪酬模式和薪酬设计方法，在薪酬体系诊断的基础上，对原有薪酬体系进行重新思考并彻底改革，构建适应内外部环境变化的新的薪酬理念；以人为中心，重新设计组织的薪酬要素、薪酬结构、薪酬水平以及薪酬增长等，即进行一场薪酬再造运动，塑造一个“留才的经营环境”。

（1）薪酬体系再造的内容

一个留才的经营环境，除了薪酬要反映塑造公司发展的前景外，还应包括三方面内容。

1）公平公开的薪酬系统。如新进人员的起薪，应合乎组织需要及业界行情；薪酬要与员工的付出相等；组织内其他同职等、同性质工作员工的薪酬要有可比性；薪酬须依职务（工作）来划分、考量；薪酬调整的规则要透明化；薪酬要兼顾学历及同工同酬要求，不同的学历起薪虽不同，但担任同一职务，则职务价值一致。

2）公正公开的升迁体系。建立公平客观的考核体系，让有能力及绩效的员工崭露头角而不是以年资及人情关系为升迁的依据；创造人才储备的环境；能力好又有绩效的人，职务没有空缺时有提升职等的机会。

3）关心员工的培训，完善福利。建立与升迁结合的教育训练体系，一方面，使员工有不断学习的机会；另一方面，学习得到的能力因晋升而留住人才，使公司获益。

实行自助餐式福利计划，将员工可能需要的福利项目，提供给员工自由挑选，实现福利项目多样化。

（2）薪酬体系再造的步骤

薪酬体系的再造涉及多种因素，从一般方法上看，其步骤如下所述。

1）认清组织的薪酬理念，确定组织的薪酬政策。每个组织都有其薪酬理念，薪酬理念能使人了解整个组织薪酬的主要方向。如果薪酬理念如下：“高附加价值的员工，是公司的最大资产；畅通薪酬升迁通道，用人唯才……”根据上述薪酬理念，可以制定如下薪酬政策：员工凭为组织做出贡献的大小获取相应的薪酬；建立能力/技能导向的薪酬体系。

2）设计新的薪酬体系改进方案，并进行评估。设计新的薪酬体系包括：调查同行业起薪标准；设计薪酬结构；调薪政策；升迁、工作调动与薪酬的关系等，将以上内容整理成公司内部的规章体系。同时要对改进方案的可行性与可操作性进行相应的评估。

3）形成系统的薪酬体系再造方案。制定与薪酬改进方案相配套的组织结构、人力资源配置和业务规范等方面的改进规划，形成系统的薪酬体系再造方案。

4）组织实施与持续改善。薪酬体系再造思路如图 9-1 所示。

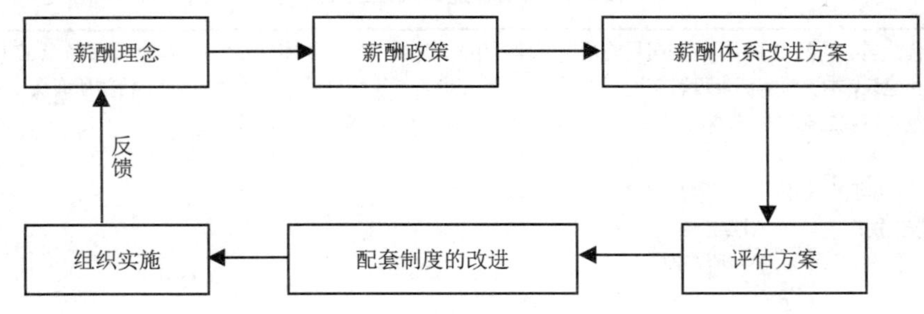

图 9-1　薪酬体系再造流程

二、薪酬满意度调查与分析

（一）薪酬满意度概念

薪酬满意度是指一个员工获得组织回报的经济性报酬和非经济性报酬与其期望值相比较后所形成的感觉状态。计算公式为

$$\text{薪酬满意度}=\frac{\text{获得经济性报酬和非经济性报酬的实际感受}}{\text{期望值}} \tag{9-1}$$

这个概念表示的是一组相对的概念：超出期望值——满意；达到期望值——基本满意；低于期望值——不满意。用一个量化的指标把薪酬满意度状况反映出来，这个量化的指标就是薪酬满意度指数，该指数可以反映员工对组织薪酬价值观、薪酬制度、薪酬水平和薪酬管理各个领域的满意状况。

（二）薪酬满意度分析

企业与员工在薪酬问题上似乎永远是一对矛盾体，员工们希望薪酬尽可能的高，而企业则希望处理好利润积累和薪酬分配的合理关系。

人力资源管理部门进行薪酬满意度分析，首先应该充分了解并把握好员工的薪酬心态，如表 9-1 所示。

表 9-1　各种薪酬心态的具体表现

薪酬心态	现象
等待加薪	员工此时心态较好，希望通过自己的努力获得高薪
抱怨	对获得的薪酬回报不满意，并时时向他人抱怨
消极应付工作	对薪酬不满意有些恶化，对工作责任心明显降低，消极应付
要求合理加薪	对薪酬的不满意不能随时寻求正当的途径加以解决
辞职不干	对目前的薪酬已完全失望，以离开作为解决的途径
寻求高薪跳槽	对目前的薪酬已完全失望，一旦有高薪机会立即跳槽
寻衅滋事	煽动其他人一起发泄不满情绪，有罢工、游行、闹事等行为
上告	向劳动局、电台、报社等投诉或寻求法律途径解决问题

在观察员工薪酬心态的同时，设置薪酬满意度调查也至关重要。

薪酬满意度调查问卷一般包括调查目的、调查对象基本情况、调查项目三大部分，如表 9-2 所示。

表 9-2 薪酬满意度调查问卷

为了配合公司的薪酬改革，了解公司目前薪酬管理中存在的不足，特组织本次薪酬调查。为了了解员工在薪酬方面的真实想法和建议，本次薪酬调查可署名也可不署名，而且在取得调查结果后立即销毁。因此，希望所有员工积极支持，本着认真负责和客观的态度完成本问卷，于_____月_____日前交人力资源部，谢谢！

您的姓名：（可以不填） 所在部门：（可以不填）
年龄： 性别： 入职年限： 职位：
学历： 职称： 户口所在地：

1. 您对自己目前的薪酬水平：
（1）非常满意（2）比较满意（3）一般（4）不满意（5）非常不满意
2. 您认为现有的薪酬制度公平吗？
（1）非常公平（2）比较公平（3）一般（4）不公平（5）非常不公平
如果选择（4）（5）项，请具体说明原因：________________________________
3. 请在本公司下列职务类别中选出三个您认为薪酬过高的（按顺序）：
（1）麦芽车间（2）实验室（3）销售部（4）财务部（5）人力资源部（6）保安（7）机修（8）电修（9）清洁工（10）车队
4. 您认为与同行业其他公司相比，本公司的薪酬：
（1）很高（2）比较高（3）差不多（4）偏低（5）很低
5. 您对公司目前的福利状况：
（1）非常满意（2）比较满意（3）一般（4）不满意（5）非常不满意
请简要说明理由：________________________________
6. 与本部门的相似资历的员工相比，您对自己的薪酬水平：
（1）相当满意（2）比较满意（3）差不多（4）比较不满意（5）非常不满意
7. 与其他部门的相似资历的员工相比，您对自己的薪酬水平：
（1）相当满意（2）比较满意（3）差不多（4）比较不满意（5）非常不满意
8. 与其他公司相比，您认为目前本公司主管级人员的薪酬相比普通员工来说：
（1）太高（2）偏高（3）合理（4）偏低（5）太低
9. 与其他公司相比，您认为目前本公司经理级人员的薪酬相比普通员工来说：
（1）太高（2）偏高（3）合理（4）偏低（5）太低
10. 您能很明确地知道自己的月总收入是由什么部分组成的吗？
（1）是，很清楚（2）部分项目不清楚（3）完全不清楚
11. 您知道您身边的同事的收入水平吗？
（1）是的，非常清楚（2）比较清楚（3）不太清楚（4）完全不知道
12. 您认为保密薪酬好还是透明好：
（1）保密（2）无所谓（3）透明
13. 您觉得公司大部分员工的辞职：
（1）因为薪酬而直接导致（2）和薪酬有一定的关系（3）不明确（4）与薪酬关系不大（5）绝对与薪酬无关
14. 您认为本公司的薪酬结构中最不合理的部分是：
（1）基本工资（2）绩效工资（3）涨幅工资（4）年资（5）福利（6）津贴（7）加班工资
请简要说明理由：________________________________

续表

15. 如果公司有 6000 元要发给您，您认为哪种发放方式对您的吸引力大？ （1）一次发放（2）按月平均，每月 500
16. 如果公司要制定一个新的薪酬制度，您对新的薪酬制度的建议： ____
17. 您认为目前的薪酬制度对员工的激励： （1）很好（2）较好（3）一般（4）较差（5）非常差
18. 您认为多长时间调整一次薪酬比较合理？ （1）3 个月（2）半年（3）一年（4）两年（5）两年以上
19. 如果要降低您的薪酬，您觉得多少比例是您可以忍受的极限： （1）5%（2）10%（3）15%（4）20%（5）25%
20. 在过去的工作中，您感觉自己的努力在薪酬方面有明显的回报吗？ （1）有（2）没有（3）有，但不明显
21. 您认为决定工资最重要的因素是：（请按顺序列出前五位） （1）个人业绩（2）个人能力（3）学历（4）职称（5）职位高低（6）资历（7）专业 （8）工作复杂程度 （9）工作中承担的责任和风险
22. 您认为薪酬收入中浮动部分（涨幅工资）占总收入的比例应该为： （1）5%（2）10%（3）15%（4）20%（5）25%（6）30%（7）35%或以上

三、人工成本分析

（一）人工成本的构成

人工成本是指组织投资在员工方面的各种支出货币表现的总额。人工成本中最主要的是员工工资支付。在制造业，工资成本占销售总收入的比例可能达到 40%；而在服务业，这个比例则高达 70%。

与员工相关的成本支出包括员工工资、员工奖金、员工保险、员工培训、员工带薪休假、工作午餐补助、旅游经费等，这些都属于人工成本的范畴。在进行人工成本分析时，应该对人工成本的各项内容进行细化分析。

（二）人工成本的控制

随着人工管理在组织的成功实施，企事业组织对人工成本有一种最为常见的误解，即以为控制好组织的人工成本，就能促进组织效益的快速提高。这种观点至少忽略了以下三个方面的问题。

1. 忽视了人工成本形成的不同原因

造成人工成本日益上升的原因是不同的。我们常常可以看到这样一个怪圈：企业在招聘与内部沟通时一般都强调薪酬水平的优越及按绩效付酬的理念。在这一过程中，企业不仅吸引了那些渴望金钱的人，而且提高了现有员工对金钱的欲望。金钱，正日益成为当今社会地位、权利与尊严的象征。在企业内也同样如此，一旦才干的增长，奖金、股票期权与津贴成为成功与认同的首要象征，员工们就有可能更热切地追逐这些东西，会要求绩效付酬制度更加精确，而这种制度的完善又使金钱更成为衡量贡献、成功与价值的标准。在一些行业里，薪酬在吸引及留住员工方面起着特别重要的作用，这使管理者只能更加依赖金钱，从而使金钱成为一种非常重要的推动力及尺度。

2. 忽视了内在报酬之间的相互关系

作为人工成本构成内容的外在报酬，是受内在报酬影响的。员工对内在报酬的满足，有利于提高外在报酬的使用效果。例如，组织可以通过工作制度、员工影响力、人力资本流动政策的革新来执行内在报酬，这种做法对外在报酬使用效益的提高有积极的作用。当然，通过政策革新提供内在报酬并不能降低人工成本，但却可能刺激员工提高其献身精神和工作能力，同时对业绩、间接劳动成本、创新以及员工队伍的灵活性都有积极的作用。

3. 忽视了人工成本不同控制方式的效果

即使对人工成本的控制是适宜、得当的，也要考虑实施方式的效果。一般而言，涨工资是人人都高兴的事情，降工资不仅仅带来员工的坏情绪，还会打击员工的士气、降低员工的忠诚度以及影响组织内团队战斗力指数等。因此，控制人工成本一定要考虑周到，既要理解员工的心情，又要通过恰当方式与途径向员工表明组织降低人工成本的原因，包括组织所处的环境、面临的问题以及不得不采取这种办法的种种考虑等。

有效地控制人工成本需要做到以下几点。

（1）反思管理层的金钱观

组织应当深思其“薪酬哲学”及金钱在各种薪酬组合中所处的地位，应当如何运用金钱，金钱之外如何运用其他报酬形式。我们并不否认金钱的重要性，只是员工从工作经验中形成的对金钱重要性的认识，受到了管理者采用的薪酬制度类型与指导思想的影响。管理者要检查他们对薪酬问题所持的假定，同时要在实践中考察薪酬制度是否与他们的假设吻合。

（2）设立反馈机制

在薪酬控制中要考虑员工的反应，设立相应的反馈机制，如在薪酬预算中将自下而上预算与自上而下预算结合起来。自下而上法是指通过估算每一位员工在未来一年的薪酬数字，推算出整个部门所需要的薪酬支出，然后汇集所有部门的数字形成薪酬预算数字，编制整体的薪酬预算。这种方法比较简便可行。部门主管只需按照既定的加薪准则，如按绩效加薪，按年资或消费品物价指数的变化情况等调整薪酬以分别计算出每个员工的增薪幅度及应得的薪金额，然后计算出每一部门在薪酬方面的未来支出，再呈交给高层的管理人员审核和批准后，便可编制预算报告。自上而下法是指由组织的高层主管决定整体的薪酬预算额和增薪的数额，然后再将整个预算数目分解到每个部门，各部门按照所分解的预算数额，根据本部门的实际情况，将数额分配到每一位员工。由此可见，自上而下法中预算额是每一个员工所能分配到的薪酬总额，也是该部门所有员工薪酬数额的极限，至于这笔薪酬总额如何分配给部门的每一位员工，由部门经理决定。部门经理可以按企业所定的增薪准则，决定员工分配的薪酬数额，也可根据员工不同的绩效表现来决定增薪率的高低，或者采取单一的增薪率，不过这样会导致底薪较高的员工薪酬增加较多，而底薪较少的员工实际得益很少。

一般而言，自下而上法不易控制总体的人工成本，而自上而下法虽然可以控制住总体的薪酬水平，却使预算缺乏灵活性，而且确定薪酬总额时主观因素过多，降低了预算的准确性，

不利于调动员工的积极性。

（3）对人工成本的控制

对人工成本中如培训、福利等能体现组织总体薪酬理念的软性成本，在组织经济实力允许的情况下，不要轻易作出削减这些成本的决定。因为在实践中，相对于刚性较大的工资而言，这些成本的削减并不难。而往往是这些软性成本给组织效益的增加提供了有力的加速剂。

（4）劳动力市场的借鉴价值

以劳动力市场工资指导线为依据、部分重点行业人工成本为参考，分类分项建立人工成本预测预警制度，定期测试薪酬方案的激励效果，同时根据结果调试薪酬体系的总体适应性。

四、薪酬使用效益分析

薪酬使用效益是指劳动者在社会财富过程中，劳动成果与相应的薪酬支出的比率。一般用同一单位在不同时期或不同单位在同一时期支出的单位工资所获得的收益的高低来反映。研究薪酬效益的重要意义，在于发现采用不同的薪酬制度与形式所产生的效益的差异，分析积累基金和消费基金的比例关系是否恰当，工资基金使用是否合理，薪酬是否真正起到促进生产的经济杠杆作用，并以此作为调整薪酬政策和改进薪酬制度的依据。

反映工资效益的定量指标，一般常用有以下三种。

（一）百元工资产品产量

这是一种以实物量计算的指标，适用于生产单一产品的企业或部门。这一指标表明，每一百元工资所能生产的产品数量。该指标越高，说明经济效益越高。其公式为

$$百元工资产品产量=\frac{产品产量}{工资总额（百元）} \tag{9-2}$$

每百元工资产品产量的逆指标是单位产品人工成本，它表明每生产一个单位的产品，所需支付的工资额。该指标越低，说明经济效益越高。其公式为

$$单位产品人工成本=\frac{工资总额（百元）}{产品产量（百元）} \tag{9-3}$$

（二）百元工资产值率

这是以产值计算的工资效益指标。产值指标，有净产值、总产值和国民生产总值等。这三个指标中，由于总产值包括了转移价值，并且受价格因素的影响较大，故使用净产值或国民生产总值较好。百元工资产值率，指标越高，说明经济效益越好，其公式为

$$百元工资产值率=\frac{产值（元）}{工资总额（百元）}\times 100\% \tag{9-4}$$

百元工资产值率的逆指标是百元产值工资含量，这个指标越低，说明效益越高，其公式为

$$百元产值工资含量=\frac{工资总额（元）}{产值（百元）} \tag{9-5}$$

（三）百元工资利润率

这一指标表明，每一百元工资所创造的利润数量。利润可以用税后利润，也可以用实现利润，前者要更科学一些。在一般情况下，百元工资利润率越高，经济效益越高。其公式为

$$每百元工资利润率=\frac{税后利润（元）}{工资总额（百元）}\times 100\% \tag{9-6}$$

以上是对薪酬在经济绩效方面的使用效益的评判标准，而薪酬最大的使用效益还在于它对构筑员工内在激励机制所起到的引导和促进作用。例如，提高员工满意度、营造高水平的工作生活质量、培养一支目的明确和具有使命感的员工队伍以及吸引和维持组织的优秀人才等。这些则属于薪酬效益分析方面的定性指标。定性指标是软性指标，在实践中没有精确的衡量方法，但也出现了一些有效的方法，如定期使用对员工满意度的调查问卷、建立自己的人才库、知识管理等。

第二节 薪 酬 评 估

薪酬是个人付出劳动从企业所得的报酬。在市场经济条件下，薪酬是生活的来源、成功的标志、地位的象征和才能的体现。对企业的薪酬进行整体上评价，以期总结经验和发现不足，取得更进一步的成绩，这就是薪酬评估。

一、薪酬总额分析

组织为了控制成本通常会实行薪酬总额管理，一般采取工效挂钩的办法，即把组织员工工资总额与组织经济效益挂钩浮动。

（一）薪酬总额确定的影响因素

薪酬总额（支付多少）受到组织内部、外部多方面因素的共同影响。

1. 企业经济效益

企业效益情况决定组织的实际薪酬支付能力。

2. 薪酬的市场水平

企业在确定薪酬总额时，需要考察市场上同行业企业的薪酬水平，分析其与自身水平的差距，并严格依据本企业在劳动力市场中的薪酬政策定位。

3. 企业薪酬哲学

由企业的经营战略、管理策略和人力资源政策等决定的企业薪酬哲学，对于企业如何开展薪酬总额管理的影响也很明显。

另外，薪酬总额还与企业的经营战略和竞争战略相关。“成本领先”竞争战略往往是因为利润率比较低，成本的细微变化对盈利与否的影响很大，此时薪酬总额往往也被控制在较低水平；实施“成长战略”的企业在薪酬总额上常常落于 80 分位值以上（如地产行业中的

万科企业股份有限公司、中海地产集团有限公司）。

（二）薪酬总额预算控制

薪酬总额预算控制是每个企业都关心的问题。在员工人数确定的情况下，通常采取按照不同层次人员人均薪酬乘以人数的方式，预测企业的薪酬总额。

在全年的员工人数无法确定的情况下，宜采用两个关键的薪酬监控指标："人均营业额"、"人工成本率" 进行薪酬总额的预算和监控，即当企业经营业绩完成情况和员工人数发生变化时，可以根据这两个指标测算出需要的薪酬总额。这两个指标的计算公式为

$$人均营业额=\frac{总营业额}{人数} \tag{9-7}$$

$$人工成本率=\frac{薪酬总额}{总营业额} \tag{9-8}$$

在这样的情况下，可以采用"薪酬预算四步法"：

1）根据行业平均水平和企业在行业内的大致水平，确定本企业应达到的人均营业额、人工成本率。

2）根据人均营业额和预期的经营目标，确定要完成预期经营目标所需要的员工人数。

3）根据人工成本率和预期的经营目标，确定薪酬总额。

4）根据测算出的员工人数和薪酬总额，计算人均薪酬、人均固定薪酬，并与市场上的人均薪酬或人均固定薪酬相比较，以确保测算出的薪酬水平不脱离市场薪酬水平。

以上的测算，都是按照100%完成预期的经营目标进行测算的。而现实中，企业常常完不成预期经营目标，但也要按照预期经营目标的需要招聘员工，而且招聘到的员工至少要保证能拿到一定市场水平下的固定收入。在这种情况下还需要测算在至少支付员工固定工资时，企业的薪酬总额是多少？需要完成多少营业额，企业才能支付这样的薪酬总额？可以通过以下公式测算，为达到企业基本目标值，所需计算指标公式为

$$所需最低员工人数=\frac{经营目标}{人均营业额} \tag{9-9}$$

$$最低员工固定工资总额=最低员工人数\times全员年平均固定工资 \tag{9-10}$$

为保证最低员工固定工资总额，指标计算公式为

$$企业基础目标值=\frac{最低员工固定工资总额}{人工成本率} \tag{9-11}$$

通过测算，可以得出：

1）当实际营业收入低于企业基础目标值时，按照原来的人工成本率，已经无法满足员工固定工资，而员工也没有业绩奖金。在这样的情况下，企业要么裁减人数，要么将付出更多的人工成本，要么全员降薪。

2）当实际营业收入超出企业基础目标值时，员工薪酬总额与业绩奖金总额则可分别按如下公式计算。计算公式为

$$员工薪酬总额=实际总营业额\times人工成本率 \tag{9-12}$$

$$业绩奖金总额=员工薪酬总额-岗位工资总额 \tag{9-13}$$

二、薪酬构成分析

薪酬的构成，即一个人的工作报酬，一般而言，由以下几大主要部分构成：基本薪酬、可变薪酬、间接薪酬三大部分。

（一）基本薪酬

在公司内部，员工之间的基本薪酬差异是明显的，一般能升不能降，表现出较强的刚性。对基本薪酬评估应从两方面着手：一是差异性，企业各岗位或职位之间的基本薪酬差异是怎样形成的？是否合理？二是基于企业的基本薪酬的刚性，一般不宜设置过高。

（二）可变薪酬

薪酬反映员工的工作业绩的部分为可变薪酬，有时也被称为浮动薪酬或奖金。可变薪酬的合理设置可以直接使员工个人收入、工作表现以及公司效益三者紧密联系，激发员工的工作热情和积极性。评估时应仔细评价可变薪酬的设置是否使以上三者成为紧密的利益共同体而非风马牛不相及。

（三）间接薪酬

间接薪酬包括福利和一些有形服务。福利应是企业每位员工都能享受的利益，有形服务包括员工个人及其家庭服务（儿童看护、家庭理财咨询、工作期间的餐饮服务等）。作为一种薪酬支付手段，福利和有形服务这种薪酬支付方式有其独特的价值[①]，两者都能给员工以归属感，尤其是福利特别强调长期、整体性和计划性。在评估间接薪酬时，福利的长期计划如何，各个具体福利项目是否考虑了其整体性，福利项目的选择、有形服务的开展是否满足了不同层次员工的需要……这都是应考虑的问题。

事实上薪酬构成分析中最重要的是评估薪酬的三大部分之间的搭配与组合是否合理。对某岗位仔细评定决定支付总薪酬3500元，有以下几种支配方法：第一种是3500元全部作为基本薪酬，无其他；第二种是基本薪酬2500元，其余1000元分部分用做福利或提供有形服务，部分作为可变薪酬发放。毫无疑问，在对员工的激励和保持员工的稳定性方面，第二种要明显地优于第一种。因而，薪酬的各项构成应合理搭配。

三、薪酬水平分析

薪酬水平是指企业中各职位、各部门以及整个企业的平均薪酬水平，薪酬水平决定了企业薪酬的外部竞争性。在竞争日趋激烈的市场环境中，薪酬水平开始越来越多地关注职位和职位之间或者是不同企业中同类工作之间的薪酬水平对比，而不是笼统的企业平均水平的对比。这是因为，随着竞争的加剧以及企业对于自身在产品市场和劳动力市场上的灵活性的强调，企业在薪酬的外部竞争性方面的考虑已经越来越多地超过企业对于内部薪酬一致性的考虑。

---

① 约翰·特鲁普曼．2002．薪酬方案．上海：上海交通大学出版社：99～100．

对于企业的薪酬水平决策产生影响的主要因素包括：同行业或地区中竞争对手支付的薪酬水平，企业的支付能力和薪酬战略，社会生活成本指数，以及在集体谈判情况下的工会薪酬政策等。

（一）企业薪酬水平策略

企业薪酬水平策略是相对于当地市场薪酬行情和竞争对手薪酬水平而制定的，具体策略如下所述。

1. 薪酬水平领先策略

采用该薪酬策略的企业，薪酬水平在本地区或同行业的竞争对手中处于领先地位，有利于吸引和留住优秀员工，提高员工素质，减少员工的不满心理，但企业的人工成本高，且高薪酬还会掩盖企业中如工作对人员缺乏挑战性、人际关系紧张等矛盾。

2. 薪酬水平跟随策略

采用该薪酬策略的企业，薪酬水平与市场竞争对手薪酬水平相当，薪酬水平紧跟竞争对手，使其保持与竞争对手或市场薪酬水平一致。

3. 薪酬水平滞后策略

采用该薪酬策略的企业，制定薪酬水平时不考虑市场和竞争对手的薪酬水平，而主要从企业内部出发，较多地考虑节约企业生产、经营和管理的成本，保持较低的薪酬水平。

企业薪酬水平策略的选择是一个动态发展过程，不同生命周期阶段的企业应该选择不同的薪酬水平策略。

（二）企业生命周期各阶段薪酬水平策略选择

目前有关薪酬水平的完整资料收集难度大，准确性差，针对性也不强，企业在做这方面策略选择时，一般应以标杆企业（即选定的竞争对手）的薪酬状况为依据来确定薪酬水平策略。

1. 创业阶段薪酬水平策略选择

企业在创业阶段，员工人数少、利润少、经济效益不高，员工这时没有过高的要求，唯一的愿望是希望企业能够生存下去。所以创业阶段的企业可以采用低于标杆企业薪酬水平的薪酬水平滞后策略，尽量降低人工成本，将有限的资金用于扩大生产经营。在实施过程中，基本薪酬和间接薪酬应尽量降低，但同时为了稳定员工，可变薪酬可以采取长期激励的方式，鼓励员工和企业一起成长。

2. 高速增长阶段薪酬水平策略选择

企业在这个阶段应该选择薪酬水平领先策略，支付高于标杆企业的薪酬，以激励员工和吸引大量高素质人才。在实施过程中，基本薪酬由于其所具有的刚性，应与标杆企业薪酬水平持平。可变薪酬因灵活性较大，企业可以选择较大的浮动范围，间接薪酬是留住员工的有效手段，可以优于竞争对手。

3. 成熟平稳阶段薪酬水平策略选择

成熟平稳阶段的企业可以选择薪酬水平跟随策略，与市场竞争对手薪酬水平相当，以维持企业员工享受与标杆企业员工同等的待遇。在实施过程中，基本薪酬应与市场水平持平，而可变薪酬可以调整到适当偏低或与市场竞争对手持平状态，保持较高的间接薪酬水平，以增加员工的企业认同感和归属感。

4. 衰退阶段薪酬水平策略选择

衰退阶段的企业，产品滞销、利润下降，企业应尽可能让员工知道企业所面临的处境，争取员工的理解和认同，选择薪酬水平滞后策略。从长远、大局出发，争取员工自觉地与企业“同舟共济”，接受企业的薪酬水平调整策略，以适应企业经营战略目标的快速转移。

5. 再造阶段薪酬水平策略选择

企业的再造可以说是企业的第二次创业，与初次创业不同的是，企业再造阶段已经有了相当规模和实力，已经有了第一次创业后的各种积累。为使企业尽快重新发展，在选准战略转移方向后，企业应及时调整薪酬水平策略，提高员工薪酬水平，选择薪酬水平领先策略。在实施过程中，保持基本薪酬与间接薪酬与市场水平持平，加大可变薪酬力度，保证可以从外部吸引企业再造阶段所急需的人才，同时激发老员工的积极性和创造性，以实现企业新的战略目标，保证企业可持续发展。

四、薪酬增长分析

薪酬增长是组织薪酬管理中的重要项目。薪酬增长是员工实际收入不因物价等其他因素的变化而有所降低的重要保证。适当调薪，有利于增强企业的人才竞争力，调动员工的工作热情。

进行薪酬增长分析，需要控制增薪幅度。一是调薪增加了企业的人工成本，过大的增薪幅度必定加大企业的经营负担强度；二是调薪具有攀升惯性，因此，有必要控制增薪幅度为以后增薪留下空间。

（一）薪酬增长的相关指标计算

薪酬增长的相关指标计算公式如下所述。

1）平均每人每年的薪酬增幅总额计算公式为

$$\text{平均每人每年的薪酬增幅总额}=\frac{\text{年增薪总额}}{\text{员工人数}} \tag{9-14}$$

如果这一比率过大，说明企业薪酬增幅过高。

2）薪酬增加总额占销售额的百分数计算公式为

$$薪酬增加总额占销售额的百分数=\frac{增薪总额}{企业销售额} \tag{9-15}$$

如果这一比率过大，就要考虑控制薪酬增幅。

3）薪酬增加总额占营运成本的百分数计算公式为

$$薪酬增加总额占营运成本的百分数=\frac{增薪总额}{营运成本} \tag{9-16}$$

如果这一比率过大，说明薪酬成本过大。

4）过去几年总薪酬及平均薪酬的转变及趋势。

如果企业薪酬逐年增加的比例明显增大，则需要引起高层管理者的注意。

5）增薪率的计算公式为

$$增薪率=\frac{本年度的平均薪酬水平-上一年度的平均增薪水平}{上一年度的平均薪酬水平} \tag{9-17}$$

增薪率是指企业的全体员工的平均薪酬水平增长百分数。增薪率越大，说明组织的总体人工成本增长得越快，这必须引起注意。增薪率偏小，有两种情况：一种说明薪酬水平比较稳定，人工成本变化比较小；另一种情况表明组织发展处于停滞阶段。

（二）薪酬增幅的影响因素

1. 组织支付能力

一般认为劳动生产率高、经济效益好的企业其组织支付能力强。组织支付能力强，可以适当增加薪酬水平，但薪酬水平的增长幅度应当小于劳动生产率的增长幅度。

2. 员工的基本生活费用支出

员工的基本生活费用支出是组织必须支付的人工成本。如果组织的薪酬水平增长低于员工基本生活费用支出的增长，那么组织将雇用不到劳动力。因此，薪酬水平增长应该高于员工基本生活费支出的增长。

3. 薪酬成本的高低

薪酬成本直接影响着薪酬的增幅。薪酬成本基数高的组织增加薪酬必然导致企业的经营负担加大。

（三）薪酬增幅的控制手段

如果企业发现薪酬增幅过高从而导致企业人工成本过高，则必须对薪酬增幅和人工成本加以控制，简单地采取减薪的办法，难免打击员工的士气，导致员工的“跳槽”，影响企业的生产经营活动。因此，应该采取巧妙的措施来抑制薪酬增幅和人工成本。

1. 增加销售额

在其他条件不变的情况下，销售收入增加了，附加价值可以随之增加，人工费用比率和劳动分配率也就降低了。

2. 提高劳动生产率

产品成本的高低取决于活劳动和物化劳动消耗的多少，即劳动生产率的高低。而产品成本中薪酬成本的高低是由生产该产品的活劳动消耗量及其薪酬水平决定的。因此，对企业薪酬成本的控制主要是对单位产品薪酬成本的控制。相应的控制途径是增加有效劳动时间，提高劳动生产率，降低单位产品的劳动消耗量。

3. 薪酬冻结

当人工成本过高时，不是直接降低薪酬，而是使员工的薪酬水平保持不变，即薪酬增幅为零。实行薪酬冻结措施一般不会引起员工的反感。

4. 延缓提薪

向企业全体员工说明企业所面临的现状，向应该提薪的员工进行解释，暂时推迟一段时间，等到企业摆脱困境，经济效益好转之时再予以提薪。

5. 延长工作时间

如果在降低薪酬方面确实存在困难，不妨适当延长工作时间，增加工作量，提高工作效率。给员工“不努力即将失去工作机会”的信号，也利于控制企业的人工成本。

6. 控制其他费用支出

可以适当地压缩企业在一些福利、津贴方面的开支。具体措施有：调整差旅费的支出；限制各种公费娱乐活动；要求员工少请假、缩短假期等。适当压缩部分福利项目的开支，可以避免强行降低有形的货币收入带来的不利影响，毕竟人们对福利的享受或要求弹性稍大些。

本章小结

简单地讲，薪酬就是活劳动的报酬，薪酬关系到一个组织能否吸引、保持高素质的员工队伍。本章阐述了薪酬体系的诊断分析，探讨了薪酬满意度调查，同时还从薪酬总额、薪酬构成、薪酬水平以及薪酬增长四个方面对薪酬评估的相关内容进行了阐述。

复习思考题

一、单项选择题

1．薪酬体系的诊断过程是了解和分析组织薪酬体系方面存在问题的过程。通常，因薪酬体系设计不良引起的困扰不包括（　　）。

A．不知何时能调薪、晋升，员工看不到未来

B．为什么在遇到调薪时，有的人调薪，有的人调职等

C．是否只有升任管理职位，才能获得比较高的薪酬

D．是否有规范的薪酬计划

2．在观察员工薪酬心态的同时，设置（　　）也至关重要。

A．薪酬满意度调查　　B．薪酬体系改进方案

C．认清组织的薪酬理念　　D．以上都不对

3．人工成本是指组织投资在员工方面的各种支出的货币表现的总额。人工成本中最主要的是（　　）。

A．员工福利支付　　B．员工工资支付　　C．员工奖金支付　　D．员工股权支付

4．以下内容不是反映工资效益的定量指标是（　　）。

A．百元工资产品产量　　B．百元工资产值率

C．百元工资利润率　　D．百元工资利税率

5．薪酬总额确定的影响因素不包括（　　）。

A．企业经济效益　　B．薪酬的市场水平

C．企业薪酬哲学　　D．薪酬奖励目标

二、多项选择题

1．一个留住人才的环境，除了薪酬要反映塑造公司发展的前景外，还应包括（　　）。

A．公平公开的薪酬系统

B．公正公开的升迁体系

C．关心员工的培训并完善福利

D．精神方面的激励

E．物质方面的激励

2．一般而言，员工的薪酬主要包括（　　）。

A．基本薪酬　　B．可变薪酬　　C．间接薪酬

D．业务薪酬　　E．战略薪酬

3．有效地控制人工成本需要做到（　　）。

A．反思管理层的金钱观　　B．设立相应的薪酬反馈机制

C．对人工成本加以控制　　D．借鉴劳动力市场

E．加强绩效考核

4. 薪酬满意度调查问卷一般包括（ ）。
A. 调查目的 B. 调查对象基本情况 C. 调查项目
D. 调查评估 E. 调查培训

5. 设计新的薪酬体系包括（ ）。
A. 调查同行业起薪标准 B. 设计薪酬结构
C. 薪酬组合政策 D. 升迁、工作调动与薪酬的关系
E. 流程管理政策

三、判断题

1. 企业要想在市场竞争中获得竞争优势，就必须要为员工提供合理的薪酬。（ ）

2. 对员工个人而言，他们既希望获得一些外在报酬，如晋升、薪水、福利、津贴、奖金和股票期权等，不希望得到内在报酬，如对工作的胜任感、责任感、受重视、有影响力、共同成长和富有价值的贡献等。（ ）

3. 设计与管理薪酬体系是一项困难的人力资源管理任务，该领域的理论与实践的矛盾也比较显著。（ ）

4. 薪酬体系的实践表明，许多薪酬体系通常都能够满足那些理论研究中提出的条件。（ ）

5. 为了使员工对薪酬满意和激励员工，当今组织建立了多种多样的薪酬体系，都试图把影响员工满意度和激励效果的各种因素考虑在内。（ ）

6. 薪酬体系的诊断过程是了解和分析组织薪酬体系方面存在问题的过程。（ ）

7. 企业与员工在薪酬问题上似乎永远是一对统一体，员工们希望薪酬尽可能得高，而企业则希望处理好利润积累和薪酬分配的合理关系。（ ）

8. 薪酬满意是指一个员工获得组织回报的经济性报酬和非经济性报酬与其期望值相比较后所形成的感觉状态。（ ）

9. 在观察员工薪酬心态的同时，设置薪酬满意度调查并不重要。（ ）

10. 控制好组织的人工成本，就能促进组织效益的快速提高。（ ）

四、简答题

1. 一般而言，企业薪酬体系设计不良引发的组织困扰有哪些？
2. 对薪酬体系进行诊断可以从哪些方面入手？
3. 简述薪酬体系再造流程。
4. 什么是薪酬使用效益？反映工资效益的定量指标一般有哪些，如何计算？
5. 简述在企业全年的员工人数无法确定的情况下，薪酬总额预算控制的步骤。

研究与提高

一、讨论与操练

1. 以某个企业为对象，分析其目前的薪酬水平策略，并对应理论上所提及的企业生命周期各阶段薪酬水平策略选择，看是否符合理论上所对应的策略。

2. 如果在企业薪酬增幅受约束的情况下，员工提出加薪，作为薪酬管理人员如何处理？

3. 以某个企业为对象，研究其薪酬的各种不同构成形式在组织管理中的重要性。

二、扩展阅读书目

周斌. 2006. 现代薪酬管理. 成都：西南财经大学出版社.

赵淑芳. 2013. 薪酬管理实务手册. 北京：清华大学出版社.

李宝元，王长城. 2012. 现代组织薪酬管理学. 北京：北京师范大学出版社.

岳龙华. 2014. 薪酬设计与薪酬管理. 北京：中国电力出版社.

李志畴. 2012. 薪酬体系设计与管理实务. 南京：凤凰出版社.

曾湘泉. 2010. 薪酬管理. 北京：中国人民大学出版社.

彭剑锋. 2011. 人力资源管理概论. 上海：复旦大学出版社.

刘伟，韦慧民. 2013. 薪酬管理. 北京：北京师范大学出版社.

加里·德斯勒. 2012. 人力资源管理. 12 版. 刘昕，译. 北京：中国人民大学出版社.

三、讨论案例

S 公司的薪酬体系

S 公司是浙江某市一家集工贸为一体的民营企业，其产品是附加值较低的纺织产品。S 公司的薪酬支付水平在该市同行业中处于领先地位，甚至超过了盈利水平更高的房地产行业的薪酬水平，但其员工的薪酬满意度很低，相当一部分员工认为公司的薪酬政策有失公平，奖励的形式欠妥和力度不强。经过调研和访谈后发现，S 公司薪酬管理体系现状如下：

1）S 公司的各种薪酬标准是约定俗成的，员工无法通过该薪酬体系来获知当年的大致收入。例如，业务提成以业务员全年完成订单的销售额作为基数进行计算，业务员应得的业务提成与业务员的业绩直接挂钩，但由于现行的薪酬体系没有对业务提成方法进行清晰的表述和沟通，导致业务员根本不知道自己的业绩和领到的薪酬如何挂钩。

2）目前 S 公司的薪酬体系中员工基本工资的等级较少，基本工资的调整除了职位的晋升外别无他法。员工普遍认为：晋升无望，在本岗位上即使再努力也拿不到高工资。

3）公司内部职位与职位之间的工资差别，是依据长期以来对职位高低、职责大小等因素的主观判断而定，从而使不同职位上的任职者所得基本工资之间无法形成合理的差异。

4）S 公司现行的薪酬体系中，年终奖中包括年终考核奖和年终特别奖。年终考核奖金的发放依据基本还是总经理的主观判断。而年终特别奖更是总经理根据自己的主观判断对某些员工进行的特别奖励。

5）S 公司目前的福利体系中有养老保险，且其缴纳标准为浙江省养老保险的最低标准。

讨论题：

1. 从理论上讲，薪酬的不同构成形式应该如何把握？

2. 评价并分析本案例中 S 公司的薪酬体系。

3. 如果你是该公司的薪酬管理人员，你将怎样改进薪酬体系？

第十章　薪酬调控与沟通

学习提要

在薪酬管理的整个流程过程中，薪酬调控与沟通是其中不可或缺的组成部分。企业通过薪酬预算来明确自己在薪酬方面的具体标准和衡量指标；通过薪酬控制来确保预定薪酬标准的顺利实现；通过有效的薪酬沟通来取得员工和其他管理人员的理解与配合，从而保证设计精良的薪酬体系取得预期的效果。

学习目标

- 理解薪酬预算的重要性及其目标
- 阐述薪酬预算的外部和内部环境对于薪酬预算的影响
- 掌握并能够熟练应用薪酬预算的主要方法
- 阐明薪酬控制对于企业的成本控制的意义以及难点
- 熟悉薪酬控制的主要途径
- 明确薪酬沟通的意义及其目的
- 掌握薪酬沟通的步骤和技巧
- 探讨不同类型的组织文化对薪酬沟通方式的影响

关键词

薪酬预算　宏观接近法　微观接近法
薪酬控制　薪酬比较比率　成本分析
安全薪酬成本比率　最高薪酬成本比率　可能薪酬成本比率
薪酬沟通

导入案例

A 公司是一家全国知名的地产企业，希望通过绩效薪酬设计，达成绩效薪酬的有效沟通。之前 A 公司已经拥有自己的绩效薪酬体系，即通过公司、部门、员工三个维度，配合 360 度打分来计算员工的薪酬。当时公司的绩效体系表面看来，是非常科学、严谨的，但是当人力资源部进行员工满意度调查后发现，公司里有 80%的员工对于公司的绩效体系不满。公司的 HR 用一个月的时间讨论也未能找出员工不满的原因。于是，公司邀请专业咨询公司进行调查，通过访谈和对其绩效体系的再梳理，发现 A 公司员工对绩效体系的不满主要来源于公司员工永远不知道自己的薪酬是如何确定的，即公司员工对现行的薪酬绩效体系不理解，也不会计算。在绩效体系中 A 公司在方法论和形式上做了很多工作，却忽视了绩效薪酬的沟通职能。如 A 公司的设计师，计算其绩效薪酬的公式为

绩效薪酬＝公司业绩系数×部门业绩系数×360 度打分系数 （10-1）

应该说这种计算方法并没什么问题，但这位设计师对绩效薪酬的评价就是“不知道怎么算出来的，所以根本不关心”。他拿着公司的薪酬计算方案说，首先公司业绩他不知道；其次公司对部门的评价他也不知道；他唯一知道的就是公司对他 360 度打分的内容，但是对于打分结果他不知道。所以就算他非常清楚公司的绩效方案，他也计算不出自己的薪酬。通过访谈认为以 A 公司的绩效考核体系，应该能完成公司对于薪酬按工作内容和完成情况来分配的内容，但是却根本起不到统一员工与公司、与部门利益，奖优惩劣，调动员工积极的作用。问题的根本就是公司没有重视“沟通”的作用。

薪酬管理是一种连续不断的动态管理过程，薪酬管理工作者要随时随地就薪酬问题进行全员、全过程、全方面沟通，要自始至终顺应情势灵活运用各种薪酬策略，对薪酬管理系统不断进行全面调控，对不适应新情况的薪酬体系随时进行调整和再设计，以最大限度地发挥薪酬战略性激励作用。

第一节 薪酬调控

一、薪酬预算

（一）薪酬预算的概念

所谓“预算”(budget/estimation)，概括而言，就是特定的主体决定要实现怎样的目标以及准备以何种成本或代价来实现这一目标的过程。对于任何一种经济活动而言，通过预算来进行成本控制都是不可或缺的一个环节。

薪酬预算，实际上指的就是管理者在薪酬管理过程中进行的一系列成本开支方面的权衡和取舍。鉴于薪酬问题在经济上的敏感性及其对于企业财务状况的重要影响，薪酬预算也就理所当然地成为企业战略决策过程中的一个关键问题。它要求管理者在进行薪酬决策时，必须把企业的财务状况、所面临的市场竞争压力以及薪酬预算、薪酬控制等问题放在一起加以综合考虑。同样，在决定更新企业的薪酬结构、为员工加薪或者是实施收益分享计划的时候，薪酬预算也是企业确保薪酬成本不超出企业承受能力的一个重要措施。

（二）薪酬预算的目标

和所有的交换一样，发生在企业和员工之间、就劳动力和薪酬所进行的交换也要遵循经济学中最基本的规律：双方都想在提供最小投入的情况下从对方获得最大的产出。在企业劳动力成本的变动过程中，一定会出现一个点，使得企业的边际劳动力成本刚好等于它所获得的边际劳动力收益。薪酬预算最为重要的目标就在于找到这一个“均衡点”，保证企业所有者的收益最大化目标能够得以实现。

同时，企业一般还会希望凭借薪酬预算来有效影响员工的行为，主要包括两个方面，即保持合理的员工流动率和改善他们的绩效表现。

（三）影响薪酬预算的主要因素

1. 外部市场环境

任何一个企业与其所处的市场间都会有着不可分割的联系。从薪酬预算的角度看，了解外部市场的一种常见方式就是进行薪酬调查。通过这种薪酬调查，企业可以搜集到有关基准职位的市场薪酬水平方面的信息；把它们与组织中的现有状况进行比较，会有助于企业判定自己在劳动力市场上的准确位置，从而为企业的预算制定提供准确的依据。

2. 企业内部环境

企业制作薪酬预算的内部环境主要取决于组织既有的薪酬决策和它在招募、挽留员工方面所花的费用。另外，技术的进步也会对薪酬预算的内部环境产生较大影响。当科学技术的发展带来了企业技能水平的总体成本上升时，即使员工总数下降，平均薪酬水平也会有所上升，而这种上升无疑会给企业的薪酬预算带来种种影响。事实上，近年来随着社会整体技术水平的快速上升，员工薪酬水平的上涨已成为不争的事实。

3. 生活成本的变动

企业在进行薪酬预算时，把生活成本的变动情况结合进去考虑是一种很自然的做法，毕竟薪酬最基本的作用就在于满足员工生活开支方面的需求。当前企业普遍采取的做法是选取CPI作为参照物，以产品和服务价格的变化来反映出实际生活水平的变动情况。

4. 企业现有的薪酬状况

制作企业未来的薪酬预算必然会以现有的薪酬状况作为参考，事实上，所谓现有的薪酬状况所涉及的范围相当广泛，可以说涵盖了企业薪酬管理的方方面面，其中企业最为关注的是上年度的加薪幅度、企业的支付能力、企业现有的薪酬政策等。

（四）薪酬预算的方法

薪酬预算对于任何达到一定规模的企业来说都是一件不可掉以轻心的大事情。虽然企业在这方面采用的方法众多，但最常规的薪酬预算方法主要有两种，即宏观接近法和微观接近法。

1. 宏观接近法

所谓宏观接近法，是指首先对公司的总体业绩指标做出预测，然后确定企业所能够接受的新的薪酬总额，最后再按照一定的比例把它分配给各个部门的管理者，由管理者负责进一步分配到具体的员工。接下来简要介绍在采用宏观接近法进行预算控制时的三种基本操作方法。

（1）根据薪酬费用比率推算合理的薪酬费用总额

在企业采取的各种薪酬预算方法中，这是最简单、最基本的分析方法之一。薪酬费用比率的计算公式为

$$\text{薪酬费用比率}=\frac{\text{薪酬费用总额}}{\text{销售额}}=\frac{\text{薪酬费用总额/员工人数}}{\text{销售总额/员工人数}} \tag{10-2}$$

（2）根据盈亏平衡点推断适当的薪酬费用比率

所谓盈亏平衡点，是指在该点处企业销售产品和服务所获得收益恰好能够弥补其总成本而没有额外的盈利。边际盈利点是指销售商品和服务带来的收益不仅能够弥补全部成本支出，而且还可以付给股东适当的股息。安全盈利点则是在确保股息之外，企业还能得到足以应付未来可能发生的风险或危机的一定盈余。显然，这三个点与企业销售量的大小是密切相关的，而可能实现的销售量的多少又直接关系到薪酬费用水平的高低。相关计算公式如下

$$\text{薪酬支付的最高比率（最高薪酬成本比率）}=\frac{\text{薪酬成本总额}}{\text{盈亏平衡点}} \tag{10-3}$$

$$\text{薪酬支付的可能限度（可能薪酬成本比率）}=\frac{\text{薪酬成本总额}}{\text{边际盈利点}} \tag{10-4}$$

$$\text{薪酬支付的安全限度（安全薪酬成本比率）}=\frac{\text{薪酬成本总额}}{\text{安全盈利点}} \tag{10-5}$$

（3）根据劳动分配率推算合适的薪酬费用比率

这里所说的劳动分配率，是指在企业所获得的附加价值中，有多少被用来作为薪酬开支的费用，其计算公式为

$$\text{劳动分配率}=\frac{\text{薪酬费用总额}}{\text{附加价值}} \tag{10-6}$$

在这里，附加价值是指企业本身创造的价值，在性质上如家庭的可支配收入。

2. 微观接近法

与宏观接近法相对应，微观接近法指首先由管理者预测出单个员工在下一年度里的薪酬水平，再把这些数据汇总在一起，从而得到整个企业的薪酬预算。在企业的经营过程中，这一做法比宏观接近法更为常见。简单地说，整个过程大致包括以下这些步骤：对管理者就薪酬政策和薪酬技术进行培训，为管理者提供薪酬预算工具和咨询服务，审核并批准薪酬预算、监督预算方案的运行情况，并向管理者进行反馈。

二、薪酬控制

（一）薪酬控制与薪酬预算

企业通过薪酬预算，一般已经对自己在薪酬方面的具体标准和衡量指标有了比较清晰的认识。所谓薪酬控制，就是指为了确保这些预定标准的顺利实现而采取的种种相关措施。

毋庸置疑，这种控制对于企业而言十分必要。但究竟采取什么样的补救措施，就必须视具体情况而定。从这个意义上看，薪酬预算和薪酬控制应该被看成是一个不可分割的整体：企业的薪酬预算需要通过薪酬控制来加以实现，薪酬控制过程中对薪酬预算的修改则意味着新一轮薪酬预算的产生。在任何情况下，薪酬预算和薪酬控制都不能被简单地看作企业一年一度的例行公事，而是持续不断地贯穿于薪酬管理的整个过程的。

（二）薪酬控制的难点

对于任何一个企业而言，对日常经营活动（包括薪酬管理）进行监督和控制都不是一件很轻松的事情。因为控制行为本身就具有复杂性，主要体现在以下三个方面。

1. 控制力量的多源性

概括地说，企业里的控制力主要有以下三种：企业里现有的正式控制体系、来源于小团体或特定个人的社会控制以及员工的自我控制。为了对企业里的各项事宜（包括薪酬）进行有效监控，通常要求这两种控制力量必须被整合在一起，对员工发挥相同方向的作用，但事实上，真正实现这种和谐的可能性是小之又小的，员工在大多数时候都必须在各种冲突力量之间进行选择，这也是企业里的控制体系为什么总是处于次优状态的一个重要原因。

2. 人的因素的影响

企业的控制体系在不同的时间、处在不同的环境下、面对不同的对象会发挥出不同的作用。如果某项工作职责在最终结果出来以前要求在职者接受多年的培训、在很长的时间里与不同的职位打交道，那么对其进行监控就不会有很明显的效果。这种情况下，借助于社会控制和自我控制的力量往往能够收到更为理想的效果。

3. 结果衡量的困难性

在企业的日常运营过程中，对一些工作行为（如管理人员经营决策的正确与否）进行观察往往是很困难甚至是不大可能的。出于有效控制的目的，企业往往会针对其希望得到的结果制定出若干衡量指标。在一定程度上，这种做法是有效的，但却容易使员工把注意力集中在衡量指标而不是目标本身之上。

（三）薪酬控制的指标

一般而言，薪酬控制的指标可分为主要指标和辅助指标。

1. 主要指标

薪酬控制的主要指标计算公式为

$$人均薪酬=\frac{年度薪酬总额}{年度平均员工数} \tag{10-7}$$

$$人工费用比率=\frac{年度薪酬总额}{年度税前收入} \tag{10-8}$$

$$人工成本比率=\frac{年度薪酬总额}{年度营运成本} \tag{10-9}$$

如果薪酬成本支出合理，这三个指标应该呈现“一高两低”的特点，即人均薪酬成本高、人工费用比率和人工成本比率低，表示人力资源高投入、高产出、高效益。

2. 辅助指标

薪酬控制的辅助指标主要有以下两种。

1）福利占薪酬的比例计算公式为

$$福利占薪酬的比例=\frac{年度福利项目开支}{年度薪酬总额} \tag{10-10}$$

2）往年移动平均薪酬，对过去相邻的每三年薪酬水平求出算术平均数，对这些平均数进行比较，绘出薪酬平均移动趋势图，以反映近年的薪酬水平的变化趋势。

（四）薪酬控制的方法

在企业的经营过程当中，薪酬控制在很大程度上指的是对于劳动力成本的控制，大多数企业里也都存在着正式的薪酬控制体系。一般情况下，企业的劳动力成本的计算公式为

$$劳动力成本=雇用量\times（平均薪酬水平+平均福利成本） \tag{10-11}$$

因此，可以认为劳动力成本主要取决于企业的雇用量以及在员工基本薪酬、可变薪酬和福利与服务这三个方面的支出，这三种支出自然也就成了薪酬控制的主要着眼点；同时，企业所采用的薪酬技术，在一定意义上也能够对薪酬控制发挥作用。这样说来，我们主要可以从以下几个方面来关注企业里的薪酬控制。

1. 通过雇用量进行薪酬控制

众所周知，雇用量取决于企业里的员工人数和其相应的工作时数；而通过控制这两个要素来管理劳动力成本可能也是最为简单和最为直接的一种做法。很显然，在支付的薪酬水平一定的情况下，企业里的员工越少，企业的经济压力也就相应越小；然而，如果薪酬水平能够保持不变，但是每位员工的工作时间却可以延长，那么企业就会更为有利可图了。对于企业而言，就需要在调整员工人数和调整工作时数量两种做法之间选择，选择的依据则是哪一种调整方式的成本有效性更高。事实上，在实践中，当一个国家的劳动法管辖效力不高的时候，许多企业都会通过变相增加员工的工作时数的做法来达到降低自己的劳动力成本的目的。

2. 通过薪酬水平和薪酬结构进行薪酬控制

对薪酬的控制，主要还是要通过对薪酬水平和薪酬结构的调整来实现。此处的薪酬水平主要是指企业总体上的平均薪酬水平，而薪酬结构则主要涉及基本薪酬、可变薪酬和福利支出这样一些薪酬的构成以及各个具体组成部分所占的比重大小。各种薪酬组成的水平高低不同和所占的份额大小不同，对于企业薪酬成本的影响也不同。此外，可以对薪酬预算产生影响的因素还有很多。例如，带薪非工作时间，这种额外休假时间的成本取决于劳动力本身的性质；当不享受加班工资的员工暂时离开职位的时候，一般不需要其他员工来代替，因此，没有什么额外损失；而当享受加班工资的员工休假时，必须把承担其工作任务的人工成本计算在内。

3. 通过薪酬技术进行潜在的薪酬控制

在前面的章节里已经对薪酬技术进行过比较详细的阐述，如工作分析和工作评价、薪酬政策线、薪酬宽带等。除去一些比较直观的目的之外，它们对于薪酬的预算控制也能起到一定的作用。例如，最高薪酬水平和最低薪酬水平规定了特定职位能够提供的产出在组织里的最高价值和最低价值，一旦由于特殊情况而导致员工所得普遍高于或低于这两个限额时，就有必要对企业薪酬等级和职位说明书进行调整。而通过薪酬比较比率，管理者就可以了解特定薪酬等级的薪酬水平中值，以及该等级内部职位或员工薪酬的大致分布状况。

三、薪酬调整

薪酬应当进行及时的调整，僵化不变的薪酬制度会使其激励功能大大蜕化。当前，薪酬的调整主要有下列几种类型。

（一）奖励性调整

奖励性调整是为了奖励员工做出的优良工作绩效，鼓励员工保持优点、再接再厉，这就是论功行赏，所以又称功劳性调整。

（二）生活指数调整

生活指数调整是为了补偿员工因通货膨胀而导致的实际收入无形减少的损失，使生活水平不致渐趋恶化，显示出企业对员工的关怀。生活指数调整常用的方式有两类，一类是等比式调整，即所有职工都在原有薪酬基础上调升同一百分比。这样，薪酬偏高的调升绝对值幅度较大，似乎进一步扩大了级差，薪酬偏低的多数员工会产生“不公平”的怨言。但等比调整却保持了薪酬结构内在的相对级差，使代表企业政策的特征线的斜率虽有变化，却是按同一规律变化的。另一类则是等额式调整，即全体员工不论原有薪酬高低，一律给予等幅的调升，是按平均律运作的。这似乎一视同仁，无可厚非，但却引来级差比的缩小，致使特征线上每一点的斜率按不同规律变化，造成了混乱，动摇了原薪酬结构设计的依据。

（三）效益调整

效益调整一般是当企业效益甚佳、盈利颇多时，对全员薪酬进行普遍调高，可能是浮动式、非永久性的，效益欠佳时可能调回，涉及全体员工。

（四）工龄调整

工龄的增加意味着工作经验的积累与丰富，代表着能力或绩效潜能的提高。从这一角度看，工龄工资具有一定按绩效与贡献分配的性质。因此，现有的工龄工资实行人人等额逐年递增的做法未尽合理。

正因为工龄中仍含有绩效成分，所以近年来有人主张把工龄与考绩结果结合起来，作为提薪时考虑的依据，并开发出“成熟曲线图”或“员工生涯发展曲线”，利用工龄来控制员工的工资调整日益普遍，尤其是对绩效较难作精确测评的职务，如工程技术人员等，更是十分重要。应用此法时，人力资源部门的劳动工资专家需要为每一职务分别绘制出一条成熟曲线，此曲线有一条“控制线”对应于该职务的工资变化幅度的中点，而成熟曲线代表考绩结果与现有工资相对于控制线的关系（是控制线水准的百分之几）两变量的函数，占据该职务的员工的调薪量是成熟曲线上对应点以下的高度。此图的横轴是工龄（通常以年为单位），纵轴则是工资提升幅度的绝对值（如××元/月）。

此外，也可用表格做定期调薪工具，如表 10-1 所示。这是一张某一特定职务的“工资定期调整指导表”。可以看出，此岗位上绩效优异的员工，其现有工资是该职务工资范围中点（平均值）的 90%～100%，在工作 9～15 个月时，定期调薪幅度可达 6%～9%；一位现有工资是该职务工资范围中点的 80%～90%的员工而且绩效考评为“良好”的，经 9～18 个月，也可调高 6%～9%。可见这种调薪是工龄与绩效奖励兼顾的。

表 10-1 某特定的典型定期调薪指导表（%）

现有工资	在职务工资范围中的位置（占平均值的百分比）									
	80%以下		80%~90%		90%~100%		100%~115%		115%~125%	
绩效	周期/个月	调幅/%	周期/个月	调幅/%	周期/个月	调幅/%	周期/个月	调幅/%	周期/个月	调幅/%
优异	6~12	10~12	9~12	8~11	9~15	6~9	12~21	4~7	12~24	5
良好	6~15	8~10	9~18	6~9	12~21	4~7	12~24	5	*	*
及格	15~20	6~8	18~24	4~7	24~36	5	*	*	*	*

注：＊为不调整或微调。

第二节 薪酬沟通

一、薪酬沟通概述

许多资料显示，特定员工之所以接受或保留某一工作职位，薪酬往往是最重要的原因。对于企业的经营绩效而言，薪酬既可以起到正面的推动作用，也可能成为瓶颈制约因素，关键在于企业采取了怎样的沟通措施，而员工又对薪酬持有什么样的态度。所以，在企业制定和执行薪酬方案的时候，进行有效的沟通无疑是其中相当关键的一环。

然而，令人遗憾的是，当前仍有许多企业没能给予薪酬沟通以足够的重视，很多员工对自己企业的薪酬政策和薪酬制度知之甚少。通常，许多企业之所以会拒绝或忽视薪酬沟通，不外乎以下几种原因：

1）一些薪酬体系和福利制度相对成熟的企业仍然选择薪酬保密制度，主要是为了与自己的企业文化相匹配，管理者决定薪酬，员工无须知道太多。

2）一些薪酬体系和福利制度还不成熟的企业拒绝薪酬沟通，他们认为，沟通只会给员工带来更大的困惑，影响他们的工作积极性，造成管理上的纠纷，增加管理难度。

3）还有一些企业认为，对薪酬体系的沟通越多，问题和麻烦也就越多，需要管理者做更多的解释和说服工作，这是对时间和资源的浪费。

然而，随着人才竞争的日趋激烈，越来越多的企业开始转变思维方式。企业发现，薪酬体系的精心设计和良好沟通已经成为有效激励员工、提高组织盈利率的关键要素。所以，很多传统企业已经抛弃了向员工封闭薪酬信息的传统做法，开始在薪酬沟通方面投入更多的时间和精力。

知识拓展

最常问到的薪酬沟通与实施的问题有以下几点：

1）公司为何这样做？为什么现在必须改变工资？

2）对我来说工资变化意味着什么？我的工资将怎样变化？对我有什么好处？

3）我们听到许多总薪酬和总薪酬战略的说法，它们指的是什么？我们能看到这个战略吗？

4）现行工资中有将要被减少的部分吗？什么时间减少，怎样减少，减少多少？

5）工资设计有谁参与？他们是怎样选出来的？

6）新的工资计划怎样实行？

7）在新的工资计划下我怎样做才能成功？

8）在新的工资计划下我所在的部门的经理是什么角色？

9）哪里能进一步回答我的问题？

10）比起你们所讨论的目标，有没有制订什么计划来让我们得知组织的运行情况？

二、薪酬沟通的方法和过程

（一）薪酬沟通的方法

组织在薪酬沟通的过程中，可选择的方式有许多种，即使在同一沟通过程中，也可以组合多种方法或者不断变换方式方法。

1. 薪酬会议

沟通的本质是组织成员间交流思想、情感或交换信息。薪酬沟通是一种人际互动的过程，大型或小型的薪酬会议给员工和管理者提供了难得的面对面的交流和互动的机会。有些企业采用定期的领导见面会和不定期的群众座谈会的形式，让那些对薪酬有疑问的员工有机会直接与主管领导沟通，也使得管理者有机会获得关于员工真实思想和情感的第一手资料，而不必担心信息失真。在薪酬沟通会议中，幻灯片、活动挂图都是经常被采用的工具，因为它们在记录与会者的讨论信息、突出重点和直观地进行展示方面是尤其有效的，并且对于组织而言，其低廉成本也是尤为可贵之处。

2. 单独面谈

一方面，一对一的单独面谈更是有助于薪酬管理者发现诸多问题，包括薪酬沟通过程中可能会存在的缺陷。相对来说，人际沟通的规模越小，越有利于双方就共同关注的问题进行深入交流。但另一方面，在企业本身规模较大的情况下，单独面谈也意味着更多的财务支出和时间投入，同时，它对管理者的沟通技巧也提出了比较高的要求。

3. 内部刊物与宣传告示栏

对于许多规模较庞大的组织而言，各成员间很难坐到一起召开会议，也难以通过个别交谈法进行薪酬沟通，那么内部刊物就是一种较好的替代方式。一般情况下，薪酬手册、书信、备忘录、企业内部刊物、薪酬方案摘要和薪酬指南等都属于薪酬沟通时会使用到的印刷媒介。它们尤其适用于在有限时间内需要将特定的信息向大量员工进行传播的情况。宣传告示栏则是另外一种类型的薪酬沟通方式，许多组织在其公众场合都有海报栏、信息栏。这是一种非常有效的组织沟通方式，具有成本低、沟通面广、沟通较为准确和迅速的优点。随着技术的飞速发展，公共宣传告示栏已向无形化转变，如 BBS 公告牌等电脑网络等。而且内部刊物也在向这种无形化的方面转变，类似方式有组织内的有线电视，组织内的网络通告等。

4. 意见箱与投诉站

当组织中的沟通出现障碍时，下层员工的各种设想、意见很难反映到上层。即使组织沟通系统正常，也会因为沟通“过滤”、“扭曲”等原因而使员工的思想传递受阻，所以一般组织中都设有意见箱，以便高层领导能够直接收到下层传来的信息。当下级的正当薪酬权益得不到有效的保护，而通过沟通来解决失败后，往往可以通过企业内部的投诉站来加以协调。

除了这里所列示的几种薪酬沟通方式之外，组织的沟通方式还有许多种，如讲座、电话问答系统、交互式个人电脑程序、E-mail 系统、联谊会、聚餐等各种正式或非正式的薪酬沟通方式，这里不再一一详谈。

（二）薪酬沟通的过程

在企业中就薪酬体系进行沟通一般会采取以下六个步骤。

1. 确定沟通目标

“凡事预则立，不立则废”。确定沟通目标是一个看上去很明显的步骤，意味着企业需要确定就什么进行沟通以及通过沟通要达到怎样的目的。

具体而言，企业薪酬沟通的目标主要有以下三个方面：①确保员工完全理解有关新的薪酬体系的方方面面；②改变员工对于自身薪酬决定方式的既有看法；③鼓励员工在新的薪酬体系之下做出最大的努力。在企业的经营现实中，经过各种变动，上述三个方面的目标可以适用于大多数薪酬沟通方案。当然，在这样三个总目标之下，企业还可以根据自己的具体情况，结合自己想要达到的目的，再分别设计出更为具体的沟通目标。

2. 搜集相关信息

在沟通目标确定下来之后，下一个步骤是要从决策层、管理者以及普通员工中搜集他们对于薪酬体系的有关看法：既包括对现有体系的评价，也包括对未来变革的设想和期望。只有把这些信息和薪酬沟通目标结合在一起，才可以确保企业和员工们的需要都得到关注和满足。另外，询问员工对于薪酬体系的观点、看法以及相关态度，这本身已经表明了企业对员工所想所思的重视．同时，员工们也能由此获得参与感，并增强对企业的承诺，这些对于企业的经营成功都十分重要。从信息搜集的方式看，企业可以采取若干种不同的方式来进行信息的搜集工作，主要包括问卷调查法、目标群体调查法、个体访谈法等，还可以利用企业中的非正式组织搜集信息，根据员工们对薪酬方案提出的疑问来发现问题以及通过绩效面谈了解员工和管理者们的看法。在不同的情境之下，不同的信息搜集方式会发挥不同的作用，满足组织不同的目的。

3. 制定沟通策略

在搜集到有关员工对薪酬方案的态度和心理感受的信息之后，可以着手在既定的目标框架之下制定薪酬沟通的策略，虽然已有的研究对于组织应该和员工就什么进行沟通、怎样进行沟通并不曾有过明确的限制，但还是能够对企业中的沟通策略进行大致的分类。具体说，有些企业采取的是“市场策略”：与向客户推销商品很相似，目标员工和管理者也充当客户的角色；而组织的沟通目标在于有效控制客户对于薪酬方案的预期和态度，提高客户满意度，因此，这方面的相应措施可以包括，就客户对薪酬体系的反映进行调查；准确告知客户现有薪酬制度的优势和不足；以及对组织最新的薪酬举措进行宣传。与之相对应，也有些企业立足于“技术策略”：这种策略不太重视薪酬政策本身的质量或优缺点，而是着眼于向员工提供尽可能多的技术细节。这些细节可能会包括：组织里的具体薪酬等级、特定薪酬等级的上限与下限、加薪的相关政策等。通过这种做法，可以加深目标员工和管理者对于薪酬体系本身的认识和理解，更好地实现沟通的目的。

4. 选择沟通媒介

当企业开始着手确定沟通媒介的时候，一般都会面临多种备选方案，它们在技术复杂程度上有所差异，沟通效果也有着显著的不同。具体而言，这些媒介可以分为四大类：视听媒介，包括幻灯片、活动挂图、电影、录像带和电子远程会议；印刷媒介，包括薪酬手册、书信、备忘录、企业内部刊物、薪酬方案摘要和薪酬指南等；人际媒介以及电子媒介，包括信息中心、电话问答系统、交互式个人电脑程序、E-mail 系统等。在企业的日常经营中，当需要确定沟通媒介的时候，很重要的一点是要综合考虑特定媒介的沟通效果和相应的研发成本。

概括而言，最有效的薪酬沟通手段应该能够给沟通双方提供大量面对面的互动机会，同时可以传达充分个人化的信息，切实满足单个员工或是团队的个别需要。只有这样，才能使得组织内部的薪酬沟通得以最大化的发挥功效。

5. 举行沟通会议

在任何薪酬沟通方案中，最重要的步骤可能是正式沟通会议的筹办和举行。这种会议一般处于薪酬沟通流程的末期，目的在于就整个薪酬方案进行解释和推销工作。在一次典型的薪酬沟通会议上，企业一般会就薪酬方案的各个方面进行解释。这些方面包括：工作评价、市场数据调查和分析、薪酬等级的确定、奖金方案的制定、绩效评价体系以及薪酬管理方面的问题。当然，取决于企业的策略不同，不同企业提供信息的详细程度也存在很大差异。同时，员工们大多还会得到自己的职位说明书和一份详细的薪酬等级分布表，以及有关组织的团队奖金方案、绩效评价系统和薪酬管理体系等的书面说明。

6. 评价沟通结果

虽然把评价沟通结果作为薪酬沟通的最后一个步骤，但一般认为管理者和员工之间的反馈和沟通应该贯穿沟通流程的始终。一般而言，评价的最佳时期是举行正式会议之后的4～6 个月。与前面提到的信息搜集方法相似，一般可以采用问卷调查法、目标群体法或面谈法。企业进行评价的维度可以包括：薪酬沟通的目标是否现实；搜集到的有关员工态度和心理感受的信息的效度如何，是否足以说明问题，选择的沟通媒介是否有效；举行的薪酬会议是不是很切题；以及员工们是否已经消化了他们接收到的信息。依赖这些信息，组织得以对薪酬的整体战略和具体举措加以改进，提高整体上的效用水平。

三、薪酬沟通的汇总

（一）薪酬沟通与企业文化

前面已经提到，企业中薪酬沟通状况的好坏会受到多种因素直接或间接的影响；企业文化就是其中的一种重要因素。与薪酬水平和薪酬结构类似，薪酬沟通在很大程度上也取决于组织里的主流文化类型。

1. 职能型文化中的薪酬沟通

在传统职能型文化的背景下，薪酬沟通往往只是意味着一年一度例行公事式地告知员工本年度的加薪额度，而不再有什么其他内容。这种薪酬沟通通常都是正式的、方向单一的。企业的高层管理者全权决定沟通的有关事宜，很少会有基层员工向高层管理人员的反馈。因此，在这种文化背景之下，管理者们不需要花费很多时间对薪酬方案进行解释，也不用担心会有批评性的意见反馈上来。

2. 流程型文化下的薪酬沟通

与职能型文化不同，流程型文化下的薪酬沟通往往没有那么正式，覆盖的范围也相对广泛一些。在沟通方向方面，由于流程型组织强调的是跨职能团队，因此沟通往往发生在团队内部和团队之间。同时，这种沟通也更具有持续性和互动性，通常会强调质量和持续不断地改进。

3. 时间型文化下的薪酬沟通

在时间型组织里，由于项目工作小组是最典型的工作单位，因此，内部沟通频率往往较低，沟通的内容也很少直接涉及薪酬。但组织也要确保员工能够与一定范围内的同事和管理者进行沟通，以保证他们在需要的时候能得到准确和充分的信息。

4. 网络型文化下的薪酬沟通

在网络型组织里，很少有固定的沟通模式。组织成员往往采用他们认为合适的方式进行沟通，只在自己需要的时候收发信息，并借助于这些信息来制定决策、取得自身的优良业绩和组织的经营成功。具体到薪酬沟通方面，员工之间的沟通通常都是非正式的和不定期的，同时还会牵扯到其他与薪酬有关的问题；员工们可能对组织确定薪酬水平和薪酬结构的细节并不感兴趣，他们只需要知道如何才能使得自己的收入最大化。

（二）薪酬沟通需要注意的问题

一般来说，成功的薪酬沟通应该能够与企业的整体经营战略和沟通策略相一致，能够清除员工对新生事物的顾虑和畏惧，并说服员工们接受它。因此，在对当前环境下的薪酬沟通需要注意以下几个方面的问题：

1）在现代企业里，随着企业经营环境的风险不断增大，薪酬方案的调整频率已变得越来越高，为了顺应这种趋势，薪酬沟通就必须成为企业的一种良好习惯，很自然地贯穿于薪酬方案开发和执行过程的始终，涵盖到组织的方方面面，并置于与报酬体系本身同等重要的位置上。事实上，企业在刚刚开始设计和开发薪酬方案时，就应该考虑如何就该方案与员工进行沟通的问题。

2）薪酬沟通不可能存在于真空之中。它不是静止不动的，必须时刻保持自身的动态性和灵活性。它还必须被上升到战略高度，结合组织的大环境加以考虑。有效的薪酬沟通能够很好地强化组织的战略和变革本身，并成为联系它们的纽带。

3）最为根本的一点，薪酬沟通必须是公开、诚实和直截了当的。在条件允许的情况下，员工们应该能够及时、准确、方便、高效地获得组织在薪酬方面的各种信息，包括企业的薪酬结构是怎样的、员工们的薪酬是如何决定的、在什么情况下他们能够得到加薪等。

在薪酬管理的整个流程过程中，薪酬沟通是其中不可或缺的组成部分，贯穿于薪酬方案由制定到实施、控制、调整的全过程。事实上，作为一种人际间的互动方式，薪酬沟通比其他很多的管理举措都更为复杂，对管理者在技巧和素质方面提出的要求也相对较高。但是，若想把企业经营好，赢得和保持市场上的竞争优势，薪酬沟通绝对是一个不可忽略的关键环节。有人甚至说，在今天的企业里，沟通已经成为每一位企业成员——无论是普通员工还是管理者的第一责任。

本章小结

对于企业的经营绩效而言，薪酬既可以起到正面的推动作用，也可能成为瓶颈制约因素，关键在于企业采取了怎样的薪酬调控和沟通措施，以及员工又对薪酬持有什么样的态度。本章重点阐述了薪酬预算的基本概念和主要方法，阐明了薪酬控制的意义、难点及主要途径。同时还对薪酬沟通的意义、方法、步骤作了具体说明，并探讨了不同类型的组织文化对薪酬沟通方式的影响等内容。

复习思考题

一、单项选择题

1. 薪酬费用比率的计算公式是（　　）。

A. 薪酬费用总额/销售额　　B. 薪酬费用总额/员工总人数

C. 销售额/员工总人数　　D. 薪酬总额/员工总人数

2. 所谓边际盈利点是指（　　）。

A. 在该点处企业销售产品和服务所获得收益恰好能够弥补其总成本（含固定成本和可变成本）而没有额外的盈利

B. 在确保股息之外，企业还能得到足以应付未来可能发生风险或危机的一定盈余

C. 销售商品和服务带来的收益不仅能够弥补全部成本支出，而且还可以付给股东适当的股息

D. 以上都不对

3. 对（　　）进行监控时，效果不是很明显。

A. 各项工作职责的设计和履行之间彼此独立的员工

B. 对于控制力本身有着较强需求的新员工

C. 在很长的时间里与不同的职位打交道的员工

D. 工作周期本身比较短的员工

4. 在所有可行的信息搜集方法中，（　　）是最为有效的方法之一。

A. 个人访谈法　　B. 问卷调查法

C. 目标群体调查法　　D. 非正式组织搜集信息

5. 流程型文化下的薪酬沟通特点是（　　）。

A. 薪酬沟通通常都是正式的

B. 沟通往往发生在团队内部和团队之间

C. 方向单一

D. 内部沟通频率往往较低，沟通的内容也很少直接涉及薪酬

二、多项选择题

1. 薪酬预算和薪酬控制关系是（　　）。

A. 是一个不可分割的整体

B. 企业的薪酬预算需要通过薪酬控制来加以实现

C. 薪酬控制过程中对薪酬预算的修改则意味着一轮新的薪酬预算的产生

D．薪酬预算和薪酬控制都不能被简单看做企业一年一度的例行公事，而是持续不断地贯穿于薪酬管理的整个过程的

E．两者是相对独立的

2．薪酬控制的难点在于（　　）。

A．员工们讨厌被控制的感觉

B．每个人不可避免地因为受控而承受来自企业和其他员工的压力，同时也在向他人施加压力

C．在企业的日常运营过程中，对一些工作行为进行观察往往是很困难甚至是不大可能的

D．企业的控制体系在不同的时候、处在不同的环境下、面对不同的对象会发挥出不同的作用

E．在一定程度上，每个人都有控制他人的欲望；当他们作为企业中的员工时也是如此

3．企业的劳动力成本主要取决于（　　）。

A．雇用总人数　　B．员工基本薪酬

C．可变薪酬　　D．员工工作时数

E．福利与服务

4．关于薪酬沟通的说法，正确的是（　　）。

A．薪酬沟通不可能存在于真空之中，它不能是静止不动的，必须时刻保持自身的动态性

B．有效的薪酬沟通能够很好地强化组织的战略和变革本身，并成为联系它们的纽带

C．薪酬沟通必须是公开、诚实和直截了当的

D．薪酬沟通的对象主要是企业核心员工

E．在薪酬管理的整个流程过程中，薪酬沟通是其中不可或缺的组成部分，贯穿于薪酬方案由制定到实施、控制、调整的全过程

5．电子媒介包括（　　）。

A．信息中心　　B．电话问答系统

C．交互式个人电脑程序　　D．E-mail 系统

E．录像带

三、判断题

1．薪酬预算的规模大小可以很清晰地反映出企业的人力资源战略重心。（　　）

2．薪酬预算的目标就是节约企业成本。（　　）

3．外部环境和内部环境的变化都会对企业薪酬预算产生影响。（　　）

4．宏观接近法是指先由管理者预测出单个员工在下一年度里的薪酬水平，再把这些数据汇总在一起，从而得到整个企业的薪酬预算。（　　）

5．通过薪酬成本总额和盈亏平衡点，可以得到最高薪酬成本比率。（　）

6．薪酬控制在很大程度上指的是对于劳动力成本的控制。（　）

7．在提高薪酬水平给企业的薪酬控制带来的影响力方面，基本薪酬和可变薪酬是完全相同的。（　）

8．当薪酬比较比率大于 1 时，说明企业给员工支付的薪酬水平是偏高的。（　）

9．企业只需在刚开始设计和开发薪酬方案时与员工进行薪酬沟通。（　）

10. 在网络式文化为主的企业里，薪酬沟通方式应以正式沟通为主，并应采取多向沟通。（　）

四、简答题

1．什么是薪酬预算？薪酬预算对组织有哪些作用？

2．薪酬预算的主要方法有哪些？

3．薪酬预算主要受哪些因素的影响？

4．薪酬控制的难点在哪里？如何克服？

5．采取哪些方法来进行薪酬控制？

6．为什么说薪酬沟通是企业薪酬管理中不可或缺的组成部分？其目的是什么？

7．薪酬沟通的基本步骤有哪些？

8．薪酬沟通应该如何与企业文化相匹配？

研究与提高

一、讨论与操练

1．选取一个企业或其他组织为对象，用宏观接近法对其进行薪酬预算。

2．你认为薪酬预算和控制应该如何结合起来？

3．你认为薪酬是应该“保密”还是“公开”？

4．分析对于不同性格的人员所应采取的不同的薪酬沟通方式。

5．你认为小企业的薪酬预算是否必要，并请说明理由。

6．如果你是人力资源部经理，你会选取怎样的下属来负责薪酬沟通的工作？

二、扩展阅读书目

周斌．2006．现代薪酬管理．成都：西南财经大学出版社．

赵淑芳．2013．薪酬管理实务手册．北京：清华大学出版社．

李宝元，王长城．2012．现代组织薪酬管理学．北京：北京师范大学出版社．

岳龙华．2014．薪酬设计与薪酬管理．北京：中国电力出版社．

李志畴．2012．薪酬体系设计与管理实务．南京：凤凰出版社．

曾湘泉．2010．薪酬管理．北京：中国人民大学出版社．

彭剑锋．2011．人力资源管理概论．上海：复旦大学出版社．
刘伟，韦慧民．2013．薪酬管理．北京：北京师范大学出版社．
加里•德斯勒．2012．人力资源管理．12 版．刘昕，译．北京：中国人民大学出版社．

三、讨论案例

案例一　S 公司的薪酬变革

S 公司是一家具有 10 多年历史的企业，所处的 IC 行业一度是暴利行业，因此 S 公司管理粗放，业务流程、部门职责都不是很清晰。近年来，行业竞争日趋激烈，S 公司营业利润由 60%骤然降到了 25%以下，这时粗放经营的高成本问题凸显出来。2015 年 S 公司营业收入不足 7000 万元，管理费用和销售费用两项加起来却高达 1500 多万元。公司老总决定压缩成本；第二年的第一个工作日，老总召集全体公司员工开会，宣布从 3 月 1 日起开始执行两项新举措:

1）公司按销售额 6%的比率为设在全国各地的办事处提供销售费用，费用低于销售额 6%的，节约部分归办事处所有，超出部分由办事处自己承担。

2）将行政、后勤、生产人员的工资三七开，70%为固定工资、30%为浮动工资，根据公司总体效益情况发放。

决定一经宣布，立即在公司上下引起震动。业务员普遍抱怨不公平，各地办事处甚至传言将联合起来抵制这一举措。行政、后勤、生产人员感到委屈，一些高素质员工先后跳槽，公司元气大伤。

讨论题：

1．案例中的薪酬变革为什么会失败？主要问题出在哪里？
2．作为 S 公司的人力资源部经理，你认为该怎么做？
3．如果你是 S 公司的老总，会进行改革吗？如何改革？
4．假如你是 S 公司的员工代表，由你来跟老板进行面对面的沟通，你会怎么做？

案例二　IBM 的双向沟通

在 IBM 公司，如果员工自我感觉非常良好，但次年年初却没有在工资卡上看到自己应该得到的奖励，IBM 公司会有不止一条途径为员工提供机会提出个人看法，包括直接到人力资源部去查自己的奖励情况。IBM 文化中特别强调双向沟通（two way communication），IBM 公司至少有四条制度化的通道给员工提供申述机会。

第一条通道是与高层管理人员面谈（executive interview）。这个高层经理的职位通常会比员工直属经理的职位高。员工可以选择任何个人感兴趣的事情来讨论，所面谈的问题将分类集中处理，不暴露面谈者身份。

第二条通道是员工意见调查（employee opinion survey）。这条路径不是直接面对员工的收入问题，而且这条通道会定期开通。IBM 公司通过对员工进行征询，可以了解员工对公司管理阶层、福利待遇、工资待遇等方面有价值的意见，使之协助公司营造一个更完美的工作环境。

第三条通道是所谓的“直言不讳”（speak up）。在IBM公司，一个普通员工的意见完全有可能会送到总裁的信箱里。没有经过员工同意，“speak up”的员工的身份只有一个人即负责整个“speak up”的协调员知道，因此员工不必担心畅所欲言后会带来的风险。

第四条通道是申诉（open-door），最初意义上的“open-door”是指管理人员办公室大门随时向员工敞开，而IBM总裁郭士纳经常反向执行，直接跑到下属的办公室问某件事进展如何。

（资料来源：王凌峰．2005．薪酬设计与管理策略．北京：中国时代经济出版社．）

讨论题：

1．IBM公司的双向沟通优点有哪些？

2．你认为IBM公司的双向沟通是否还需改进？如何改进？

3．以上哪几条通道比较适合中小企业来进行薪酬沟通？

4．一般而言，薪酬沟通的整个流程是怎样的？

第十一章　跨国公司的薪酬制度与管理

学习提要

随着全球经济一体化的迅速发展，资源稀缺程度的加剧，组织已经不能局限于在某一国家或某一地区以谋求自身发展所需要的资源与市场，为了整合多方资源，开辟国际市场，跨国公司应运而生，成为国际经济活动中最活跃的主体之一。与此同时，由于跨国公司劳动力队伍的多样化程度远远大于一般的公司企业，跨国公司的人力资源管理成为诸多学者关注的热点。

学习目标

- 影响跨国公司薪酬制度构成的因素
- 跨国公司的薪酬构成
- 跨国公司的薪酬计算方法

关键词

出国服务奖励　　生活费津贴　　现行费率法
资金平衡法　　税收平衡　　税收保护
生活费用指数

导入案例

星巴克于1971年诞生于美国的西雅图，当时只卖咖啡豆。直到1983年市场部经理霍华德·舒尔茨（Howard Schultz）受到米兰咖啡馆气氛所感染，产生使星巴克也出售咖啡饮品的想法。1987年，由于经营不善，霍华德·舒尔茨从创始人手中买下了星巴克，正式开始现在的咖啡店运营模式。从此，星巴克逐渐从西雅图宁静的咖啡豆零售小店转变成国际连锁店。星巴克将自己定位为独立于家庭和办公室之外的“第三空间”，其目标对象是注重享受、休闲、崇尚小资情调的城市白领。星巴克有着全球开设四万家门店的长期计划，而作为这一计划强有力支撑的是其与时俱进的薪酬体系。

为了加强及推动公司的文化，星巴克实施了一系列的报酬激励计划。对于全职和兼职员工，公司都提供卫生、牙科保险以及员工扶助方案和伤残保险。星巴克在1991年设立了股票投资方案，允许以折扣价购买股票，方案是每年提供工资的14%作为期权。但是，加强文化和价值观的培养不只是星巴克薪酬体系的全部内涵。全面薪酬体系，尽管是推动业务的强有力的杠杆，却不能与其他正在实施的关键性人力资源杠杆分割开来。这些其他的杠杆包括广泛的员工培训、公开沟通的环境以及使命评价的方案。

星巴克关注的是公司已走过发展的许多阶段，人力资源和全面薪酬体系也随之发展。例如，在20世纪80年代后期，公司还是只有一个重点产品的区域公司。公司的人力资源部主要由行政管理人员组成：一群聪明、有主意、以事业为中心的人，但他们同时常常陷于日常事务的处理，大部分的工作通过外部咨询师来完成。在20世纪90年代早期，星巴克已经发展成真正的美国全国性公司，拥有多条产品线。人力资源经理发展成为项目经理，从行政职能转变为人力资源管理职能，为业务提供产品和工具，无法为公司提供核心竞争力的产品和工具开始采用外购的方式。到了20世纪90年代后期，星巴克公司开始在业务范围和业务重点上更加国际化。人力资源管理也已把自己确定为业务领导的职能：以技术型发展的企业整合所有的业务单位，人力资源提供业务咨询和战略管理。公司发展了无数的零售商合作伙伴，提高了整体薪酬水平。

这种使得人力资源和全面薪酬体系一体化的结果提升了公司的文化和价值观，为此，星巴克公司被《财富》杂志评为100家“最值得工作”的公司之一，员工流失率和员工满意度等指标明显优于其他大多数公司。公司的高级主管、经理、人力资源部人员以及普通员工都强烈地感受到人力资源和全面薪酬体系一体化方案对公司及其员工的发展作用很大。

随着星巴克公司继续在国际国内市场上增设新店，员工数量持续高速增加，人力资源和薪酬体系面临挑战。在公司日益分散化、多元化、巨型化的时候，如何继续提升公司的文化和价值体系并保持活力？随着公司规模扩大，如何能保持小公司的灵敏性？过去成功实施的方案，该如何保持活力？

从上面的例子可以看出当代国际化的薪酬管理与传统的、一国范围内的薪酬管理有着明显的区别，虽然没有超出跨国组织的边界，但却跨越了地区、国家和文化的边界，因而日益成为企业薪酬管理的热点。

第一节 跨国公司的薪酬构成

一、影响跨国公司薪酬制度构成的因素

跨国公司薪酬制度的构成受制于多方面因素，可以分为内部因素与外部因素。

（一）影响跨国公司薪酬制度构成的内部因素

1. 企业特征

企业特征对跨国公司薪酬战略的主要影响如下。

（1）企业发展阶段

国际市场初创期，多数跨国公司都派遣海外人员作为开拓新市场的一种专业人才投入。当国际市场日益成熟、国际业务相对稳定时，企业则更多为雇员提供职业生涯发展机会。

（2）企业的性质

不同国家的企业性质、不同企业的所有制性质都会形成不同企业员工关系的差异，同时也决定了企业在薪酬决策、分配以及股票期权等方面的特征和战略选择。

2. 工作任职和管理特征

（1）外派原因

外派原因与薪酬管理的关系取决于谁是员工外派行为的主要受益方。若外派任职是员工职业生涯发展的必经之路，外派经历是作为员工在公司晋升的必要条件，企业可能很少提供或不提供海外任职奖金。

（2）外派地点

对于派遣到发展中国家和发达国家的雇员，要有不同的政策，特别是福利待遇方面的政策。

（3）外派期限

短期和长期对员工的影响不同。除了可能造成的生活成本等支出差别外，还关系到税务问题。

3. 员工队伍多元化的构成特征

对于跨国公司而言，影响其薪酬制度设计的最主要的内部因素是跨国公司内部劳动力队伍的多样化。虽然现在所有的组织都面临着劳动力队伍多样化问题，但是跨国公司劳动力队伍的多样化程度远远高于一般的公司企业。跨国公司劳动力队伍的多样化不仅分别存在于母公司与各个子公司内部，还存在于母公司与子公司之间和各个子公司之间，即跨国公司在实现薪酬管理目标时不仅要考虑到母公司与各个子公司雇员内部的多样化问题，还要考虑到国内与国外雇员之间的多样化和不同子公司的雇员之间的多样化问题。

根据雇员工作档案所在国分类，跨国公司的雇员可以分为两类：母国人员和东道国人员。根据雇员的国籍分类，跨国公司的雇员可以分为三类：具有母国国籍的人员、具有东道

国国际的人员和第三国人员。

1）母国人员包括在母公司上班的雇员和母公司的外派人员。外派人员一般都具有一定的专业技能和管理才能，经过特殊训练，如语言、文化的培训后被派往子公司担任高层管理者职位，外派的期限可以是长期的也可以是短期的。为此，跨国公司在薪酬制度设计时除了考虑到劳动力队伍的多样化问题外，还应考虑到外派人员这样一个特殊群体，并在其薪酬制度上必须给予特殊的考虑与合理的安排。

2）东道国人员一般指跨国公司各个子公司所聘用的人员。由于各个子公司内部雇员在外在属性（如性别、民族、性取向等）和内在属性（如个性、劳动态度、价值观）中都存在着广泛的差异，跨国公司的各子公司在各自的薪酬制度设计上应保障内部的公平性。另外，由于各个子公司所在国之间与各个子公司与母公司之间存在的经济、文化、法律等背景的差异性以及各个公司雇员之间的差异性，跨国公司在自身的薪酬制度体系的设计上还应保障雇员的公平性，即从事相同或相似工作的雇员所得的报酬应该处于一个合理的变动范围。

3）第三国人员指的是具有除母国国籍和东道国国籍之外的其他国籍或无国籍的工作人员。第三国人员又被称为全球化的工作者，他们一般掌握多国语言，具有在多国工作的经验，在经济全球化的今天，有可能成为最有价值的雇员。基于此，跨国公司在薪酬制度的设计需考虑到对第三国人员的吸引力问题，提高自身在获取国际人才方面的竞争力。

（二）影响跨国公司薪酬制度构成的外部因素

影响跨国公司薪酬制度构成的外部因素很多，如公司所在国的文化传统、国际社会的经济发展状况等。影响跨国公司薪酬制度构成最主要的外部因素有制度因素、经济因素和人文因素。

1. 制度因素

制度因素主要指作用于跨国公司薪酬制度构成的一系列法律因素和政策因素。跨国公司在制定薪酬制度时必须严格遵守各子公司所在国的相关法律制度，如各个子公司所在国家实行的一系列关于平等就业机会的法律、有关劳动者权益保护的法律、有关社会保障的法律等。另外，较之法律，一些国家更习惯用政策来实施干预，因为政策的灵活性、及时性、贴切性和丰富性决定了政策对于短期内的社会与经济事务更为有效①。因此，跨国公司在薪酬制度的设计方面必须依照各子公司所在国推行的相关政府政策，尽量避免与之相冲突。

2. 经济因素

由于跨国公司各公司实体所在国的社会经济发展水平存在着一定的差异，跨国公司在制定薪酬制度时必须考虑到影响其公平性的经济因素，并对这些经济因素予以管理和控制，特别是在各公司实体所在国社会经济水平相差巨大的情况下，跨国公司的薪酬制度必须体现制度的外部公平与内部公平。影响跨国公司薪酬制度构成的经济因素有：各公司实体所在国的经济发展水平、物价水平、消费水平、通货膨胀率、汇率、税率等。

---

① 汪洪涛．2003．制度经济学：制度及制度变迁性质解释．上海：复旦大学出版社：188．

3. 人文因素

人文因素主要指影响跨国公司薪酬制度构成的各公司实体所在国所具有的文化背景、价值观以及人们对社会、生活、劳动的态度。例如，美国崇尚个人主义，薪酬通常以个人业绩和成就为中心；在中国、日本，薪酬计划更多的以内在平等和个人需要为中心，强调集体导向。因此，跨国公司在薪酬制度构成方面应当致力于减少文化冲突，提高雇员对公司的认同感。

最后，我们认为跨国公司设计薪酬的指导原则应当是"全球化的构思和地区化的操作"，即制定的薪酬方案既能符合公司总体战略意图，又能保持足够的灵活性以满足特殊地区工作员工的需要[①]。不管怎样，对于跨国公司而言，其薪酬政策是为其战略发展服务的。薪酬管理的目标就是为了吸引和留住人才，在人员招聘、培养、激励、沟通、调动方面发挥积极的作用。

二、跨国公司的薪酬构成

跨国公司的薪酬一般由以下几个部分构成：基本工资、出国服务奖励、津贴和福利。美国公司较为通行的外派人员的薪酬构成如图 11-1 所示。

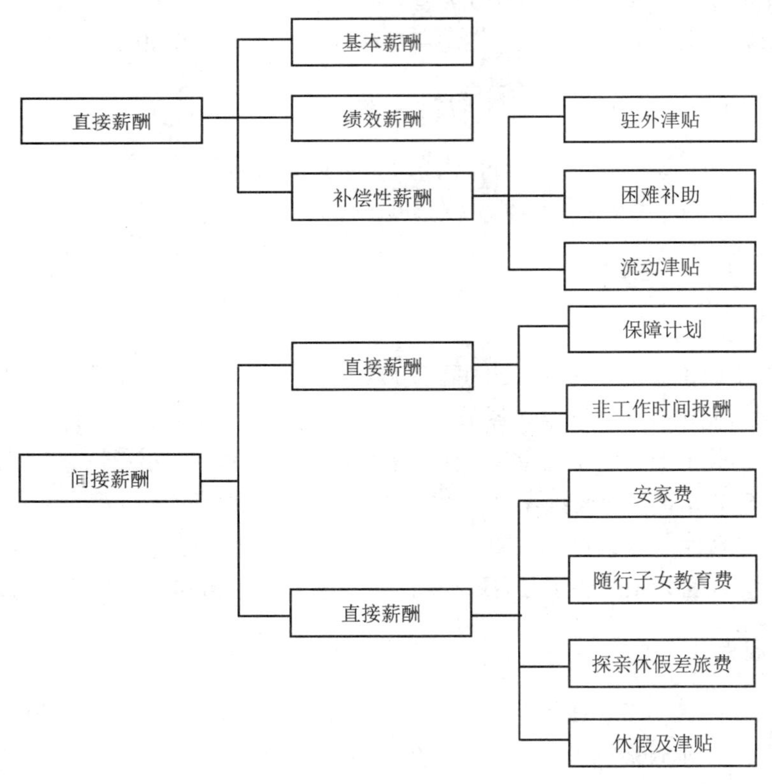

图 11-1 美国公司较为通行的外派人员薪酬构成

资料来源：约瑟夫·J 马尔托奇奥．2004．战略薪酬：人力资源管理的方法．北京：社会科学文献出版社．

① 亚瑟·W 小舍曼，乔治·W 勃兰德，斯科特·A 斯耐尔．2001．人力资源管理．第 11 版．大连：东北财经大学出版社：505．

（一）基本工资

基本工资是跨国企业薪酬的重要组成部分。对于母国外派人员而言，基本工资一般与国内工作性质、职位级别相当的岗位挂钩，并作为计算奖金和福利的基础。公司可以采取以母国货币、东道国货币或者这两种货币相结合的方式支付员工薪金。支付标准通常按照国内的水平支付，这样一方面可以方便员工的薪金管理，另一方面也可以避免外派人员归国后由于薪酬的变化而造成的不适。例如，美国和加拿大的公司通常按照国内的水平支付工资。但是，如果东道国经济发达、物价消费水平较高时，要考虑适当地提高外派人员的基本工资。当母国的工资水平高于东道国时，企业一般也不会因此而降低派出人员的基本工资。确定基本工资的一个普遍原则是至少维护外派人员应当得到的利益，避免他们因为在他国工作而蒙受经济损失。

另外，跨国企业也应当对东道国以及第三国员工的基本薪酬进行合理的设计。薪酬体系必须具有市场竞争力，并公平合理，以便在吸引和保留优秀人才方面发挥积极的作用。当然，这种薪酬体系的设计要考虑到各子公司所在国的具体国情。

（二）出国服务奖励

对于母国外派人员，由于他们要远离自己的亲人朋友，在陌生的国家地区重新适应新的工作和生活环境，甚至有些东道国或地区条件相当艰苦，为了提高员工海外工作的积极性，公司一般设置比较高的鼓励奖金，作为员工接受海外工作的额外报酬。出国服务奖励占员工报酬的大部分比重，一般以工资百分比的形式支付，占基本工资的 5%～40%。当然，也会随着任职、实际艰苦情况、税收状况以及派遣时间的长短而变动。

（三）国外工作津贴

津贴是全球企业薪酬政策的另一主要内容，在维持驻外人员正常的工作与生活方面发挥着重要作用。主要包括以下几个方面。

1. 生活费津贴

生活费津贴是为保证驻外人员的日常生活水准，其中包括对用于购买食品、衣物、家具、水、电、气及其他日用品方面开支的补贴。它主要是为了解决母国和东道国之间在生活费用方面的差额。

2. 住房津贴

这是外派人员津贴的主要内容，目的是补贴由于国家地区差异导致的居住成本的差额。一般公司给予东道国人员的住房津贴要低于母国人员。

3. 教育津贴

海外工作人员随行子女的教育成本比在国内要高得多。为了保证派出人员子女能够接受正常的教育，企业通常要支付一定的教育津贴。

4. 艰苦、危险津贴

如果驻外人员所在地区比较偏远落后，公司应该根据实际情况给予相应艰苦补贴。这种津贴支付考虑的因素包括：自然气候恶劣；社会服务如医疗、交通相对落后等。危险津贴是针对派遣到危险地区工作的人员发放的津贴，这种对员工身心造成威胁的因素可能来自于自然环境，如地震多发地带、火山喷发等，也有可能是东道国或者地区政局不稳定、战事冲突多发等。

5. 其他津贴

国外工作津贴包含许多内容，除了以上津贴外，还有如因补贴运输或保存个人财产所花费的费用而给付的“搬迁津贴”；因回国与家庭、朋友、企业合作者联系而给付的“探亲津贴”；因补贴外派人员的配偶因调动而损失的经济利益的“配偶补助津贴”等。

（四）福利政策

跨国公司的福利政策比一般公司企业更加复杂，由于国家之间的政策、法律等因素的差异，养老金计划、医疗计划、住房公积金计划等福利政策从一国向另一国转移的可操作性很低。大部分公司提供的是以母国为基础的社会保险、养老金计划等福利政策，而对于一些东道国人员，跨国公司一般选择当地的社会福利政策。当然这些福利政策因为人员的国籍不同会有差异。

知识拓展

2007 年的美世全球调研发现，企业在全球范围内面临着相似挑战。例如，如何确保真正按绩效付薪，已不仅是一个跨文化的问题，在很大程度上对企业的经营和生存都非常重要。这次全球金融危机暴露出来很多问题，其实都是从分配的角度揭示了管理上的问题。大多数投资银行是以交易额而不是以利润作为具体分配的基数，所以会促使员工不断地进行交易，激发了很多冒险行为。

同时，不同地区的发展趋势和成熟程度不一样。在亚太地区，由于市场发展非常不平衡，成熟度不高，所以企业如何获得有效的外部市场信息还是一个问题。而这个问题在薪酬和劳动力市场变化并不十分剧烈的欧洲和北美市场，已经不那么棘手了。

因此，当我们考虑全球化薪酬策略时，会遇到一个典型问题，即如何处理全球的统一性和本地市场的独特性之间的关系。这在很多欧美成熟公司全球化过程当中表现非常明显。某种程度上说，全球化和本土化之间存在尖锐的对立。从全球的角度看，企业往往考虑的是管理的有效性和风险控制，如何提升财务有效性，如何加大内部资源利用，如何建立好的全球品牌；但往往对于一个单一市场而言，企业看重的是业务发展的有效性，即能否盈利，能否高速发展。但无论从全球化还是本土化的角度看，企业都需要从雇主和雇员的角度以及成本的角度看薪酬策略是否合适。

成功的全球化薪酬策略应平衡企业、员工和成本三个视角。首先是管理需求，即确保员工拥有适合业务成功的知识、能力、行为模式及绩效的薪酬计划；其次是员工需求，即作为强有力的价值主张的一部分，便于理解、获得并区别于其他雇主的薪酬计划；再次是股东需求，即可负担、可持续并不与其他营利性投资相冲突的薪酬成本。

第二节 跨国公司的薪酬计算方法

现行费率法和资金平衡法是计算国际薪酬的两种主要方法。

一、现行费率法

现行费率法的特点是外派人员的基本工资与东道国的工资结构挂钩。跨国公司在制定外派人员的基本工资时常常参考东道国当地市场相同职位的工资水平。

跨国公司必须首先获得东道国的相关市场薪酬、生活水平、物价与消费水平等信息，然后以东道国人员相似职位的工资水平为基准，确定外派人员的薪酬水平，并对低工资国家的外派人员，在基本工资和福利之外提供额外补贴。

1. 现行费率法的优点

现行费率法的优点是，驻外人员能够得到与当地人平等的待遇，特别是当东道国为高工资国家时，有利于提高母国人员海外工作的热情；简洁、明了，易于理解；回避税率及税法的调整；各个国籍的员工待遇相同，很好地体现了薪酬政策的内部一致性，有利于员工之间的合作；降低外派成本，促进本土化进程等。

2. 现行费率法的缺点

现行费率法的缺点是，由于实行当地的薪酬水平，不同派遣地之间会产生差异，特别是发达国家与发展中国家之间，这样会造成员工都乐意被派遣到发达国家，而回避向落后国家派遣；同属于一个母国公司的员工在从事相同职位工作时，由于东道国薪酬水平的差异，而造成同工不同酬现象；如果东道国的工资水平高于母国，当驻外人员回国时工资要恢复到后者水平，会使员工回国出现问题，而且员工心理也会有落差。

二、资金平衡法

资金平衡法的原则是驻外人员不应该因外派工作而蒙受经济、财产损失，维持外派人员和母国人员薪酬的一致性。因此，此法的主要特点是使外派人员具有与母国公司人员相同的薪酬水平，并且通过经济奖励补偿不同派遣地之间的生活质量的差异，从而保证外派员工与总部所在国相同的生活水平。简单地说，就是使外派人员的购买力与其本国相同的薪酬制度。这种方法在国际薪酬中应用最广泛，超过85%的美资国际公司外派人员的薪酬计算都用这个方法。

表11-1说明了驻外人员的任职薪酬，它采用了资金平衡法。在本例中，一名澳大利亚人被派遣到新尤弗利亚。那里的生活费用指数相对于澳大利亚为150，与澳元的兑换率是1∶1.5。除了出国服务计划中扣除7%作为住房的名义费用，另外还扣除了名义税款（本章后面讨论税收问题）。驻外人员可以从表11-1中看出薪酬计划所包含的内容，并且认识到薪

酬计划是如何被分成澳大利亚货币和新尤弗利亚货币的[①]。

表 11-1 出国服务者薪酬调查表

姓名：布莱恩・史密斯
职位：市场经理
派往国：新尤弗利亚
调查原因：新的工作派遣
调查有效期：1998 年 2 月 1 日

项目	金额（澳元/年）	以澳元支付（澳元/年）	以当地货币支付（新尤弗利亚元/年）
基本工资	135 000	67 500	101 250
生活费津贴	33 750		50 625
出国服务奖金（20%）	27 000	27 000	
艰苦津贴（20%）	27 000	27 000	
扣除住房费用（7%）	−9 450	−9 450	
扣除纳税额	−51 079	−51 079	
总计	162 221	60 971	151 875

生活费津贴指数=150
汇率=1.5 批准/日期：

1. 资金平衡法的优点

资金平衡法的优点是：可以有效地保护母国员工原来在国内享受的财产利益；属于同一母公司的人员不会因为在海外不同国家造成“同工不同酬”；便于沟通和理解；驻外人员的回国安排容易，不会如现行费率法那样对员工的回国产生障碍。

2. 资金平衡法的缺点

资金平衡法的缺点是：第一，由于员工国籍不同，所属国家的工资水平也不同，这样可能使母国人员、东道国人员及第三国人员之间产生相当大的差距。例如，同在一家美国公司在华分公司相同岗位工作的美国人和印度人，由于美国和印度的国内工资水平存在差异，导致这名美籍员工要比印度籍员工拿到的薪酬要高；这种差异还可以在母国和东道国员工之间产生，如一家中国公司在美国的分公司里，中国员工按照中国国内的工资水平拿到的薪酬显然要低于相同职位上的美国籍员工，这不仅产生了不平等，而且由于美国消费水平高使中国员工日常生活陷入窘境。第二，管理上相当复杂，主要体现在税收、生活费用以及母国人员和其他人员之间的待遇差异上。

三、税收

除非母国与东道国之间有互惠性纳税协议，否则外派人员就必须同时向母国和东道国政府交纳个人所得税。全球企业一般采用税收保护和税收平衡手段来为外派员工提供税收优惠政策。

① 赵曙明，彼得・J. 道林，丹尼斯・E. 韦尔奇. 2001. 跨国公司人力资源管理. 北京：中国人民大学出版社：158.

1. 税收保护

税收保护是指员工在东道国缴纳的税款不能超过其在母国国内应缴纳的税款，如果在东道国的纳税额低于母国，那么之间的差额就可以成为员工的额外收入。该做法的最大优点是低税收派遣地的员工可以获利。主要缺点是，员工为了获利，可能会违反税法，少报收入；不利于员工从低税收派遣地向高税收派遣地的流动。

2. 税收平衡

税收平衡是跨国公司较为常用的税务政策，具体指公司扣留相当于母国员工在国内应缴纳的税款金额后，再为母国员工缴纳其在东道国应该缴纳的税款，东道国税款高出母国税款的部分由公司支付。这种方法的优点是，对于外派人员不会因为所在国不同形成纳税数额上的差异，是公平的；公司可以从低税收的派遣地那里获利；员工不会违反税法而获利。缺点是，需要专业的咨询服务，如聘请国际会计事务所来分析这种国家之间的税务政策的差别，因此执行成本较高。

四、国际生活费用数据

跨国公司经常需要获得国际生活费用的最新信息，以全面地根据东道国的实际生活水平对员工的薪酬作出调整，以保持企业薪酬的国际竞争性和公平合理性。生活费用指数是反映一定阶层居民在吃、穿、住、用、行等方面所购买的消费品价格和服务项目价格变动趋势和程度的相对数。它和消费品价格指数的差别就在于，前者是城乡居民购买的全部商品价格，而后者只限于消费品价格；同时，前者不仅包括商品支出而且还包括劳务支出，而后者只包括商品部分。通过对生活费用指数的计算，可以反映出消费品价格和劳务价格的变动对人们生活水平的影响。

由于汇率、股票市场以及其他经济、政治因素的变动，国际生活费用数据也会发生改变。许多咨询公司提供定期的调查数据供跨国公司参考。

跨国人力资源顾问公司 Mercer 公司 2002 年 7 月 8 日公布的世界主要城市生活费用调查显示，中国香港的生活指数已取代东京成为全球生活指数最高的城市。第 2 位是莫斯科，东京则下跌为第 3 位。根据调查，中国香港生活指数上升，主要是个人护理、家居用品和交通项目费用高昂所致。调查同时研究了 144 个城市，比较其住房、食品、衣服、交通及娱乐等超过 200 项消费项目。在全球 15 个生活指数最高的城市当中，有 11 个位于亚洲，北京与上海分别排行第 4 位及第 5 位。调查发现，新西兰和澳大利亚的城市依然是生活费便宜但生活质量最高的地方，大多数澳大利亚及新西兰城市的生活指数都在全球生活费最高昂城市的一半以下。至于生活指数最低城市则为南非的约翰内斯堡。

2005 年 3 月据日本共同社报道，根据瑞士金融巨头——瑞士联合银行集团（United Bank of Switzerland，UBS）日前公布的世界 71 大城市比较调查结果显示，以瑞士苏黎世为标准“100”所进行的各城市生活费比较中，居首位的是挪威首都奥斯陆（115.5），随后是丹麦首都哥本哈根（105.1），东京则位列第 3 位（101.3），然而受美元汇率走低的影响，美国各大城市的排名均有不同程度的下降，其中排名最高的为纽约（91.8）。而购买力的比较调查则几乎同前一次调查结果如出一辙，以购买一个“巨无霸”汉堡所需费用的劳动时间为标准，其中花费时间最短的要数美国的芝加哥，只需 9 分钟，东京需要 10 分钟，最长的则是肯尼亚首都内罗毕，那里的人们需花 3 小时 1 分钟才买得起一个这样的汉堡包。

2006 年 6 月 27 日公布的一项调查结果显示，俄罗斯首都莫斯科成为本年度全球“生活费用最昂贵的城市”，紧随其后的是日本首都东京和韩国首都首尔。在中国城市中，中国香港的生活费用在全球名列第 4 位，北京名列第 14 位，上海则排名第 20 位。本次调查对象为全世界 144 个城市，并且通过对 200 多种生活必需品的相对价格进行了比较得出上述排名，其中包括住房、交通和食品等的开销。

总而言之，发展中国家的生活费用上升最快。同时，外汇市场的波动也对各个城市物价水平的排名有着直接影响。一般来说，跨国公司向外国派遣员工的时候，都要根据当地的物价水平调整派发员工的工资，很多公司因此更多地考虑雇佣东道国人才，以便能有效降低劳动力成本。

五、母国人员与其他人员的薪酬差距

母国人员与其他人员的薪酬差距的形成主要是因为采用资金平衡法计算薪酬。前文已经讲到资金平衡法的一个缺点就是由于员工国籍不同，所属国家的工资水平也不同，这样可能使母国人员、东道国人员及第三国人员之间产生相当大的差距。如前举例一样，同在一家美国公司在华分公司相同岗位工作的美国人和印度人，由于美国和印度的国内工资水平存在差异，导致了这名美籍员工要比印度籍员工拿到的薪酬要高；这种差异还可以在母国和东道国员工之间产生，如一家中国公司在美国的分公司里，中国员工按照中国国内的工资水平拿到的薪酬显然要低于相同职位上的美国籍员工，这不仅产生了不平等，而且由于美国消费水平高使得中国员工日常生活陷入窘境。正如雷诺兹所观察到的，按照当地的基本工资向其他国员工支付薪酬无疑要比按母国人员的工资水平给所有驻外人员支付的薪酬要少，尤其当跨国公司的总部设在美国或者德国这样的国家时，管理者工资高且货币稳定。但消除这种差别是非常困难的[①]。

跨国公司的通常做法是对其他国人员采用当地的资金平衡法。显然，减少费用要比消除工资差异更重要。然而，随着企业的国际扩张，其他国人员有可能会变得更加具有价值，所以，企业也有必要重新考虑为其他国人员提供薪酬的方法。

本章小结

如何建立起一种具有一致性的、被国内外雇员认可的薪酬制度是提升跨国公司人才竞争能力的关键所在。只有让所有雇员认为是公平的薪酬制度才是可以被认可的薪酬制度，而薪酬的构成及其计算方法则是雇员用以确定其是否公平的两个主要标准。本章主要介绍影响跨国公司薪酬制度构成的因素、跨国公司的薪酬构成、跨国公司的薪酬计算方法等内容。

① Reported in The Economist. 1998. January 24. 110.

复习思考题

一、单项选择题

1．影响跨国公司薪酬制度构成最主要的内部因素是（　　）。

A．跨国公司所在国国内的经济因素

B．跨国公司劳动力队伍的多样化

C．跨国公司的公司文化

D．跨国公司在国际社会中的发展状况

2．按国籍分类，跨国公司的雇员分为具有母国国籍的人员、具有东道国国籍的人员和（　　）。

A．他国人员　B．第三国人员　C．外派人员　D．海外人员

3．（　　）维护外派人员应当得到的利益，避免他们因在他国工作而蒙受经济损失。

A．基本工资　B．出国服务奖励　C．国外工作津贴　D．国外社会保障

4．现行费率法和（　　）是计算国际薪酬的两种主要方法。

A．税收保护法　B．资金平衡法

C．税收平衡法　D．国际生活费用数据法

5．跨国公司通常通过（　　）获得东道国的实际生活水平。

A．税收保护法　B．资金平衡法

C．税收平衡法　D．国际生活费用数据法

二、多项选择题

1．影响跨国公司薪酬制度构成的外部因素有（　　）。

A．经济因素　B．政策因素　C．多样化因素

D．法律因素　E．人文因素

2．跨国公司外派人员的薪酬主要由（　　）构成。

A．基本工资　B．国外工作津贴　C．出国服务奖励

D．回国服务补贴　E．国外社会保障费用

3．（　　）属于国外工作津贴。

A．生活费津贴　B．教育津贴　C．危险津贴

D．探亲津贴　E．配偶补助津贴

4．（　　）是计算国际薪酬的两种主要方法。

A．现行费率法　B．资金平衡法

C．税收平衡法　D．国际生活费用数据法

5．资金平衡法的优点是（　　）。

A．可以有效地保护母国员工原来在国内享受的财产利益

B．属于同一母公司的人员不会因为在海外不同国家造成“同工不同酬”

C．便于沟通和理解

D．驻外人员的回国安排容易，不会如现行费率法那样对员工的回国产生障碍

E．有利于缩小母国人员、东道国人员及第三国人员之间的差距

三、判断题

1．现行费率法有利于实现同工同酬。 （ ）

2．资金平衡法有利于缩小母国人员、东道国人员及第三国人员之间的差距。 （ ）

3．税收保护指员工在东道国缴纳的税款不能超过其在母国国内应缴纳的税款。 （ ）

4．税收平衡有利于低税收派遣地的员工可以获利。 （ ）

5．住房津贴是出国服务奖励中的一种形式。 （ ）

四、简答题

1．影响薪酬制度构成的因素有哪些？

2．薪酬制度的构成有哪些？

3．现行费率法的优缺点是什么？

4．资金平衡法的优缺点是什么？

5．比较税收保护与税收平衡。

研究与提高

一、讨论与操练

1．结合企业实际，探讨影响薪酬制度构成的因素。

2．结合现实，理解薪酬制度的构成。

3．关注或跟踪跨国企业的薪酬制度及其管理。

二、扩展阅读书目

雷蒙·A德诺伊，约翰·R霍伦贝克．2005．人力资源管理基础．雷丽华，译．北京：中国人民大学出版社．

苏珊·E杰克逊，兰德尔·S舒勒．2005．人力资源管理：从战略合作的角度．8版．北京：清华大学出版社．

周斌．2006．现代薪酬管理．成都：西南财经大学出版社．

李宝元，王长城．2012．现代组织薪酬管理学．北京：北京师范大学出版社．

岳龙华．2014．薪酬设计与薪酬管理．北京：中国电力出版社．

李志畴．2012．薪酬体系设计与管理实务．南京：凤凰出版社．

曾湘泉．2010．薪酬管理．北京：中国人民大学出版社．

彭剑锋．2011．人力资源管理概论．上海：复旦大学出版社．

刘伟，韦慧民．2013．薪酬管理．北京：北京师范大学出版社．

加里·德斯勒．2012．人力资源管理．12版．刘昕，译．北京：中国人民大学出版社．

三、讨论案例

跨国并购中员工薪酬如何本土化

eBay 易趣的员工也许不得不接受在新合同上签字的结果。他们现在的犹豫，无非是想多拿到一些补偿，获得更光明的前景。他们担心，在新公司中需要接受降薪的现实。

短短两年间，eBay 易趣在中国市场上节节败退。员工们认为主要是 eBay 不清楚中国本土的实际情况，重大的市场策略和调整都是按照美国总部的指示来作决定，并且 eBay 总部没有看到中国市场和用户与其他国家有明显的区别，而造成了现在这种局面。

在中国市场，eBay 已经付出了巨额的资金代价。现在，必须要有人为 eBay 在中国的失败埋单，这些人不仅包括公司股东和管理层，也包括公司的普通员工。

在未来，TOM 易趣要想在与淘宝、拍拍等本土对手的竞争中获得优势，不仅要做到公司策略的本土化，也要做到员工待遇的本土化。如果不降低运营成本，肯定无法与这些本地公司进行竞争。

在这一点上，阿里巴巴收购雅虎中国和明基收购西门子手机的案例已经作出了反面的榜样。阿里巴巴在收购雅虎中国业务后，马云由于担心员工过多流失给公司带来的不稳定因素，而保持了员工待遇等方面的原有状态，结果造成雅虎中国运营成本居高不下的局面。

明基电通董事长李焜耀在接受《第一财经日报》采访时也坦言，西门子移动员工的待遇太高了，这是明基这样的亚洲企业根本无法承担的，而同样的工作在亚洲他们可以花很少的钱找到合适的人来做。当明基和西门子分道扬镳时，李焜耀感慨，西门子移动的员工我们一个都不会留下，因为他们工资太贵，我们承担不起。

对于 TOM 易趣而言，首先要学习的就是本土化法则，管理者要接受这种法则，员工也必须接受这种法则，只有这样，公司才可能走得更长远，而不至于像明基和西门子手机并购案一样，以分道扬镳告终。

（资料来源：人民网）

讨论题：

1．你认为并购后的公司的薪酬制度主要存在哪些问题？

2．如果并购后的公司的薪酬制度改革工作交给你来做，你将如何设计？

3．从上述案例中讨论跨国并购中员工薪酬如何本土化？

第十二章　与薪酬管理相关的法律规定

学习提要

企业的薪酬管理是一项十分敏感的职能活动，直接涉及国家、组织和个人的利益。为了有效保护各方的权利和利益，各个国家都制定和实施了系列法规和政策，对各类组织中的利益分配问题进行规范，我国也不例外。这是现代市场经济的内在要求，也是有效管理组织薪酬分配的前提。

学习目标

- 理解我国宪法对利益分配问题的相关规定
- 掌握我国劳动法律法规对薪酬问题的调整
- 明确企业最低工资标准问题
- 掌握工资支付问题
- 熟悉关于工资集体协商的法律规定
- 掌握关于经济补偿与赔偿问题的相关法律规定

关键词

工资	同工同酬	最低工资	工资集体协商
集体合同	赔偿	补偿	单位赔偿
个人补偿	个人赔偿		

导入案例

王小姐在一家鞋厂做操作工，入职时鞋厂规定，包食包住，工资1000元，包括个人缴纳的社会保险费和住房公积金。2010年4月7日，王小姐提出：上海市最低工资标准已经调至是1120元/月，她的工资也该增加了。鞋厂则认为，她的工资加上企业包食包住的费用，早就不止1120元了，因此拒绝增加工资。

上海市最低工资规定没有说明最低工资由哪些项目构成，但是用反向列举法剔除了以下项目：个人依法缴纳的社会保险费和住房公积金；延长法定工作时间的工资；中班、夜班、高温、低温、井下、有毒有害等特殊工作环境、条件下的津贴；伙食补贴（饭贴）、上下班交通费补贴、住房补贴。

从该案例中我们可以知道，王小姐个人依法缴纳的社会保险费和住房公积金首先要从最低工资计算中剔除。2009年上海市职工月平均工资为3566元，个人缴费基数的下限应为2140元。所以本次最低工资标准调整后，1120元加上个人最低缴纳的社会保险费（预计为2140×11%=235.4元，但以2010年5月社保部门公布的数据为准）共计1355.4元，再加上个人最低缴纳的公积金134元（预计7月1日起将调整到149.8元）共计1489.4元。正常情况下，如果王小姐的应发工资低于1489.4元，鞋厂就有可能违反规定。当然这指的是一般情况下参加城镇社会保险的职工，至于特殊劳动关系人员，或参加小城镇社会保险、农村社会保险、外来从业人员综合保险等职工，按有关规定执行。

因此，了解我国法律法规和相关规章制度中的薪酬分配规定，可以合理地保护企业和职工的合法权益。

第一节　我国相关法规对利益分配问题的总体规定

一、我国宪法对利益分配问题的相关规定

《中华人民共和国宪法》（以下简称《宪法》）是国家的根本大法，具有最高的法律效力，对国家劳动法律制度的制定和实施起着最终的调节作用。尽管宪法基本不直接规定组织内部的利益分配，但对各类组织的薪酬管理有着至高无上的指导作用。无论是各类政府的相关法规还是企业内部的各类薪酬管理制度，都必须符合宪法的相关内容，都必须在宪法确定的原则和范围内实施。综观我国的现行宪法，直接涉及或对企业薪酬管理有直接指导作用的规定主要如下。

（一）对公民劳动的权利和义务的规定

《宪法》第42条规定了公民劳动的权利和义务。其基本内容：国家通过各种途径，创造劳动就业条件，加强劳动保护，改善劳动条件，并在发展生产的基础上，提高劳动报酬和福利待遇。国家对就业前的公民进行必要的劳动就业训练。这一规定表明，各级各类组织和单位在发展生产的基础上不断提高劳动报酬和福利待遇是政府和组织应该承担的责任，也是劳动者应该享受的权利。国家应该通过相关的规章制度来保障这种权利的实现。该规定还明确了员工劳动报酬和福利待遇增长与生产经营状况之间的关系。尽管只有简短的几个字，但也

充分表明了宪法在平衡组织利益与个人利益关系上的基本价值取向。

（二）对劳动者休息权利的规定

《宪法》第43条规定了劳动者休息的权利。其基本内容是，国家发展劳动者休息和休养的设施，规定职工的工作时间和休假制度。休息权利虽然不直接表现为现金的给予，但却是一个组织和单位给予员工回报的重要组成部分，上述规定清晰地体现了国家对劳动者的保护，也明确了政府和组织在这一方面的基本职责。

（三）对退休的规定

《宪法》第44条规定了国家依照法律规定实行企事业组织的职工和国家机关工作人员退休的制度。退休人员的生活受到国家和社会的保障，这一规定明确了国家对退休与退休人员保障问题的基本政策。它一方面体现了国家对这类人群的保护与关心，另一方面也明确了政府的责任和个人的权利。从表面看，该规定与薪酬管理没有直接关系，实际则不然，该规定实质上涉及利益的再分配问题。对各级政府而言，必须通过税收等方式参与各类生产经营组织的分配，其后，再通过为退休人群提供保障的方式，让他们间接参与利益的分配活动。对我国各级各类机关和部分尚未参加社会基本保障的单位而言，该规定更是直接提出了退休人员参与分配、获得报酬的指导原则。

（四）对劳动妇女报酬的规定

《宪法》第48条规定了妇女在政治的、经济的、文化的、社会的和家庭的生活等各方面享有同男子平等的权利。国家保护妇女的权利和利益，实行男女同工同酬，培养和选拔妇女干部。这一规定是我国实施男女平等政策的基本表现，也是维护妇女劳动权利和获得公平对待的基本保证。

二、我国劳动法律法规对薪酬问题的调整

按照我国的法律渊源，这里所说的劳动法律法规包括《劳动法》、劳动行政法规和部门规章、地方性劳动法规规章、民族自治地方的劳动自治条例和单行条例、特别行政区劳动法规以及我国同外国缔结或者加入国际条约中有关劳动法律关系调整的条文等。考虑到后文另有叙述，这里重点介绍我国劳动法及相关法规所规定的薪酬分配基本原则。

《劳动法》第46条规定，工资分配应当遵循按劳分配原则，实行同工同酬，工资水平在经济发展的基础上逐步提高，国家对工资总量实行宏观调控。第47条进一步规定，用人单位根据本单位的生产经营特点和经济效益，依法自主确定本单位的工资分配方式和工资水平。对于上述原则的理解和实施，劳动部以及相关机构在一些规章、条例中作了进一步的解释。

关于劳动法中所提到的“工资”，按照《劳动部关于贯彻执行〈中华人民共和国劳动法〉若干问题的意见》中规定，是指用人单位依据国家有关规定或劳动合同的约定，以货币形式直接支付给本单位劳动者的劳动报酬，一般包括计时工资、计件工资、奖金、津贴和补贴、延长工作时间的工资报酬以及特殊情况下支付的工资等。工资是劳动者收入的主要组成部

分。但单位支付给劳动者个人的社会保险福利费用、劳动保护方面的费用以及按规定未列入工资总额的各种劳动报酬及其他劳动收入等不属于工资范畴。

关于按劳分配原则，尽管劳动部在相关说明和解释中没有做进一步专门的规定，但在《进一步深化企业内部分配制度改革的指导意见》（以下简称为《意见》）中进行了比较全面的诠释。该《意见》规定，企业的内部分配要“坚持以按劳分配为主体，多种分配方式并存和效率优先、兼顾公平的原则”，对于企业内部的基本分配方式，《意见》要求企业建立以岗位工资为主的基本工资制度；实行董事会、经理层成员按职责和贡献取得报酬的办法；对科技人员实行收入激励政策。而对于按生产要素分配，《意见》要求进行三个方面的试点，即探索进行企业内部职工持股试点；试行技术入股，探索技术要素参与收益分配；具备条件的小企业可以探索试行劳动分红办法等。

关于“同工同酬”原则，依照《劳动部关于〈劳动法〉若干条文的说明》的规定，是指用人单位对于从事相同工作，付出等量劳动且取得相同劳绩的劳动者，应支付同等的劳动报酬。

关于“工资水平”问题，依照《劳动部关于〈劳动法〉若干条文的说明》规定，是指一定区域一定时期内平均工资的高低程度。劳动法条文中的“工资总量”是指一定时期内国民生产总值用于工资分配的总数量。关于“宏观调控”，劳动部要求按照 1993 年颁布的《关于加强企业工资总额宏观调控的实施意见》执行。

关于用人单位的工资分配自主权问题，依照《劳动部关于〈劳动法〉若干条文的说明》规定，其中的“经济效益”包含了劳动生产率和就业状况两个重要因素。条文中提到的“依法”问题，是指依照相关的法律法规，在目前，主要指的是依照《全民所有制工业企业转换经营机制条例》的规定。条文中提到的“工资分配方式”是指单位内部的工资制度，包括工资的构成、工资标准、工资形式、工资增长机制等。“工资水平”是指本单位在一定时期内的职工平均工资。劳动部和原国家经济体制改革委员会印发的《股份有限公司劳动工资管理规定》对该项原则的具体实施做了更详细的规定和说明。

按照现代企业薪酬理论的范畴，社会保险和福利也是员工薪酬的重要构成部分。我国的劳动法律法规和规章等对此也做出了系列规定。《劳动法》第 70 条明确规定，国家发展社会保险事业，建立社会保险制度，设立社会保险基金，使劳动者在年老、患病、工伤、失业、生育等情况下获得帮助和补偿。第 71 条规定，社会保险水平应当与社会经济发展水平和社会承受能力相适应。第 72 条规定，社会保险基金按照保险类型确定资金来源，逐步实行社会统筹。用人单位和劳动者必须依法参加社会保险，缴纳社会保险费。劳动部（今中华人民共和国人力资源和社会保障部）自 1995 年后先后出台了《社会保险制度改革办法》、《国有企业下岗职工基本生活保障和再就业资金管理暂行办法》；国务院于 1999 年颁布了《社会保险费征缴暂行条例》等。这些法规和政策对员工享受社会保险和福利的权利、企业的相关责任等进行了明确而具体的规定。

第二节 关于最低工资标准和工资支付问题的法律规定

企业最低工资标准和员工工资支付问题是企业薪酬管理实践中两个带有普遍性意义的问题，也是保障员工权益、规范企业行为的重点。我国劳动法和相关法规对这两个问题进行了比较具体的规定和说明。

一、企业最低工资标准问题

为了适应社会主义市场经济发展的需要，保障劳动者个人及其家庭成员的基本生活，促进劳动者素质的提高和企业公平竞争，《劳动法》在第48条对最低工资保障问题做出了明确规定："国家实行最低工资保障制度。最低工资的具体标准由省、自治区、直辖市人民政府规定，报国务院备案。用人单位支付劳动者的工资不得低于当地最低工资标准。"随后，劳动部出台了系列说明、规定、政策等对该制度的实施进行了详细的规范。

（一）关于最低工资的含义

在劳动部1993年出台的《劳动部关于〈劳动法〉若干条文的说明》的第48条规定，"最低工资"是指劳动者在法定工作时间内履行了正常劳动义务的前提下，由其所在单位支付的最低劳动报酬。最低工资包括基本工资和奖金、津贴、补贴，但不包括加班加点工资、特殊劳动条件下的津贴，国家规定的社会保险和福利待遇排除在外。

在《劳动部关于贯彻执行〈中华人民共和国劳动法〉若干问题的意见》中对于最低工资的具体内涵做了进一步的说明。其中第54条规定，"最低工资不包括延长工作时间的工资报酬，以货币形式支付的住房和用人单位支付的伙食补贴，中班、夜班、高温、低温、井下、有毒、有害等特殊工作环境和劳动条件下的津贴，国家法律、法规、规章规定的社会保险福利待遇"；第56条规定，"在劳动合同中，双方当事人约定的劳动者在未完成劳动定额或承包任务的情况下，用人单位可低于最低工资标准支付劳动者工资的条款不具有法律效力"。第57条规定，"劳动者与用人单位形成或建立劳动关系后，试用、熟练、见习期间，在法定工作时间内提供了正常劳动，其所在的用人单位应当支付不低于最低工资标准的工资"。第58条规定，"企业下岗待工人员，由企业依据当地政府的有关规定支付其生活费，生活费可以低于最低工资标准"。

（二）最低工资标准的确定和发布

按照1993年11月24日劳动部发布《最低工资规定》，最低工资标准是指单位劳动时间的最低工资数额。最低工资标准的确定实行政府、工会、企业三方代表民主协商原则。国务院劳动行政主管部门对全国最低工资制度实行统一管理。省、自治区、直辖市人民政府劳动行政主管部门对本行政区域最低工资制度的实施实行统一管理。

依此原则，省、自治区、直辖市人民政府要在国务院劳动行政主管部门的指导下，由劳动行政主管部门会同同级工会、企业家协会进行研究并确定当地的最低工资标准。最低工资标准应参考政府统计部门提供的当地就业者及其赡养人口的最低生活费用、职工的平均工资、劳动生产率、城镇就业状况和经济发展水平等因素确定，要高于当地的社会救济金和待业保险金标准，低于平均工资。在确定各地最低工资标准过程中，各地政府应考虑同一地区不同区域和行业的特点，对不同经济发展区域和行业可以确定不同的最低工资标准。最低工资标准一般按月确定，也可按周、日或小时确定。各种单位时间的最低工资标准可以互相转换。

关于上文中提到的“最低生活费用”，劳动部的解释是，劳动者本人及其赡养人口为维持最低生活需要而必须支付的费用，包括吃、穿、住、行等方面的费用。一般可以采取参照国家统计部门统计调查中对调查户数的 10%最低收入户的人均生活费用支出额乘以赡养人口系数计算最低工资额，再根据其他因素作适当调整并确定。

（三）最低工资的给付

按照劳动部颁布的《最低工资规定》，最低工资应以法定货币按时支付。下列各项不作为最低工资的组成部分：①加班加点工资；②中班、夜班、高温、低温、井下、有毒有害等特殊工作环境、条件下的津贴；③国家法律、法规和政策规定的劳动者保险、福利待遇。

在《劳动部关于〈劳动法〉若干条文的说明》中，劳动部还就一些特殊情况下的最低工资支付问题做了简要解释：①对于与用人单位形成或建立了劳动关系，但处于试用、熟练、见习期间的劳动者，如果在法定工作时间提供了正常劳动，用人单位应该支付不低于最低工资标准的工资；②对于企业下岗待业人员，企业所支付的生活费可以低于最低工资标准；③对于患病或非因工负伤且处于治疗期间的员工，在规定的医疗期间内，企业支付给员工病假工资或疾病救济费，可以低于当地的最低工资标准，但不能低于最低工资标准的 80%。

（四）最低工资的保障与监督

劳动部在其发布的《最低工资规定》中，对最低工资标准的执行和监督做了具体规定，主要内容有：企业必须将政府对最低工资的有关规定告知本单位劳动者；企业支付给劳动者的工资不得低于其适用最低工资标准；各级人民政府的劳动行政主管部门负责对最低工资执行情况进行检查监督；工会有权对最低工资执行情况进行监督，发现企业支付劳动者工资低于有关最低工资率的，有权要求有关部门处理；劳动者与企业之间就最低工资发生争议时，按《中华人民共和国企业劳动争议处理条例》处理。

（五）最低工资标准执行中的法律责任

对违反本规定最低工资标准的确定和发布、给付、保障与监督条款的，要追究其相应的法律责任。例如，企业违反关于“企业支付给劳动者的工资不得低于其适用最低工资标准”规定的，由当地政府劳动行政主管部门责令其限期补发所欠劳动者工资，并视其欠付工资时间的长短向劳动者支付赔偿金。欠付一个月以内的，要向劳动者支付所欠工资 20%赔偿金；欠付三个月以内的，要向劳动者支付所欠工资的 50%赔偿金；欠付三个月以上的，要向劳动者支付所欠工资的 100%赔偿金。拒发所欠工资和赔偿金的，对企业和责任人给予经济处罚。对处罚决定不服的，当事人可以依照《行政复议条例》的规定申请复议。对复议决定不服的，当事人可以依照《中华人民共和国行政诉讼法》的规定向人民法院提起诉讼。

知识拓展

近年来各地最低工资标准如表 12-1 所示。

表 12-1 近年来各地最低工资标准比较

档次	地点	工资标准/元	日期
第 1 档	1.上海	2020	2015 年 4 月 1 日
	2.北京	1720	2015 年 4 月 1 日
	3.天津	1850	2015 年 4 月 1 日
第 2 档	4.浙江	1860	2015 年 11 月 1 日
	5.江苏	1820	2016 年 1 月 1 日
	6.广东	1895	2015 年 5 月 1 日
	7.内蒙古	1640	2015 年 7 月 1 日
	8.山东	1600	2015 年 3 月 1 日
	9.辽宁	1530	2016 年 1 月 1 日
	10.福建	1500	2015 年 7 月 1 日
第 3 档	11.吉林	1480	2015 年 12 月 1 日
	12.河北	1480	2014 年 12 月 1 日
	13.湖北	1550	2015 年 9 月 1 日
	14.黑龙江	1480	2015 年 10 月 1 日
	15.河南	1600	2015 年 7 月 1 日
	16.山西	1620	2015 年 5 月 1 日
	17.陕西	1480	2015 年 5 月 1 日
	18.重庆	1500	2016 年 1 月 1 日
	19.宁夏	1480	2015 年 11 月 1 日
	20 湖南	1390	2015 年 1 月 1 日
	21.新疆	1670	2015 年 7 月 1 日
	22.海南	1270	2015 年 1 月 1 日
	23.青海	1270	2014 年 5 月 1 日
	24.四川	1500	2015 年 7 月 1 日
	25.安徽	1520	2015 年 11 月 1 日
	26.广西	1400	2015 年 1 月 1 日
	27.江西	1530	2015 年 10 月 1 日
	28.西藏	1400	2015 年 1 月 1 日
	29.云南	1570	2015 年 9 月 1 日
	30.甘肃	1470	2015 年 4 月 1 日
	31.贵州	1600	2015 年 10 月 1 日
	32.深圳	2030	2015 年 3 月 1 日

二、工资支付问题

《劳动法》第 50 条规定，工资应当以货币形式按月支付给劳动者本人。不得克扣或者无故拖欠劳动者的工资。为了贯彻这一精神，劳动部于 1994 年又印发了《工资支付暂行规定》，1995 年印发了《对〈工资支付暂行规定〉有关问题的补充规定》，以更好地维护劳动者获得劳动报酬的权利，规范用人单位的工资支付行为。工资支付主要包括：工资支付项目、工资支付水平、工资支付形式、工资支付对象、工资支付时间以及特殊情况下的工资支付。由于工资支付项目和水平另有制度规定，且各个单位和企业差异悬殊，所以这里重点介绍后四项的相关法律规定。

（一）支付形式

《劳动法》明确规定，工资应当以法定货币形式按月支付给劳动者本人。不得克扣或者无故拖欠劳动者的工资。按照《劳动部关于〈劳动法〉若干条文的说明》，这里的“货币形式”明确排除了发放实物、发放有价证券等形式。这里的“按月支付”，应该理解为每月至少发放一次工资，实行月薪制的单位，工资必须每月发放，超过企业与职工约定或劳动合同规定的每月支付工资的时间发放工资即为不按月发放工资。实行小时工资制、日工资制、周工资制的单位，工资可以按照日或周发放并保证是足额发放。这里的“克扣”是指用人单位对履行了劳动合同规定义务和责任，保质保量完成了生产任务的劳动者，不支付或没有足额支付工资。这里的“无故拖延”应该理解为用人单位无正当理由在规定时间内故意不支付劳动者工资。

（二）支付对象

用人单位应该将工资支付给劳动者本人。劳动者本人因故不能领取工资时，可由其亲属或委托他人代领。用人单位可以委托银行代发工资。用人单位必须书面记录支付劳动者工资的数额、时间、领取者的姓名以及签字，并保存两年以上备查。用人单位在支付工资时应向劳动者提供一份其个人的工资清单。

（三）支付时间

工资必须在用人单位与劳动者约定的日期支付。如遇节假日或休息日，则应该提前在最近的工作日支付。工资至少每月支付一次，实行周、日、小时工资制的可按周、日、小时支付工资。对完成一次性临时劳动或某项具体工作的劳动者，用人单位应按有关协议或合同规定在其完成劳动任务后即支付工资。劳动关系双方依法解除或终止劳动合同时，用人单位应在解除或终止劳动合同时一次性付清劳动者工资。

（四）特殊情况下的工资支付

在《工资支付暂行规定》中，规定了以下特殊情况，在法定工作时间内依法参加社会活动期间，用人单位应视同其提供了正常劳动而支付工资；在依法享受年休假、探亲假、婚假、丧假期间，用人单位应按劳动合同规定的标准支付劳动者工资；用人单位在劳动者完成劳动定额或规定的工作任务后，根据实际需要安排劳动者在法定标准工作时间以外工作的，应该遵循如下标准支付员工工资：①用人单位依法安排劳动者在法定标准工作时间以外延长工作时间的，按照不低于劳动合同规定的劳动者本人小时工资标准的 150%支付劳动者工资；②用人单位依法安排劳动者在休息日工作，而又不能安排补休的，按照不低于劳动合同规定的劳动者本人日或小时工资标准的 200%支付劳动者工资；③用人单位依法安排劳动者在法定休假节日工作的，按照不低于劳动合同规定的劳动者本人日或小时工资标准的 300%支付劳动者工资；④实行计件工资的劳动者，在完成计件定额任务后，由用人单位安排延长工作时间的，应根据上述规定的原则，分别按照不低于其本人法定工作时间计件单价的 150%、200%、300%支付其工资；⑤经劳动行政部门批准实行综合计算工时工作制的，其综合计算工作时间超过法定标准工作时间的部分，应视为延长工作时间，并应按相关规定支付劳动者延长工作时间的工资。

第三节　关于工资集体协商的法律规定

所谓工资集体协商，是指职工代表与企业代表依法就企业内部工资分配制度、工资分配形式、工资收入水平等事项进行平等协商，在协商一致的基础上签订工资协议的行为。这里所称的工资协议，是指专门就工资事项签订的专项集体合同。已订立集体合同的，工资协议作为集体合同的附件，并与集体合同具有同等效力。依法订立的工资协议对企业和职工双方具有同等约束力。双方必须全面履行工资协议规定的义务，任何一方不得擅自变更或解除工资协议。职工个人与企业订立的劳动合同中关于工资报酬的标准，不得低于工资协议规定的最低标准。

为规范工资集体协商和签订工资集体协议（以下简称工资协议）的行为，保障劳动关系双方的合法权益，促进劳动关系的和谐稳定，2000 年 11 月劳动和社会保障部第 9 号令发布《工资集体协商试行办法》。中华人民共和国境内的企业依法开展工资集体协商，签订工资协议，均适用这一办法。该办法对工资集体协商和工资协议的有关内容未做规定的，按《集体合同规定》的有关规定执行。

一、工资集体协商的内容

工资集体协商一般包括以下内容：

1）工资协议的期限。

2）工资分配制度、工资标准和工资分配形式。

3）职工年度平均工资水平及其调整幅度。

4）奖金、津贴、补贴等分配办法。

5）工资支付办法。

6）变更、解除工资协议的程序。

7）工资协议的终止条件。

8）工资协议的违约责任。

9）双方认为应当协商约定的其他事项。

协商确定职工年度工资水平应符合国家有关工资分配的宏观调控政策，并综合参考下列因素：

1）地区、行业、企业的人工成本水平。

2）地区、行业的职工平均工资水平。

3）当地政府发布的工资指导线、劳动力市场工资指导价位。

4）本地区城镇居民消费价格指数。

5）企业劳动生产率和经济效益。

6）国有资产保值增值。

7）上年度企业职工工资总额和职工平均工资水平。

8）其他与工资集体协商有关的情况。

二、工资集体协商的代表

（一）协商代表的产生

工资集体协商代表应依照法定程序产生。职工一方由工会代表；未建工会的企业由职工民主推举代表，并得到半数以上职工的同意。企业代表由法定代表人和法定代表人指定的其他人员担任。

协商双方各确定一名首席代表。职工首席代表应当由工会主席担任，工会主席可以书面委托其他人员作为自己的代理人；未成立工会的，由职工集体协商代表推举。企业首席代表应当由法定代表人担任，法定代表人可以书面委托其他管理人员作为自己的代理人。

协商双方的首席代表在工资集体协商期间轮流担任协商会议执行主席。协商会议执行主席的主要职责是负责工资集体协商有关组织协调工作，并对协商过程中发生的问题提出处理建议。协商双方可书面委托本企业以外的专业人士作为本方协商代表。委托人数不得超过本方代表的1/3。

（二）协商双方的权利和义务

协商双方享有平等的建议权、否决权和陈述权。由企业内部产生的协商代表参加工资集体协商的活动应视为提供正常劳动，享受的工资、奖金、津贴、补贴、保险福利待遇不变。其中，职工协商代表的合法权益受法律保护。企业不得对职工协商代表采取歧视性行为，不得违法解除或变更其劳动合同。协商代表应遵守双方确定的协商规则，履行代表职责，并负有保守企业商业秘密的责任。协商代表任何一方不得采取过激、威胁、收买、欺骗等行为。协商代表应了解和掌握工资分配的有关情况，广泛征求各方面的意见，接受本方人员对工资集体协商有关问题的质询。

三、工资集体协商的程序

职工和企业任何一方均可提出进行工资集体协商的要求。工资集体协商的提出方应向另一方提出书面的协商意向书，明确协商的时间、地点、内容等。另一方接到协商意向书后，应于20日内予以书面答复，并与提出方共同进行工资集体协商。在不违反有关法律、法规的前提下，协商双方有义务按照对方要求，在协商开始前5日内，提供与工资集体协商有关的真实情况和资料。工资协议草案应提交职工代表大会或职工大会讨论审议。工资集体协商双方达成一致意见后，由企业行政方制作工资协议文本。工资协议经双方首席代表签字盖章后成立。

四、工资协议的审查

县级以上劳动保障行政部门依法对工资协议进行审查，对协议的履行情况进行监督检查。工资协议签订后，应于 7 日内由企业将工资协议一式三份及说明，报送劳动保障行政部门审查。劳动保障行政部门应在收到工资协议 15 日内，对工资集体协商双方代表资格、工资协议的条款内容和签订程序等进行审查。审查结果有两种：

1）劳动保障行政部门经审查对工资协议无异议，应及时向协商双方送达《工资协议审查意见书》，工资协议即行生效。

2）劳动保障行政部门对工资协议有修改意见，应将修改意见在《工资协议审查意见书》中通知协商双方。双方应就修改意见及时协商，修改工资协议，并重新报送劳动保障行政部门。

工资协议向劳动保障行政部门报送经过 15 日后，协议双方未收到劳动保障行政部门的《工资协议审查意见书》，视为已经劳动保障行政部门同意，该工资协议即行生效。协商双方应于 5 日内将已经生效的工资协议以适当形式向本方全体人员公布。工资集体协商一般情况下一年进行一次。职工和企业双方均可在原工资协议期满前 60 日内，向对方书面提出协商意向书，进行下一轮的工资集体协商，做好新旧工资协议的相互衔接。

第四节　关于经济补偿与赔偿问题的相关法律规定

经济补偿和赔偿问题尽管不完全属于薪酬管理的范畴，但往往与职工的经济利益有关，尤其涉及员工的福利保障等问题，所以，本书仍然对经济补偿与赔偿的相关法律规定作简单介绍，以便学生形成更完整的知识体系。

一、关于经济补偿问题的相关法律规定

《劳动法》第 28 条和第 91 条对企业在处理劳动权利义务关系中所应该承担的责任做出了明确规定。1994 年 12 月 3 日劳动部又发布《违反和解除劳动合同的经济补偿办法》，进一步规范了企业在违反和解除劳动合同情况下对劳动者的经济补偿标准。

（一）经济补偿的情形及标准

1）用人单位克扣或者无故拖欠劳动者工资的，以及拒不支付劳动者延长工作时间工资报酬的，除在规定的时间内全额支付劳动者工资报酬外，还需加发相当于工资报酬百分之二十五的经济补偿金。

2）用人单位支付劳动者的工资报酬低于当地最低工资标准的，要在补足低于标准部分的同时，另外支付相当于低于部分百分之二十五的经济补偿金。

3）劳动合同当事人协商一致，由用人单位解除劳动合同的，用人单位应根据劳动者在本单位工作年限，每满一年发给相当于一个月工资的经济补偿金，最多不超过十二个月。工作时间不满一年的按一年的标准发给经济补偿金。

4）劳动者患病或者非因工负伤，经劳动鉴定委员会确认不能从事原工作，也不能从事

用人单位另行安排的工作而解除劳动合同的，用人单位应按其在本单位的工作年限，每满一年发给相当于一个月工资的经济补偿金，同时还应发给不低于六个月工资的医疗补助费。患重病和绝症的还应增加医疗补助费，患重病的增加部分不低于医疗补助费的百分之五十，患绝症的增加部分不低于医疗补助费的百分之百。

5）劳动者不能胜任工作，经过培训或者调整工作岗位仍不能胜任工作，由用人单位解除劳动合同的，用人单位应按其在本单位工作的年限，工作时间每满一年，发给相当于一个月工资的经济补偿金，最多不超过十二个月。

6）劳动合同订立时所依据的客观情况发生重大变化，致使原劳动合同无法履行，经当事人协商不能就变更劳动合同达成协议，由用人单位解除劳动合同的，用人单位按劳动者在本单位工作的年限，工作时间每满一年发给相当于一个月工资的经济补偿金。

7）用人单位濒临破产进行法定整顿期间或者生产经营状况发生严重困难，必须裁减人员的，用人单位按被裁减人员在本单位工作的年限支付经济补偿金。在本单位工作的时间每满一年，发给相当于一个月工资的经济补偿金。

8）用人单位解除劳动合同后，未按规定给予劳动者经济补偿的，除全额发给经济补偿金外，还须按该经济补偿金数额的百分之五十支付额外经济补偿金。

（二）经济补偿金的计算和提取

经济补偿金的工资计算标准是指企业正常生产情况下劳动者解除合同前十二个月的月平均工资。用人单位依据上述第4）、6）、7）条情形解除劳动合同时，劳动者的月平均工资低于企业月平均工资的，按企业月平均工资的标准支付。经济补偿金在企业成本中列支，不得占用企业按规定比例应提取的福利费用。对于劳动者的经济补偿金，用人单位应一次性发给劳动者。

二、关于经济赔偿的相关法律规定

经济赔偿责任针对的是企业和用人单位双方，因此，分为用人单位对劳动者的经济赔偿和劳动者对用人单位的经济赔偿两种情况。

（一）用人单位对劳动者的赔偿责任

1．违反劳动者工资权益的经济赔偿

根据《劳动法》第91条、劳部发[1994]532号文件发布《违反〈中华人民共和国劳动法〉行政处罚办法》规定，用人单位有下列侵害劳动者合法权益行为之一的，应责令支付劳动者的工资报酬、经济补偿，并可责令按相当于支付劳动者工资报酬、经济补偿总和的1～5倍支付劳动者赔偿金：

1）克扣或者无故拖欠劳动者工资的。

2）拒不支付劳动者延长工作时间工资报酬的。

3）低于当地最低工资标准支付劳动者工资的。

4）解除劳动合同后，未依照本法规定给予劳动者经济补偿的。

2. 违反劳动合同规定的相关赔偿

为明确违反《劳动法》有关劳动合同规定的赔偿责任，维护劳动合同双方当事人的合法权益，根据《中华人民共和国劳动法》的有关规定，劳动部于1995年发布了关于《违反〈劳动法〉有关劳动合同规定的赔偿办法》，其中第2条规定用人单位有下列情形之一，对劳动者造成损害的，应赔偿劳动者损失：

1）用人单位故意拖延不订立劳动合同，即招用后故意不按规定订立劳动合同以及劳动合同到期后故意不及时续订劳动合同的。

2）由于用人单位的原因订立无效劳动合同，或订立部分无效劳动合同的。

3）用人单位违反规定或劳动合同的约定侵害女职工或未成年工合法权益的。

4）用人单位违反规定或劳动合同的约定解除劳动合同的。

《违反〈劳动法〉有关劳动合同规定的赔偿办法》第3条还规定了用人单位违反劳动合同赔偿金额的计算方法：

1）造成劳动者工资收入损失的，按劳动者本人应得工资收入支付给劳动者，并加付应得工资收入25%的赔偿费用。

2）造成劳动者劳动保护待遇损失的，应按国家规定补足劳动者的劳动保护津贴和用品。

3）造成劳动者工伤、医疗待遇损失的，除按国家规定为劳动者提供工伤、医疗待遇外，还应支付劳动者相当于医疗费用25%的赔偿费用。

4）造成女职工和未成年工身体健康损害的，除按国家规定提供治疗期间的医疗待遇外，还应支付相当于其医疗费用25%的赔偿费用。

5）劳动合同约定的其他赔偿费用。

（二）用人单位对劳动者原单位的经济赔偿责任

《劳动法》第99条规定了用人单位招用尚未解除劳动合同的劳动者，对原用人单位造成经济损失的，该用人单位应当依法承担连带赔偿责任。《违反〈劳动法〉有关劳动合同规定的赔偿办法》进一步明确了这一赔偿责任，其第6条规定用人单位招用尚未解除劳动合同的劳动者，对原用人单位造成经济损失的，除该劳动者承担直接赔偿责任外，该用人单位应当承担连带赔偿责任。其连带赔偿的份额应不低于对原用人单位造成经济损失总额的百分之七十。

具体而言，用人单位应向原用人单位赔偿下列损失：

1）对生产、经营和工作造成的直接经济损失。

2）因获取商业秘密给原用人单位造成的经济损失。

3）赔偿第2）项规定的损失时，按《中华人民共和国反不正当竞争法》第20条的规定执行。《中华人民共和国反不正当竞争法》第21条第1款规定，经营者违反本法规定，给被侵害的经营者造成损害的，应当承担损害赔偿责任，被侵害的经营者的损失难以计算的，赔偿额为侵权人在侵权期间因侵权所获得的利润；并应当承担被侵害的经营者因调查该经营者侵害其合法权益的不正当竞争行为所支付的合理费用。

（三）劳动者对用人单位的经济赔偿责任

按照《违反〈劳动法〉有关劳动合同规定的赔偿办法》第 4 条的规定，劳动者违反规定或劳动合同的约定解除劳动合同，对用人单位造成损失的，劳动者应赔偿用人单位下列损失：

1）用人单位招收录用其所支付的费用。

2）用人单位为其支付的培训费用，双方另有约定的按约定办理。

3）对生产、经营和工作造成的直接经济损失。

4）劳动合同约定的其他赔偿费用。

《违反〈劳动法〉有关劳动合同规定的赔偿办法》第 5 条还规定，劳动者违反劳动合同中约定的保密事项，对用人单位造成经济损失的，按《中华人民共和国反不正当竞争法》第 20 条的规定支付用人单位赔偿费用。

本 章 小 结

我国为了有效保护各方的权利和利益，有必要制定和实施系列法规和政策，对各类组织中的利益分配问题进行规范。这是现代市场经济的内在要求，也是有效管理组织薪酬分配的前提。本章主要介绍了我国宪法对利益分配问题的相关规定、我国劳动法律法规对薪酬问题的调整、企业最低工资标准问题、工资支付问题、关于工资集体协商的法律规定和关于经济补偿与赔偿问题的相关法律规定等内容。

复习思考题

一、单项选择题

1．按照我国的法律渊源，劳动法律法规包括（　　）。

A．劳动法　　B．经济法

C．劳动行政法规和部门规章　　D．劳动自治条例和单行条例

2．劳动保障行政部门应在收到工资协议（　　）日内，对工资集体协商双方代表资格、工资协议的条款内容和签订程序等进行审查。

A．5　　B．7　　C．15　　D．20

3．用人单位依法安排劳动者在法定标准工作时间以外延长工作时间的，按照不低于劳动合同规定的劳动者本人小时工资标准的（　　）支付劳动者工资。

A．100%　　B．150%　　C．200%　　D．300%

4．用人单位违反劳动合同造成劳动者工资收入损失的，按劳动者本人应得工资收入支付给劳动者，并加付应得工资收入（　　）的赔偿费用。

A．20%　　B．25%　　C．30%　　D．50%

5．下列说法错误的是（　　）。

A．对于与用人单位形成或建立了劳动关系，但处于试用、熟练、见习期间的劳动者，如果在法定工作时间提供了正常劳动，用人单位应该支付不低于最低工资标准的工资

B．对于企业下岗待业人员，企业所支付的生活费应高于最低工资标准

C．对于患病或非因工负伤且处于治疗期间的员工，在规定的医疗期间内，企业支付给员工病假工资或疾病救济费，可以低于当地的最低工资标准，但不能低于最低工资标准的 80%

D．用人单位依法安排劳动者在法定休假节日工作的，按照不低于劳动合同规定的劳动者本人日或小时工资标准的 300%支付劳动者工资

二、多项选择题

1．按照《劳动部关于贯彻执行〈中华人民共和国劳动法〉若干问题的意见》中规定，“工资”一般包括（　　）。

A．计时工资　　B．计件工资　　C．奖金

D．津贴和补贴　　E．延长工作时间的工资报酬

2．最低工资不包括（　　）。

A．基本工资和奖金

B．津贴、补贴

C．延长工作时间的工资报酬

D．特殊工作环境和劳动条件下的津贴

E．国家法律、法规、规章规定的社会保险福利待遇

3．用人单位有下列侵害劳动者合法权益行为之一的，应责令支付劳动者的工资报酬、经济补偿，并可责令按相当于支付劳动者工资报酬、经济补偿总和的 1～5 倍支付劳动者赔偿金，包括（　　）。

A．克扣或者无故拖欠劳动者工资的

B．拒不支付劳动者延长工作时间工资报酬的

C．低于当地最低工资标准支付劳动者工资的

D．造成劳动者工伤、医疗待遇损失的

E．解除劳动合同后，未依照本法规定给予劳动者经济补偿的

4．工资集体协商一般包括（　　）。

A．工资协议的期限

B．工资分配制度、工资标准和工资分配形式

C．职工年度平均工资水平及其调整幅度

D．工资支付及奖金、津贴、补贴等分配办法

E．变更、解除工资协议的程序

5．劳动者违反规定或劳动合同的约定解除劳动合同，对用人单位造成损失的，劳动者应赔偿用人单位的损失包括（　　）。

A．用人单位招收录用其所支付的费用

B．用人单位为其支付的培训费用，双方另有约定的按约定办理

C．对生产、经营和工作造成的直接经济损失

D．劳动合同约定的其他赔偿费用

E．劳动者违反劳动合同中约定的保密事项，对用人单位造成的经济损失

三、判断题

1．最低工资标准应高于当地的社会救济金和待业保险金标准，低于平均工资。（　　）

2．按照《劳动部关于〈劳动法〉若干条文的说明》，工资可以以实物、有价证券等形式发放。（　　）

3．最低工资应以法定货币按时支付。（　　）

4．与用人单位形成或建立了劳动关系，但处于试用、熟练、见习期间的劳动者，在法定工作时间提供了正常劳动，用人单位应该支付不低于最低工资标准的工资。（　　）

5．用人单位解除劳动合同后，未按规定给予劳动者经济补偿的，除全额发给经济补偿金外，还须按该经济补偿金数额的百分之五十支付额外经济补偿金。（　　）

四、简答题

1．我国的现行宪法涉及或对企业薪酬管理有直接指导作用的规定有哪些？

2．按照相关劳动法律法规，最低工资有哪些组成部分？

3．工资集体协商的一般内容有哪些？

4．简要论述我国关于经济补偿与赔偿问题的相关法律规定。

研究与提高

一、讨论与操练

1．结合实际掌握我国的现行宪法涉及或对企业薪酬管理有直接指导作用的方面？

2．按照相关劳动法律法规，你对最低工资制度如何进一步理解？

3．假如你是工会干部，将会如何进行工资集体协商？

二、扩展阅读书目

纪明．2003．中华人民共和国劳动法编注．北京：中国法制出版社．

郑尚元．2004．劳动争议处理程序法的现代化：中国劳动争议处理制度的反思与前瞻．北京：中国方正出版社．

彭剑锋．2011．人力资源管理概论．上海：复旦大学出版社．

刘伟，韦慧民．2013．薪酬管理．北京：北京师范大学出版社．

加里·德斯勒．2012．人力资源管理．12版．刘昕，译．北京：中国人民大学出版社．

三、讨论案例

加班工资纠纷案

上诉人：（原审原告）上海某服装公司

被上诉人：（原审被告）谷某

谷某于2005年1月应聘至上海某服装公司工作，双方口头约定每月工资为人民币1450元。进入公司工作后不久，谷某发现上海某服装公司非但不与其签订劳动合同，而且公司制定的《职工劳动规则》规定，公司实行每周48小时工作制，即每周工作6天，加班的一天不按国家规定支付加班工资的。考虑到寻找工作不易，谷某只能无奈接受。2005年6月3日，上海某服装公司口头通知谷某，其已被辞退，次日起无需上班。谷某经仔细核算后发现，2005年4～5月其双休日加班9天未取得报酬；2005年3～5月，其除双休日外，平日加班共计22天，此22天的调休单均未结算。谷某为此向上海某服装公司催讨，该公司对其不予理睬。谷某无奈于同年7月11日向上海市某区劳动争议仲裁委员会申请仲裁，要求上海某服装公司支付其1个月工资替代提前通知期并支付46天加班工资。

区劳动争议仲裁委员会经审查认为，上海某服装公司终止与谷某的劳动关系未提前30日通知，应以一个月的工资替代提前通知期。同时认为，上海某服装公司未支付加班工资的事实清楚，遂作出裁决，要求上海某服装公司支付谷某1个月工资人民币1450元及加班工资人民币2474元。

上海某服装公司不服裁决，遂诉至一审法院。

该公司称，谷某是因违纪被解除劳动关系，公司无需支付提前通知替代金。至于加班，公司是以小时作计算单位，调休单上的“22天”是笔误，应为“22小时”，不同意支付谷某加班工资人民币2474元。

谷某则认为，其除每周双休日加班1天外，平时加班共计22天，他也没有违纪，公司所述均是谎言。对于解除劳动关系的问题，其本人亦表示同意，但公司必须按有关规定支付其提前通知替代金和加班工资。

一审法院审理后认为，上海某服装公司称谷某系违纪解除劳动合同，依据不足。该公司与谷某解除劳动关系未提前30日通知，应以一个月的工资替代提前通知期。至于加班费的问题，根据该公司的规定和谷某本人提交的该公司出具的“调休单”，上海某服装公司未支付加班工资的事实清楚。上海某服装公司应按谷某工资标准的150%支付其平时加班22天的加班工资，按谷某工资标准的200%支付其双休日加班9天的加班工资。据此判决：上海某服装公司支付谷某替代未提前通知期1个月工资人民币1450元，支付谷某2005年3～5月平时加班工资人民币1601元和同年4～5月双休日加班工资人民币873元，合计人民币2474元。

一审法院判决后，上海某服装公司提起上诉，并坚持其一审时的意见。

二审法院审理后认为，劳动者的合法权益应当受到法律保护。上海某服装公司称谷某违反公司规章制度，在试用期内予以辞退，但其未能提供任何证据予以证实。同时，依据有关劳动法规规定，用人单位与劳动者建立劳动关系后，任何一方提前终止劳动关系，均应提前30日通知对方，未提前通知的，应当以一个月工资替代提前通知期。现上海某服装公司提前终止双方的劳动关系应当支付谷某一个月工资人民币1450元替代提前通知期。上海某服装公司安排谷某在正常工作时间以外和双休日加班，应按规定支付谷某加班工资。上海某服装公司称谷某平时加班系22小时，而非22天，但对此未提供相关证据证明，对其诉请，不予支持，遂判决：驳回上诉，维持原判。

讨论题：

1．就该案例谈谈你对加班工资纠纷的看法。

2．谈谈你对我国民营企业加班工资及其落实中存在问题与解决对策。

参考文献

编写组．1992．岗位劳动评价技术与方法．北京：中国劳动出版社．

曹荣．2002．薪资管理．北京：世界知识出版社．

曾湘泉．2010．薪酬管理．北京：中国人民大学出版社．

陈黎明．2001．经理人必备薪资管理．北京：煤炭工业出版社．

陈清泰，吴敬琏．2001．公司薪酬制度概论．北京：中国财政经济出版社．

陈思明．2004．现代薪酬学．上海：立信会计出版社．

E. 麦克纳，N. 比奇．1998．人力资源管理．北京：中信出版社．

关淑润．2001．人力资源管理．北京：对外经济贸易大学出版社．

郭克莎．2003．人力资源．北京：商务印书馆．

黄任民．2006．薪酬制度与薪酬管理．北京：中国劳动社会保障出版社．

纪明．2003．中华人民共和国劳动法编注．北京：中国法制出版社．

加里•德斯勒．2005．人力资源管理．9 版．吴雯芳，刘昕，译．北京：中国人民大学出版社．

加里•德斯勒．2012．人力资源管理．12 版．刘昕，译．北京：中国人民大学出版社．

康士勇，林琅琅．2001．工资理论与管理实物．北京：中国经济出版社．

康士勇．2005．薪酬设计与薪酬管理．北京：中国劳动社会保障出版社．

雷蒙•A. 德诺伊，约翰•R. 霍伦贝克．2005．人力资源管理基础．雷丽华，译．北京：中国人民大学出版社．

雷蒙德•A. 诺伊．2001．人力资源管理：赢得竞争优势．北京：中国人民大学出版社．

李宝元，王长城．2012．现代组织薪酬管理学．北京：北京师范大学出版社．

李建新，孟繁强．2006．企业薪酬管理概论．北京：中国人民大学出版社．

李严锋，麦凯．2002．薪酬管理．大连：东北财经大学出版社．

李志畴．2012．薪酬体系设计与管理实务．南京：凤凰出版社．

林泽炎．2001．3P 模式：中国企业人力资源管理操作方案．北京：中信出版社．

刘秉权．2000．薪酬方案设计指南与案例精选．北京：中国人事出版社．

刘军胜．2002．薪酬管理实务手册．北京：机械工业出版社．

刘伟，韦慧民．2013．薪酬管理．北京：北京师范大学出版社．

刘昕．2002．薪酬管理．北京：中国人民大学出版社．

罗旭华．1998．实用人力资源管理技巧．北京：经济科学出版社．

彭剑锋．2011．人力资源管理概论．上海：复旦大学出版社．

钱振波．2004．人力资源管理．北京：清华大学出版社．

乔治•T. 米尔科维奇，杰里•M. 纽曼．2002．薪酬管理．北京：中国人民大学出版社．

冉斌．2002．薪酬设计与管理．深圳：海天出版社．

冉斌．2003．薪酬方案设计与操作．北京：中国经济出版社．

苏珊•E. 杰克逊，兰德尔•S. 舒勒．2005．人力资源管理：从战略合作的角度．8 版．北京：清华大学出版社．

王长城，姚裕群．2004．薪酬制度与管理．北京：高等教育出版社．

王长城．2002．公司绩效测评．深圳：海天出版社．

王长城．2003．薪酬管理构架原理与技术．北京：中国经济出版社．

王荣奎．2001．成功企业薪酬管理制度范本．北京：中国经济出版社．

汪晓春．2002．中国著名企业管理案例评析．广州：广东经济出版社．

王雁飞．2004．绩效与薪酬管理实务．北京：中国纺织出版社．

文跃然．2004．薪酬管理原理．上海：复旦大学出版社．

文征．2006．员工工作分析与薪酬设计．北京：企业管理出版社．

奚玉芹，金永红．2004．企业薪酬与绩效管理体系设计．北京：机械工业出版社．

谢晋宇．2000．企业人力资源开发与管理创新．北京：经济管理出版社．

亚瑟・W. 小舍曼，乔治・W. 勃兰德，斯科特・A. 斯耐尔．2001．人类资源管理．11 版．张文贤，译．大连：东北财经大学出版社．

姚裕群．2001．中国人力资源开发利用与管理研究．北京：首都师范大学出版社．

姚裕群．2004．人力资源开发与管理概论．北京：高等教育出版社．

约瑟夫・J. 马尔托奇奥．2002．战略管理：人力资源管理的方法．周眉，译．北京：社会科学文献出版社．

岳龙华．2014．薪酬设计与薪酬管理．北京：中国电力出版社．

湛新民，张凡．2002．薪酬设计技巧．广州：广东经济出版社．

张德．2002．人力资源开发与管理．北京：清华大学出版社．

张一驰．1999．人力资源管理教程．北京：北京大学出版社．

赵曼．2002．人力资源开发与管理．北京：中国劳动保障出版社．

赵淑芳．2013．薪酬管理实务手册．北京：清华大学出版社．

赵曙明，彼得・J. 道林，丹尼斯・E. 韦尔奇．2001．跨国公司人力资源管理．北京：中国人民大学出版社．

郑尚元．2004．劳动争议处理程序法的现代化：中国劳动争议处理制度的反思与前瞻．北京：中国方正出版社．

周斌．2006．现代薪酬管理．成都：西南财经大学出版社．